二見 剛史

日中の道 天命なり
―松本亀次郎研究―

学文社

刊 行 の 辞

　教育家松本亀次郎先生との学問的出会いは，私の小さな人生のなかで極めて大きな感動でした。比較教育史専攻の一学徒として松本研究をライフワークとするので，本書では「先生」という敬称は省略した上で小さな学術書を刊行するわけですが，私たちが近世・近現代そして未来へと続く教育史上注目してきた人物として，松本亀次郎を紹介できる喜びにまさるものはありません。

　廣池学園のモラロジー研究所が募集していた「至誠に生きた日本人」の選考基準によりますと，日本人としてよき国民性を発揮した人とは ① 勤勉，② 正直，③ 克己，④ 親切，⑤ 利他，⑥ 謙虚といった徳目が備わっているかどうかだそうです。私の住む霧島市では道義高揚の内実として「報恩感謝」の精神を大切にしています。少年期・青年期・壮年期それぞれに知力体力の推移で本領を発揮できる舞台は変化するものなのでしょうが，大きくは時代の課題を過去と未来に照合させながら把握できる「人間力」こそ肝要な顕彰条件でしょう。

　2016年は松本亀次郎生誕150年，出身地静岡県掛川市では盛大な顕彰行事が企画されました。すばらしいことです。私も松本精神を生かしながら，新時代新世界を開拓したい一人です。わが青年期に学びとったライフワークの進展をこれからも図りたいと思い始めております。

　本書は「日中の道　共存共栄は天命なり」という松本亀次郎の高く深い意志を探究しようと努力してきた足跡を集める論文集成です。今回，鷲山恭彦顕彰会会長の熱心なお勧めと学文社の入念なるご協力のもと一冊にまとめることができました。記載内容には重複部分がかなり残っておりますが，それぞれの論考が独立している点を念頭に置きながら，研究上の活用と同時に，批判叱正修正方をお願い致します。

　2016年7月9日

志學館大学名誉教授　二見　剛史

発刊に寄せて

　今年は，松本亀次郎生誕150周年である。二見剛史先生の松本亀次郎研究がこのタイミングで出版されることになった。長年にわたる研究の集大成であり，待たれていた出版である。学術の殿堂を飾ると共に，本書によって松本亀次郎の生涯と業績が広く知られるようになることは，同郷の者として何ものにもかえがたい歓びである。

　松本亀次郎（1866-1945）は，静岡県小笠郡土方村嶺向（現掛川市）に生まれ，戦前，中国人留学生の日本語教育に献身した教育者である。彼の編纂した教科書は日本語学習のバイブルとして留学生の間で長いこと版を重ねた。そして日本語教育のみならず，高等教育の予備教育として物理や博物や英語などの科目も学べるように，1914（大正3）年には東亜高等予備学校を創設した。戦前の中国人留学生の多くはここで学び，「東亜学校」の通称で親しまれた。
　魯迅，秋瑾，周恩来をはじめ，多くの留学生が松本亀次郎の下で学んだ。彼らは帰国後，文学界，政界，行政界，外交界，医学界，教育界など多方面で活躍した。東亜学校は中国，台湾，新中国で活躍することになる多くの人材の日本における揺籃の教育機関であった。

　時代は大正デモクラシーの自由な時代から，中国に対華21カ条の要求を突きつけ，日本が中国への侵略意図を露わにした不幸な時代に入っていった。中国と日本との共存共栄を天命と考えていた松本にとって，厳しい時代と対峙することになる。さらに柳条湖事件から満州事変へ，蘆溝橋事件から日中戦争へと時代は突き進んでいく。
　「排日，抗日運動は，みな日本の政治家や軍部の政策行動が引き起こしたものである。原因を除去すれば，自ずとなくなる」と松本亀次郎は，政治の在り方に強い疑念を持ち，日本の侵略に直面した教え子たちに思いを馳せた。愛国

者であった松本は，自分が逆の立場に立てばどういう態度をとるか自明だっただけに，日本と戦うことにならざるを得ない彼らを思って身も裂ける思いだったという。

　当時，中国人への偏見は強く，彼らの教育に専心する松本亀次郎は，もの好きな人と見られていた。戦争が始まると，敵国の学生を教える非国民，反軍分子のレッテルがはられ，特高の監視下におかれた。しかし最後まで「中国人留学生の教育は無上の至楽であり，終身の天職」と教育への情熱は衰えなかった。

　終戦の年に亡くなったが，道路を作ったわけでもなく，橋をかけたわけでもない。郷里でも忘れられた存在になっていた。わずかに地域振興の集まりである嶺向報徳社の人たちが，命日月である9月には亀次郎の人柄と業績を偲び，また7回忌には法要を営んでいる。彼の事績については，法要に合わせて書かれた増田実の小冊子『松本亀次郎伝』があるのみであった。

　松本亀次郎の評価は中国からやってきた。1979年，周恩来夫人の鄧穎超が来日。松本亀次郎の遺族の神谷孝平と面会し，周恩来総理の遺言として松本亀次郎の学恩に対する謝意が伝えられた。翌1980年の『中国画報』5月号に，最後の教え子であった北京大学教授汪向栄による「中国人留学生の良き教師」が掲載され，松本の業績が紹介された。こうしたことを契機に，今は掛川市になっている大東町で顕彰活動が起こり，日中の交流事業が始まった。

　作家の井上靖は，周恩来と親交があり，訪中した井上に周恩来は「日本は中国を侵略して，中国人民に塗炭の苦しみを与えた。しかし松本亀次郎のような人もいた。桜の頃に日本を後にしたが，その頃にまた日本に行ってみたい。松本先生のお墓参りもしたい」と語っていたという。

　1985年，私たちの町に松本亀次郎資料館が開館し，生家跡は記念公園になった。記念式典に井上靖夫妻が来町された。松本亀次郎のお墓参りをされ，記念講演をされた。周恩来の果たせなかった想いを重ねての墓参であったろう。記念碑に「中国人留学生教育に生涯を捧げた人」と揮毫をいただいた。

二見先生は，こうした動きのずっと以前から松本亀次郎の業績に注目し，感銘を受け，研究を重ねられてこられていた。記念式典には研究成果を携えて来町され，関係資料の充実に尽くされた。そして松本の業績を町の人々に伝える啓蒙の役も担って下さった。

　小伝を書いた増田実は，二見先生が長いこと松本亀次郎研究を積み重ねて来られたことに感謝し，亀次郎が評価される良い時代に二見先生が行き会えたこと，そして自分もその一端にいることを大変喜んでいたという。

　1995年8月23日，NHKテレビによって『日中の道　天命なり——日本語教師・松本亀次郎』が放映された。二見先生はこの番組のコーディネーターと案内役を務められ，戦前の厳しい時代に，平和を希求し，中国人学生を真心をこめて教育した松本亀次郎の姿を語って，全国から多くの反響を呼んだ。

　現在，日本と中国の間は険悪である。中国政府はなぜ今でも抗日の歴史を語り，反日的なのかという疑問がよく出される。そして最近はともすれば私たちは，中国にはやられっぱなしだという意識を持ちがちである。

　しかし，100万の軍隊を中国に展開し，殺し尽くし奪い尽くし焼き尽くす三光作戦を平然と展開したのは日本である。この事実に対して，あれは侵略ではなかった，進出だった，加害の責任を認めるのは，自虐史観だという主張がなされている。それに呼応する国民心理もある。しかしこれは通らない主張であろう。尖閣列島問題も，棚上げで合意されていたものを，一方的に国有化宣言したのは日本である。これでは中国の面子はない。日本人は，被害者意識は旺盛だが，加害者意識は極めて希薄である。こうしたナルシシズムで，果たして歴史を切り開いていけるのだろうか。

　松本亀次郎の孫の神谷日出男は，私たちの会の講演で，亀井勝一郎が作家たちを率いて訪中した際に，「われわれが中国にしたことは，孫子の代まで忘れない」と述べたのに対して，応接した陳毅外相が「われわれは一刻も早く忘れたい」と応えたというエピソードを紹介した。

深い対話である。新しい歴史を切り開く対話である。歴史の事実を責任をもって記憶すること，その事実を率直に共有すること，それがどれほど，新しい豊かな未来を創り出していくか，このエピソードは語っていよう。

「中日両民族は必ず永久平和に還らなければならない」という松本亀次郎の言葉から，私たちは今日あらためて多くのことを学び直さなければならない。尖閣列島問題も，当初の棚上げに戻せば，緊張は消える。決してそうしないのは，外交によるよりも，緊張を作り出して軍事優先の秩序をつくりたい意図があるからであろう。「文をもって天下を治めた者はあったが，武を用いて人心を服した者はない」と語る松本の言葉は，軍事均衡と抑止力論へ傾く日本への警告ともなっていよう。

二見先生は，こうした松本亀次郎の思想をその形成過程から辿り，国境を超え，時代も超えて呼びかけてくる，その思想と行動の歴史的意義と魅力を明らかにされている。

本書の嬉しいメリットは，親しみやすい叙述にある。学術論文にみられる堅苦しさがなく，読んでいてすっと私たちの中に入って来る。研究者としてのみならず，教育者として，また鹿児島や九州における文化指導者として，多大な貢献をされている先生の経験と見識がにじみ出ているからであろう。

松本亀次郎の人生と業績と思想は，私たちの鏡であり，まさに今求められている生き方と考え方の宝庫である。啐啄同機の妙に導かれて，本書が出版されることを，読者の皆さんと共に喜び合いたいと思う。

松本亀次郎記念　日中友好国際交流の会
会長　鷲　山　恭　彦

目　次

刊行の辞　　i

発刊に寄せて　　ii

第Ⅰ部　総論的考察

第1章　中国人留学生教育の父・松本亀次郎 …………………………… 2
　　1　松本亀次郎の前半生
　　2　文豪・魯迅との出会い
　　3　京師法政学堂と松本亀次郎
　　4　「日華同人共立」の学校を創設
　　5　日中の道，天命なり

第2章　アジアへの理解 …………………………………………………… 10
　　1　アジアはひとつ
　　2　アジアの生い立ち
　　3　アジアの近代化と日本
　　4　アジア人の日本留学
　　5　世界平和への道

第3章　教育者松本亀次郎に関する一考察 ……………………………… 20
　　1　日中文化交流と松本亀次郎
　　2　松本亀次郎の生い立ち

3　小学校訓導から師範学校教諭へ
　　4　宏文学院における教育と研究
　　5　京師法政学堂と松本亀次郎
　　6　松本亀次郎研究の意義

第4章　日中文化交流に関する一考察
　　　　―松本亀次郎を中心として― ………………………………………… 42
　　1　日中文化交流と松本亀次郎
　　2　松本亀次郎の生い立ちと日本語教育
　　3　宏文学院における松本亀次郎
　　4　京師法政学堂と松本亀次郎
　　5　東亜高等予備学校の創設
　　6　松本亀次郎の中国認識

第5章　松本亀次郎の中国認識 ………………………………………………… 56
　　1　松本亀次郎研究の経緯
　　2　松本亀次郎の前半生
　　3　戦時期の松本亀次郎
　　4　亀次郎の郷里疎開と終焉

第Ⅱ部　特論的考察

第6章　松本亀次郎の日華共存共栄論 ………………………………………… 80
　　1　『中華五十日游記』の刊行
　　2　中華教育視察の概要
　　3　日華共存共栄への提言

4 留学生教育に関する認識
5 『游記』に対する識者の反応

第7章 佐賀師範在職時代の松本亀次郎……………………………………… 102
1 佐賀師範学校と松本亀次郎
2 1902年の修学旅行
3 佐賀県方言辞典の編纂
4 国語研究に関する識見
5 女子教育に関する識見

第8章 京師法政学堂の日本人教習…………………………………………… 116
1 京師法政学堂の成立
2 京師法政学堂の教育
3 日本人教習の活躍
 (1) 矢野仁一の場合
 (2) 井上翠の場合
 (3) 松本亀次郎の場合
Japanese Educators at Beijing Academy of Political Science

第9章 京師法政学堂と松本亀次郎…………………………………………… 141
1 京師法政学堂と日本人教習
2 松本亀次郎の日本語教育
3 松本北京時代の教育史的意義

第10章 東亜学校と松本亀次郎
　　　　──戦時下の動向を中心として──………………………………… 159
1 松本亀次郎の中国観

(1) 1910年代——学校創設の理念
　　(2) 1930年代の松本亀次郎
　2　戦時下の松本亀次郎
　　(1) 興亜教育についての意見
　　(2) 苦悩のなかでの顕彰・研究
　　(3) 留学生からみた松本亀次郎
　3　戦争の激化と亀次郎の終焉
　　(1) 亀次郎の郷里疎開
　　(2) 戦時下の東亜学校

第11章　戦前日本における中国人留学生教育
　　　　——東亜高等予備学校を中心として—— ················· 180
　序　留学生教育と文化摩擦
　1　東亜高等予備学校の設立
　　(1) 明治期の留学生教育
　　(2) 東亜高等予備学校の創設
　　(3) 国際情勢の変化と留学生
　2　日華学会経営下の東亜高等予備学校
　　(1) 日華学会の発足と財政援助
　　(2) 東亜高等予備学校の再建
　　(3) 中国学制の変化と特設予科制度の改編
　3　東亜学校の成立と崩壊
　　(1) 満洲国の発足と留学生教育の対応
　　(2) 校名改称と高等科の新設
　　(3) 日中戦争の進行と留学生教育の崩壊

第12章　20世紀初頭の日中文化交流
　　　　—日本人教習の動きを中心として— ················· 221
　1　清末の中国と京師法政学堂

x　目　次

　　2　井上翠の生い立ちと日本語教育
　　3　松本亀次郎の生い立ちと日本語教育
　　4　日華辞典の編纂と東亜高等予備学校の創設

第13章　松本亀次郎の日本語教育論
　　　　——Kamejiro Matsumoto's Theories on the
　　　　　Japanese Language Education ……………………………………… 234
　　1　宏文学院の日本語教育
　　2　『漢訳日本文典』の発行
　　3　日本語教科書の編纂
　　4　宏文学院から京師法政学堂へ
　　5　東亜高等予備学校の創設

第14章　大学における授業の活性化
　　　　——ビデオ教材の導入と反応—— ……………………………………… 250
　　1　ビデオ教材の導入
　　2　教材の主人公・松本亀次郎の生涯
　　3　教育テレビ特集番組作成への協力
　　4　全国放送とその反応
　　5　ビデオ視聴後の学生の反応
　　6　松本亀次郎研究の深まり

参考資料

補論1　松本亀次郎先生の生涯 …………………………………………………… 268
　　1　〜生い立ち〜

2　〜師範学校在職時代〜
　　3　〜宏文学院と京師法政学堂〜
　　4　〜東亜高等予備学校の創設〜
　　5　日中の道，天命なり

補論 2　中日関係史国際学術討論会に出席して………………………… 276

補論 3　日中交流余話………………………………………………………… 283

補論 4　The Establishment and Development of Preparatory Education for Chinese Students in Pre-war Japan ……………… 289
　1　"Five School Special Agreement" and Systematization of Preparatory Education for Chinese Students (1907-1917)
　　(1)　Early Years of Education for Chinese Students in Japan
　　(2)　Five School Special Agreement
　　(3)　Establishment of the Special Preparatory Course
　2　Improvement of Preparatory Education for Chinese Students and Addition of the Special Preparatory Course (1918-1927)
　　(1)　Establishment of the Japan-China Society
　　(2)　Role of the Tôa Higher Preparatory School
　　(3)　Addition of the Special Preparatory Course
　　(4)　Education of Chinese Students at First Higher School
　3　Development of Preparatory Education for Chinese Students —the Special Preparatory Division of the Special Secondary Course (1928-1932)
　　(1)　Plan for Reorganization of the Special Preparatory Course
　　(2)　Introduction of the Special Preparatory Division of the Special Secondary Course

補論5　松本亀次郎に関する短編3題……………………………………………305
　　A　世界教育史への模索
　　B　松本亀次郎のこと
　　C　平和の哲学

隣邦留學生教育の囘顧と將來　　313

　　　研究活動（留学生教育関係）記録　　331

　　　あとがき　　336

第Ⅰ部
総論的考察

第1章

中国人留学生教育の父・松本亀次郎

　真の愛国心は，国際社会で互いの国や文化を尊敬しあうことから芽生えてくるのではないだろうか。昨今の世界情勢をみると，60年前「平和」を旗印に再建への努力を重ねた日本人が果たすべき使命を切々と感じる。

　1945（昭和20）年9月，生まれ故郷，静岡県小笠郡土方村（現掛川市）で静かに息を引きとった教育者がいた。その名は松本亀次郎。長男や妻に先立たれ，寂しく生家に疎開し，終戦の翌月，冥土への旅立ちをされた方である。孫の洋一郎氏らに私もお伴して，これまで数回墓参りをしたが，そのたびに，この偉大な教育者を日本はもとより国際的にもっと顕彰し，理解を深められたらという気持が高まる。松本先生こそが真の愛国者であり，国際人でもあったと確信するからである。生家跡には「中国人留学生教育に生涯を捧げた人」（井上靖氏揮毫）と刻んだ顕彰碑が建立されている。

1　松本亀次郎の前半生

　1866（慶応2）年2月，静岡の上土方嶺向で生まれた松本亀次郎。父市郎平（文政9年生）は宮大工の系統を引く有能な技術者で極めて朴直な人，母みわ（天保6年生）はどこかしっかりした性格の持ち主だった。

　幼少期は明治維新の頃で，四民平等・国民皆学が奨励されていた。八歳で寺子屋宗源庵に入り，住職樋口逸苗師に漢学の手ほどきをうけ，学制頒布後新

設の小学校では 1 期生となる。熱心な勉強家だった亀次郎は，明治 10 年，わずか 12 歳で授業生（後の代用教員）にあげられ教壇に立った。当時は小学校で教えながら師範学校への受験準備をする人たちがおり，松本もそんな仲間の 1 人になった。義兄の中谷治郎作からは数学の手ほどきを受け，横須賀城下の漢学者常盤健のもとへ往復 4 里の道を通いつめたり，鶴翁山上の高天神社へ参籠して論語を暗誦するなど，受験前の凄まじい勉強ぶりが語り継がれている。

　1884 年，彼は 10 倍以上の難関を突破して進学した。静岡師範学校は中学校と並んで城内に在り，校長は両校兼務，校風は比較的自由な雰囲気であった。同 19 年の学制改革で師範学校は威重・信愛・服従の三徳を重視した軍隊式教育に移るが，亀次郎らは兵式訓練清水行軍に抗議して同盟休校に加わったというエピソードが残されている。

　1888 年，師範学校卒業後，静岡県内の高等小学校訓導となった松本は，公務の余暇を受験勉強に当て，東京高等師範学校試験に合格し上京するが，過労と病気のため中途退学，小学校現場に戻る。「亀勉センセイ」の綽名よろしく生徒に慕われた松本は，26 歳で校長となった。さらに 5 年後，検定試験に合格，中等教員として母校静岡師範に就任，喜び勇んで青年教育に従事し研究者の道を邁進する。

　当時，中等学校以上の教員人事は全国交流でなされた。松本は静岡・三重・佐賀と転勤する。三重師範では舎監（学生部長）を引受けた。佐賀師範着任の 1900 年は小学校の教科目が読方・書方等を「国語」に統一した年，日本語の科学的言語学を樹立しようとするなかで方言研究も行われた。松本が編纂した『佐賀県方言辞典』（1902 年）の巻頭には上田萬年博士が手簡を寄せている。「我が邦方言辞典の著あるは，蓋しこれを以て嚆矢とすべし」と。

　松本は研究と教育の両面から高い評価をうけた。郷里にある「松本亀次郎資料館」には方言辞典の下書き，上田博士の序文原稿，松本の著作・日記・手簡・意見書等々約 4,000 点が保存されている。なかには和歌・漢詩の試作や短冊もみられる。

1902年4月実施の修学旅行記録をみると、参加生徒数37人で、佐賀・久留米・太宰府・福岡・唐津・伊万里・武雄と延々65里（260キロメートル）の行程を8泊9日、地理・歴史・産業・教育などの諸名跡を松本らが引率している。増田実『松本亀次郎先生伝』によれば、「覇気のある学生が大勢お宅へおしかけ食事を共にし、談論風発徹宵(てっしょう)したことも屢々(しばしば)であった」らしい。(増田, p. 14)

2　文豪・魯迅との出会い

松本亀次郎は、1903年、嘉納(かのう)治五郎率いる宏文学院の日本語教師に招聘された。当時、東京高等師範学校長である嘉納は、最初の中国人留学生が来日の折り、率先して彼等の世話役を引受けていた。宏文学院関係の資料は柔道の殿堂・講道館に保存されているが、1902年から1906年までのわずか4年間に約280名もの教職員が去就して、そのなかから日本語学の専門家が育ったといわれる。

松本の回想録によると、学生のなかに魯迅(ろじん)がいて、日本文の翻訳が精妙なことから、同志間では「魯訳」とよばれ、皆が訳文の模範にしていたという。彼等は宏文学院を経て高等学校や専門学校に入学し、日本の学生と同じ講義を聴かねばならないので、日本語学習にも熱心だったわけだが、松本は留学生たちの要求を考えに入れながら、日本語をいかに分かりやすく体系的に教えられるか熱心に研究を重ねた。

後に、松本を日本語教育の第一人者におしあげる原動力となった『言文対照・漢訳日本文典』(明治37年)の刊行は、宏文学院での教案づくりが契機となっている。『宏文学院叢書』を付し、嘉納の序文は漢文で書かれた。本文は2段組みで、上段に日本文、下段に漢文を置き、訳文が比較的穏妥だというので、「留学生は誰でも彼でも1冊は買ひ求め日本語文を学ぶ津梁(しんりょう)として呉れた」「この向の書では僕が先鞭を着けた」と松本はいう。中国内地でも各所で翻刻や騰

写版にして教科書に使われたようだ。まさに洛陽の紙価を高めた名著である。
　当時,宏文学院には日本語の教授者として三矢重松・松下大三郎・井上翠など20数名が在職していた。嘉納のよびかけで教科書編纂の議が起きた折り,松本は起草委員に推挙され,彼の提案を中心に毎月1～2回の論議を1年余り重ねる。『日本語教科書(語法用例部)』3巻や『日本語会話教科書』など,松本らが努力した成果が続出する。訳文の修正等には中国側の学者たちが協力した。
　松本亀次郎はこうした事業に携わるなかで,研究者としての力量を磨いた。同僚や教え子たちと共に学び合ったことになる。この時期の友情が人生をどんなに豊かなものにしたか,はかりしれない。特に,終生の友で後に文豪とされる魯迅との劇的な出会いは,近代日中関係史上に咲いた花だといえよう。宏文学院はその花を咲かせた土壌の役割を果たしたことになる。

3　京師法政学堂と松本亀次郎

　清末の中国は「中体西用論」を軸に,隣国日本の近代化をモデルにしていた。洋務派官僚の筆頭・張之洞は『勧学篇』を著わして日本留学を奨励し,自らも東京に湖北路鉱学院を創設する。清朝専制の補強再編,そのための人材養成という至上目的があった。かつて日本が明治維新の際,西洋先進諸国から有能な学者や技術者を招聘し,彼等をとおして近代的文化を習得していったように,中国でも外国人を教習とする政策に踏みきった。教習の9割は日本人である。
　1906年,行政官養成を任務とする学部(日本の文部省にあたる)直轄機関として設立されたのが京師法政学堂(のちの北京大学)である。清国側の教授陣は大半が日本留学経験者だ。日本教習たちの講義を直接聴き得るようにしたいというので,小林吉人・井上翠に続き,松本亀次郎も招かれた。母を郷里に残しての海外生活となるが,渡清後,辛亥革命までの4年間,松本は北京に滞在し急成長する。
　北京在職時代の意義を考えてみると,第1に,日本語教育の内容および方法

を中国本土において実地検証できた点である。留学生教育は量から質への時代に移行しつつあった。松本が宏文学院にそのまま留まっていたら，彼の日本語教育も一頓挫を来したことだろう。幸い，彼は北京に集結した中国全土の青年たちを相手に，教育者的熱意をもって日本語を教えていた。宣統3年（1911）の春，留日学生予備学校を北京に設置するための奏議が裁可され，彼も日本語教習として聘用される内約であったという。

第2の意義は，松本の交際範囲が著しく拡大したことである。彼の回顧談によれば，服部宇之吉・巌谷孫蔵（いわやまごぞう）・岡田朝太郎・川島浪速（なにわ）などの教育家・文人をはじめ，林権助や伊集院彦吉，松岡洋右（ようすけ）・広田弘毅（こうき）や本庄繁など政財界や軍人まで，後に名を成した人びとが北京に集まっていた。京師法政学堂の上司・杉栄三郎は最上の知己であった。「君は資性温厚篤実の君子人で，其の人柄は，真に学生の胸裏に反映し，学生は君を敬信し，忠実に其の教授を習受した」（増田，pp.1-2）とは杉の松本評である。

戦時下の日本へ留学し古代史を勉強していた汪向栄は，曾祖父が松本と京師法政学堂での同僚であったこともあり，留学当時を回顧している。「曾祖父が雑談のなかで，日本には悪人もいるが，良い人もいる……と語ったのを私は聞いた」（平野，p.276）「中国人民の中にも，中日両大民族の関係は，戦争によって解決するものではなく，また日本人民も全ての人が悪いわけではないという考え方が多くなっていった」（平野，p.277）という。汪は松本の中国認識を「宏文学院から京師法政学堂に渡った幾年かの経験の中で得たもの」と断言している。

時代を超え国境を越えて勇躍前進した松本亀次郎。北京での実地研修体験は足かけ5年だった。辛亥革命により，教習たちは一旦日本へ引揚げた。逆に，日本在留の中国人留学生もほとんど帰国し，政情安定とともに再び来日する。

4 「日華同人共立」の学校を創設

　1913（大正2）年8月，松本亀次郎は日本語教育のための新しい学校を開く決心をした。湖南省出身の留学生・曽横海らの懇請を受けたのである。教場は日本大学および東洋商業学校の教室を借りてスタートしたが，翌年1月，浄財をもとに東京神田に土地を求め校舎を新築する。出資等の協力をしてくれたのが，宏文学院や京師法政学堂での同僚や知人先輩たちであった。正式の学校名は「日華同人共立東亜高等予備学校」，私立学校の設置認可日は1914年12月25日である。

　さらに1915年7月，経営安定のため，同校に賛助会を設け浄財を募集する。これには渋沢栄一や伊集院公使らの斡旋があり，三井や三菱等の諸会社，かつての上司・同僚が全面的に協力した。同郷のよしみである代議士の加藤定吉の名前もあった。門野重九郎の特別援助も加わって，財団法人に組織を改め，増築工事が進められる。

　同校の学科目は，日本語に加えて英語・数学・物理・化学・用器画等である。ここでは学年制をとらず講座式にし，一分科ごとに1日2時間とし，2～3カ月で修了するよう配慮した。その際，学科（講座）兼修を許し，入学者の増えるごとに組を増やしている。非常勤講師も多数委嘱して綿密な授業を組立てた。松本自身は校長という務めのかたわら，授業も担当したのである。

　神田という交通の要地にあったことが幸いした。ちなみに，1919（大正8）年現在の「在東京公私立学校在籍者」2,386人中約半分の1,128人が東亜高等予備学校に登録している。松本を先頭にすばらしい授業が展開されていたわけで，後の首相・周恩来も19歳のとき来日し，松本から直々の教授と励ましを受けている。

　「日華同人共立」の日本語学校，そこで学んで中国人留学生は2万人を超すと思われる。日本語入門書等を購読した中国人はもっと多数に上るわけだ。松本亀次郎は日中文化交流の架け橋的社会貢献をなしたといえよう。

とはいえ、大正から昭和前期の日本は天災人災の渦中、政情不安定の上に関東大震災の痛手による経営難が加わる。反日抗日の学生運動が続出する。若き日の周恩来も帰国した。

東亜高等予備学校は、大正末、政府の御用機関・日華学会に経営権を移行した。松本は教頭職に甘んじながらも、自ら創設したこの学校を拠点に、日中両国の将来を視野に入れた教育実践の提言をしていく。

5 日中の道、天命なり

1930 (昭和 5) 年春、松本亀次郎は訪中し、視察先で教え子や要人と語らい、熱心に日華共存共栄論を説いた。そして翌年、『中華五十日游記』と題する大著をまとめ、両国の要人に送り付けるという行動に出たのである。

松本が理想としている留学生教育は「何等の求める所も無く、為にする事も無く、至純の精神を以て、蕩々として能く名づくる無きの大自然的醇化教育」(『中華五十日游記』『中華留学生教育小史』、p.74) であった。中国人留学生に対しては「卒業して国に帰るや、悠揚迫らざるの大国民と成り、私を棄て公に殉ひ、私を協力一致して国内の文化を進め、統一を計り、……独り日本のみならず、世界各国に対しても睦誼を篤くし……」(p.74) と励ましている。また「日華両国は唇歯輔車の関係に在り、共存共栄は天命的に相互の国是であらねばならぬ。……両国民は相互に大国民の襟度を持し、……常に骨肉も啻ならざる親しみを持続し……」(pp.78-79) と主唱する。そして「日華親善は、求めずして得られる副産物であらねばならぬ」(p.74) という。

歌人与謝野晶子からの返書には「学問芸術に由りて両国の知識人が心と心とをお繋ぎ候ことが第一」とあり、民国青年の教育に尽瘁している松本を絶賛した。竹馬の友・吉岡弥生から誠意あふるる励ましも受けた。政治家の鈴木貫太郎や松岡洋右、本庄繁 (関東軍司令官) からの返書も届いた。だが、出版後まもなく満州事変が勃発してしまう。

松本亀次郎のねらいは戦争回避であった。隣国中国の人たちを蔑視していた当時の世相に真っ向から反対する勇気ある発言だった。政治や軍事の世界を超越して，若者の未来につなぐ教育に生き甲斐を求めた松本の思想にはヒューマニズムの精神が溢れていた。

　戦後70年，世界中の政情安定を願いながら，日中文化交流も今盛行している。私は，松本精神こそが21世紀の平和哲学であると思う。「こんな人物に肖（あやか）る人生もいいなあ」と，今，ひそかに考えている。

参考文献
松本亀次郎『中華五十日游記　附中華教育視察紀要　中華留学生教育小史』東亜書房，1931年
松本亀次郎「隣邦留学生教育の回顧と将来」『教育』第7巻4号，岩波書店，1939年
増田實『松本亀次郎先生傳（郷土教育資料）』城東学園，1951年
阿部洋編『日中関係と文化摩擦』嚴南堂書店，1982年
平野日出雄『日中教育のかけ橋　松本亀次郎伝』静岡教育出版，1982年
二見剛史『〈論文集成〉中国人留学生教育と松本亀次郎』斯文堂，1994年
武田勝彦『松本亀次郎の生涯──周恩来・魯迅の師』早稲田大学出版部，1995年
二見剛史編著『松本亀次郎に関する資料集』斯文堂，1996年
NHK・ETV特集「日中の道天明なり」1994年8月23日放送

〔解説〕　第1章は，廣池学園の㈶モラロジー研究所が全国募集した「歴史に学ぼう，先人に学ぼう」に応募し入選した論文である。同研究所の許可を得て収録書『至誠に生きた日本人』から再掲させていただいた（初版第1刷は2007年5月1日発行）。原則として原文を掲載したが，組体裁の都合上，漢数字を洋数字に変えているところも若干ある。写真は割愛した。

第2章

アジアへの理解

1 アジアはひとつ

　インドは，古来「天竺」という名で，日本人の心にも定着した国である。それは，第二次世界大戦後独立した新興国家というイメージではなく，ガンジス河の豊かな流れのように，悠久な詩と哲学に育まれた文化大国というイメージが当てはまる。インドは人類のふるさとという感じさえする。おそらく，ボンベイに集まってくる世界中の仲間たちも，われわれ日本人と同じように，歴史的な国インドでの国際教育会議に期待するところ大なるものがあろう。インドは古くて大きいアジアの国なのである[1]。

　かつて，岡倉天心は「アジアはひとつなり」と叫んだ。彼は，1906（明治39）年茨城県の五浦海岸に日本美術院の本部を移しその景勝の地で，朝夕，太平洋を眺めながら，日本美術院の振興に精魂をかたむけているが，天心をして東洋の真髄を自覚させた一契機は彼のインド旅行であったと伝えられている。世界教育日本協会理事の相沢節氏は，五浦海岸訪問の感慨をつぎのように詠んでおられた[2]。

　　○松落葉濡れつつ砂地寂かなり　岡倉天心の碑の前に立つ
　　○重き鎖アジアは解けり今の今　天心あらば何を言へるや
　　○タゴールが訪ひたることもありたりし
　　　　　　茶の本のえにしひそかにつづく

芸術の立場から，アジア民族の優秀性を弁じ，達意の英文で「東洋の精神」を欧米の人びとに紹介しようとした主著『東洋の理想』(The Ideals of East) は，1903年，ロンドンから出版されたのだという。インドの生んだ世界的な詩人タゴールをして，天心の思想に共鳴させた東洋の心を，われわれ若き世代も学びたいと思う。天心は，一面ロマンチストであったかもしれないが，生涯をかけて，正しいアジア観の確立を目指しつつ「新」時代の指標を開拓した日本人として，われわれの身近に今も生きているのである。

天心に限らず，アジアへの関心を示した先達は世界の各地に存在するであろう。アジアへの理解は，現代の世界を認識するための重要な手がかりとなるのではあるまいか。

2 アジアの生い立ち

ここで，われわれは，まず，アジアなるものの生い立ちを知っておくことが大切であろう。

古代ギリシャ人，ローマ人たちが「エウローパ」「アフリカ」に対立させて「アジア」を想定した頃，アジアは少なくとも3つの文化圏にわかれていた[3]。その第1はヘレニズム世界(インダス河以西の地域)であり，第2は仏教圏(インドを中心とした地域)であり，第3は儒教圏(中国を中心とした地域)であった。これら3つの地域は相互に交渉しながらも，結局は独自の世界を構成し，それらをアジアとしてひとつのものにまとめあげる精神的な絆は存在しなかった。

その後，インドでは，仏教にかわってヒンズー教が興り，さらに，イスラム教の進出をむかえた。また，中国では，インドから伝えられた仏教や，新しく興った道教が儒教世界のなかにたくみに入りこんでいった。そして，東海の島国日本は，中国，朝鮮をかけ橋にして儒教や仏教を受容した。飛鳥芸術のなかには遠くヘレニズム文化の片鱗も伝えられているという。アジアは，このような形で文化の交流をなしつつあったが，しかし，依然として三者三様に独特の

世界を形成したのである。

　続いて，ヨーロッパ人たちがアジアに進出する時代がきた。果てしない東洋の国々を目指しての冒険がはじまる。当初は，しかし，「東洋に学ぶ」という姿勢が強かったようだ。ちなみに，史上空前の世界帝国といわれる蒙古（元）と直接交渉をもったイタリアの商人マルコ・ポーロ（Marco Polo 1254-1324）が，帰国後著した『東方見聞録』は，東洋への関心を大いに高めることとなるのであるが，この頃の西洋人は，中国文化の前にまったく頭の上がらぬ存在であったらしい。「少しは西洋固有の文化は残して行ったとしても，中国から獲て帰るところが遙かにそれよりも多かった」とさえいわれる[4]。このことは，今日，注目してよい。

　ヨーロッパにルネッサンスが興るのは，今から約五六百年昔のことであるが，その頃のアジアは，明やティムールの時代であった。加えて中東にはオスマン・トルコが勢力を張り，東西交易の陸路を遮断した。ヴァスコ・ダ・ガマ（Vasco da Gama 1469-1524）のインド航路開発の直接的動機はこの陸路遮断の解決策であった。

　やがて，近代科学技術の急速な進歩により軍事力をつけたヨーロッパ人たちが，アジアの各地に攻撃をしかけるようになってきた。いわゆる「植民地化」の波がアジアを翻弄することになる。まもなく，アジア文化発祥の地とされるインドや中国は，ヨーロッパ人の武力の前に屈服し，国土の大半を貸す羽目になってしまった。キリスト教の普及という形で東洋にはいりこんできた西洋人も数多い。

　この間，新大陸発見によって，南北アメリカやオセアニアに植民国家群が誕生し，ロシアのシベリア進出がはじまる。黄金の国ジパングのイメージも修正された。正確な世界地図が，多くの探検家たちの手で，次第に描けるようになってきたわけである。

3 アジアの近代化と日本

　その生い立ちが語るように、アジアは決して単一の世界ではなかった。最近百年間に限ってみても、アジア各国が歩んできた道程はさまざまである。たとえば、西力東漸の嵐が与えた影響の度合いによって、植民地、半植民地、独立国という分類をあてはめることもできる。民族のちがい、歴史のちがいにより、多種多様な国家が誕生しているのである。

　さて、広大なるアジアをして、共通の世界を認識させる上での直接的契機となったものは何か。皮肉なことに、それは「西力東漸」そのものであった。ヨーロッパ人、さらに、アメリカ人が、武力を背景にして開国をせまり、植民地化するため侵入したことによって、アジアの各国は、政治、経済、文化あらゆる層において、西洋とのかかわりをもつことになる。近代化即西洋化とまで表現される、まさにその次元において、アジアはひとつの方向性を与えられた。すなわち、西洋の近代文明を吸収することなしに新しい時代への対応はできないという自覚が共通にもたれたのである。

　日本は、アジア諸国のなかで、西洋との接触がもっともおくれた国のひとつである。太平の眠りから醒めた日本人の眼に映し出されたアジアの世界は、かつての先輩国インドや中国が西洋列強の植民地分割の舞台にされているという厳然たる事実であった。「地球で最大の大陸のはずれに、それも地球で最大の大洋に面する島国であるという珍しい位置にある[5]」という地理的条件の故に、日本は植民地分割の最後の対象国とされたにすぎない。そこで、開国後の日本がみずからに要請したことは、知識を世界に求めるという国民的伝統の再認識であった。明治維新により、西洋文化の積極的導入が国是とされる。かつて、朝鮮や中国に留学し、東洋先進国の秀れた文化を学んできたように、日本人は太平洋を渡り、インド洋を通って、西洋先進国に出かけるようになった。西洋からも「お雇い外国人」を数多く招聘している。ちなみに、高等教育の歴史を繙くと、東洋における近代的大学の誕生は西洋におくれること数百年とされる

が，日本では，明治初期において，文部省予算の大半を投入し創設した東京大学・帝国大学に，あらゆる分野の学問を移植・整備する方針を立て，その教授陣容は，洋行帰りの少壮学徒を中心に編成した。慶應義塾や同志社などのすぐれた私学もいち早く登場している。そして国民皆学主義を貫徹するために，教師養成のための学校を全国に配置したのである。

思うに，日本の近代化には，数々の好条件が揃っていた。教育熱心な国民性や江戸時代における洋学の発達という内的基盤もさることながら，外的には，ヨーロッパ各国における国内事情の変化やアメリカの南北戦争が幸いした。加えて，インドや中国・東南アジアにおける教訓は，国家統一，民族独立への意欲をかきたてた。日清，日露の両戦争を通して，国際的にも程なく認められるようになったのである。

4 アジア人の日本留学

西洋文明への理解を共通の目標に進んできたアジアの近代化は，日本の国際的地位の向上にともなって新たな局面を迎えていた。

たとえば，朝鮮，中国，インド，ヴェトナムあたりから，留学や視察のため，多くのアジア人が日本を訪れるようになったことがあげられる[6]。とりわけ，隣の中国からは多数の留学生が来日した。日露戦争終了の1905年には，中国人留学生数約8,000人ともいわれる[7]。そのなかには，京師法政学堂から選抜されて第一高等学校に入学した約30人も含まれている。狩野校長の訓辞から当時の模様を再現してみよう[8]。

……回顧ス千歳ノ昔，我国常ニ留学生ヲ唐土ニ送リ以テ其ノ文化ヲ伝フ，爾来数百歳我ガ開明彼ニ負フ処アラザルナシ，泰西ノ文化一度東スルニ及ンデ，我ハ嶄然トシテ長足ノ進歩ヲナシ，以テ幸ニ一日ノ長ヲ得タリ，彼亦我ニ許スニ先進国ヲ以テシ，遂ニ留学生ノ事ヲ見ルニ至リヌ。友邦千歳ノ恩誼今ニシテ

此ニ報ユベシ，復タ近代ノ快事ニアラズヤ。(中略) 一千ノ校友諸君願クハ双手ヲ開イテ千里負笈ノ客ヲ迎ヘヨ，赤誠ヲ吐露シテ遠来三十ノ友ニ接セヨ，……

　第一高等学校にはまもなく特設予科（1年）が置かれ，そこを卒業した中国人学生は，高等学校・帝国大学で日本人と同じように教育をうけた。専門学校や師範学校等にも中国人のための教育施設がつぎつぎに設けられた。また，中国人のための速成的教育機関は至るところに設置されていった。

　インドの一部とも考えられるネパールからは，1902（明治35）年，8人の留学生が来日している[9]。1905年には，在ボンベイ日本領事から日本の外務大臣宛に請訓が送られ，日本留学を希望する多数のインド人に，日本の教育状況についての的確な情報を提供する必要があると書かれていた[10]。また，カルカッタに『日本の教育制度』なる定期刊行物が発刊されたのは1906年であった[11]。

　このような事例が示しているごとく，日本の国際的な進出は，当時，西洋列強の侵略に暗澹たる気持でいた中国人やインド人の胸に一筋の光を射し込むことになったのであろう。「西ヨーロッパの大国ロシア，禿鷹のように襲いかかって来た無気味なロシアは日本に負けた。アジア人でもヨーロッパ人に勝てるんだ[12]」という気持が湧いてきたにちがいない。そこには，アジア人としての「連帯」を期待されていたにちがいないのである。

　孫文が三民主義を提唱したのはその頃である。すなわち，1906年12月2日，東京神田の三崎町にある錦輝館で，若き孫文は三民主義の綱領を発表している[13]。中国民族の独立，人間の平等，地権の平均を主張する，民族，民権，民主の三主義のこの構想は，彼がロンドンの清国公使館に拘禁されていた頃すでに成っていた。

　思うに，アジアのなかでいち早く近代化に成功した日本が進むべき道は2つあった。その第1は，アジアの諸国における独立運動を支援して真の世界平和に寄与することであり，第2は，西洋列強に伍してアジア侵略の道を選ぶことであった。第1の道を歩むべきが当然であったにもかかわらず，「小成に甘ん

じた」日本は，その歴史的使命を忘れて，隣邦諸国アジアへの侵略的行為に出たのである。台湾，朝鮮をまず植民地にした日本は，まもなく中国への軍事的進出を図った。

アジア人としての共感から，日本の興隆を讃美していたインドは，日本の海外膨脹主義にたいして次第に否定的な態度をとりはじめた。たとえば，1905年の日英同盟の適用範囲が東アジア一帯に拡大され，イギリスのインドにおける権益擁護のために日本が参戦義務を負っていることには鋭い批判を行っている[14]。

こうした批判をも無視して，日本のアジア侵略はなおも続けられた。中国大陸や南洋諸島におけるドイツの権益獲得を目標に第一次世界大戦に参戦した日本は，西洋列強の帝国主義的政策におくれをとるまいという焦りから，1915（大正4）年，中国の袁世凱政府に対して世にいう「対支21箇条要求」をつきつけている[15]。しかし，この行動は世界の非難を浴びることになり，本格的な排日運動をおこし，ひいては，日中戦争，第二次世界大戦への発火源となる。

タゴールの来日はその翌年であるが，帰国後まとめた『日本のナショナリズム』のなかで，彼も，日本に対してするどい批判と警告を放っている。また，1937年の日中戦争勃発の際にも，彼は，日本の中国侵略を激しく非難しているのである[16]。

このような政治状況の推移のなかにあって，アジアにおける文化交流は間断なく続けられていた。中国人留学生教育の問題に限定してみると，そのための配慮としては，日華学会の設立（1918年），対支文化事業の発足（1923年）等があげられよう。

ちなみに，これより先，1913年，松本亀次郎によって設立された東亜高等予備学校がある。この学校は，翌年新築発足の際，正式校名に「日華同人共立」の6文字を冠し，精神的に尽力した留学生曽横海の功労を記念している[17]。このエピソードは，文化交流の底辺にある人間関係の大切さを教えてくれる。

その後，日本側の留学生受け入れ制度にも，中国側の教育制度の整備に対応

して，おのずから進歩がみられる。たとえば，1932年には，第一高等学校に特設高等科，東京工業大学に附属予備部が設けられ，高等学校高等科と同程度の特別な教育を施したのち日本の大学に留学させる制度が発足している[18]。東亜高等予備学校を日華学会の経営に移したのは1925年であるが，そこでは，三輪田輪三（山形高等学校初代校長）が第二代学監となるに及んで，教育内容も一段と整備された。しかし，留学制度の充実にもかかわらず，留学生の多くは反日感情を抱いて帰国したのである。

中国は，欧米諸国にも多くの留学生を送りこんでいた[19]。とくに，アメリカには日本とほぼ同数の留学生を送出している。六・三制をいち早く中国に導入したのも，アメリカの影響であろう。そして，1930年代を境に，中国の指導層は，日本留学出身者から欧米留学出身者へと次第に移行してゆく。

5　世界平和への道

アジア人にとっての外国留学は，先進国に学ぶという考え方がその基本にありそうである。とくに，日本人の場合，古来，自国のおくれをとり戻すという要請に立って交流の相手を先進国に限定してきた感じが強い。すなわち，留学とは海外のすぐれた文化を持ち帰ることが主流だったのである。先進後進の関係で留学を考える習性が身についていたのであろう。

明治以後，他のアジア人，とりわけ大量の韓国人[20]，中国人が日本に留学するに及んで，日本人はこの留学観を修正せねばならなかったはずである。それは，アジアからの留学生を後進と規定するのではなく，対等な隣人として遇することを基本にした国際交流という考え方に立たねばならなかったのである。

大東亜共栄圏の盟主という高漫さをちらつかせて，他のアジア人を見下していたのが戦前の偽わらざる日本人の姿であった。そしてそれは，西洋への卑屈な劣等感の裏返しでもあった。

戦後の日本は，アジアの隣人が朝鮮戦争，ヴェトナム戦争で苦しんでいる間

に，経済大国として復興した。さいわい，アジアの諸国もそれぞれに民族の独立を達成しつつある。アジアの諸国民は，政治的，経済的独立への意欲を中核として現代を意識しつつあるといえよう[21]。数々の試練を経て，アジアは，ふたたび，相互の連帯を深められる状態に戻ってきたようである。

近代百年の歩みを静かに回顧しながら，アジアの一角に住む民族として，われわれ日本人に課せられている歴史的使命を根本的に考えてみることが大切であろう。

先頃，ユネスコ・アジア文化センターの高橋靖直氏は，アジアを正しく理解することがこれからの新教育を考えるための一基点であると主張された。曰く，「国際理解教育の道は新しく，未だ先人の開拓した正道はない。教師は国民と共に，アジアの人びとと共に，そして子供達と共に考え，歩み，築いていかねばならない[22]。」

教育新時代をひらく基点のひとつが「アジアへの理解」であることを，われわれも深く認識する必要がある。

アジアへの理解は，同時に，世界平和への道筋[23]でもある。その道筋は，決して単一とはいえないであろう。謙虚な自己反省，恵まれぬ者への理解と友情[24]，生命への畏敬等を基軸にしながら，根気づよく，平和のための学問を構築せねばならない。

注

1) 上原専禄『世界史における現代のアジア』中「インドを見る眼」未來社，1961年，p.242以下，を参照。
2) 相沢節「岡倉天心の遺跡」『教育新時代』1971年4月，p.29以下
3) 上原前掲書，p.218
4) 実藤恵秀「中国の日本留学史稿（二）」『日華学報』第59号，1936年12月，所収，参照。
5) 前田陽一「学生の国際交流の意義」『厚生補導』第17号，1967年10月，p.2
6) 松本尚家「留学生の教育補導の諸問題」『厚生補導』第19号，1967年12月，p.15以下

7) さねとう・けいしゅう『中国人日本留学史』付表，くろしお出版，1960年
8) 『第一高等学校六十年史』p. 487
9) 弘中和彦「インド人の日本留学」国立教育研究所アジア人留学生研究会『アジア人留学生に関する総合研究中間報告』1974年，p. 45以下。なお，弘中和彦『発展途上国における留学の問題——インドをケースとして——』（アジア経済研究所研究参考資料，アジア経済出版会，1970年，p. 154）を参照。
10) 同上書
11) 同上書
12) 星斌夫『中国近代史話——アヘン戦争から中華人民共和国の成立まで——』近藤出版社，1972年，p. 61
13) 同上書，p. 68
14) 弘中前掲論文，前掲書，p. 46
15) 星前掲書，p. 92以下
16) 弘中前掲論文，前掲書，p. 46
17) 『日華学会二十年史』1939年，p. 102
18) 国立教育研究所編『日本近代教育百年史5　学校教育(3)』p. 395以下
19) 外務省文化事業部『日本及諸外国ニ於ケル支那留学生』1928年，参照。
20) 本稿では韓国人留学生についてはふれていないが，アジアへの理解は朝鮮をぬきにしては到底考えられない。この分野における最近の労作としては阿部洋「旧韓末の日本留学(ⅰ)(ⅱ)(ⅲ)」『韓』第29，30，31号，1965年5，6，7月に連載，を参照。
21) 上原前掲書，p. 230
22) 高橋靖直「アジアの日本——新教育の一基点——」『教育新時代』74号，1974年1月，p. 32
23) 拙稿「世界平和の使者を育てよう」『教育新時代』第21号，1969年8月，p. 21以下
24) 佐藤忠男「実学からの転換」『世界政経』第30号，1974年8月，p. 84

世界教育日本協会編『教育新時代』第82号，1974年9月

第3章

教育者松本亀次郎に関する一考察

1 日中文化交流と松本亀次郎

　本章は，戦前の日本において中国人留学生の教育に尽力した松本亀次郎(1866-1945)に関する考察である。

　日本と中国の文化交流史に造詣の深い実藤恵秀(さねとうけいしゅう)によれば[1]，中国人日本留学史は日中復交を契機に第2期に入った，といわれる。この場合，第1期とは1896年，すなわち，日清戦争後中国が日本に留学生を送るようになった年から，1937年，すなわち，日中戦争に突入した年までの約40年間を指す。この時期区分は日中友好の視点から措定したもので，両者の間に介在する空白期については敢えて言及しないという配慮であるが，松本はその第1期のほとんどを日本語教師として中国人のために捧げ，日中戦時期においても教育者の姿勢を貫いた[2]。彼の中国観には今日なお注目に値するものが多いといわれる所以である。

　中国が外国に留学生をつかわした記録によれば，古くは，南北朝以前のインドにさかのぼり，近世になると，キリスト教の宣教師につれられてアメリカに送っている。このアメリカ留学は中華思想を稀薄にするという理由からとりやめになった。その後しばらくして日本留学が開始されるわけだが，これまで見向きもしなかった日本に中国人が学びにくるというので，日本としてはその受け入れに大変苦慮した。皮肉にも，日清戦争が両国の文化交流を促進する契機となったわけである。日露戦争で日本が勝利をおさめたことは，中国人の日本

留学に拍車をかけることとなる。ちなみに，統計によれば[3]，1906（明治39）年5月末の留学生数は7,283人となっている。1896年，東京高等師範学校長嘉納治五郎のもとに13人の留学生が送られてから僅か10年後に，7,000人以上の中国人留学生を受け入れることとなったわけであるから，日本側としてはその対応策に追われるのが当然であろう。

たしかに，1900年前後の中国は，近代化を推進するため日本のやり方を色々学ぼうと懸命であった。たとえば，1903（光緒29）年発布の「奏定学堂章程」では，日本の学校体系をモデルに，初等9年，中等5年，高等6〜7年とし，対象を国民一般とする近代学校制度を打ち出している[4]。しかし，施設の不備や人材の不足によりその実現が困難視されたので，中国では日本留学を奨励し，日本人教習を招聘することに積極的となる。残念ながら歴史的事実が示すように，戦前の日中両国は「非友好」の関係におかれていたといえよう[5]。留学生取締規則に対する反対運動，21ケ条要求反対のいわゆる五四運動，満洲事変等の諸事件に象徴されるように，日本軍国主義の高まりにともなって留学生の身辺は脅威にさらされていく。実藤の時期区分が第1期を昭和12年の日中戦争開始で締めくくっているのも「非友好」の歴史に照らして一理あるといわざるをえない。

現在および将来の留学生教育はいかにあるべきか，この問題を明らかにするためには，日中両国から高い評価を与えられている人物に焦点をあわせた研究が必要となる。松本はそうした人物の典型といえそうである。

2　松本亀次郎の生い立ち

松本は，第1期約40年間のうちの大半を中国人留学生の教育に尽くした「日本語教育の中心人物」である。彼は，1866年（慶応2年2月18日）静岡県小笠郡土方村上土方嶺向（現掛川市）に生まれた。父市郎平（1827年生）と母みわ（1835年生・牧野文一の4女）との間には2男2女があったが，長男夭折のため

亀次郎が家督を継いでいる[6]。父は宮大工級のすぐれた木挽職で極めて朴直な人であった。母はどこかしっかりした性格の持主で，土方村の実家を守り 1924 年 4 月 9 日 89 歳の高齢を以て没した。父が 77 歳で他界したのは 1903 年 8 月の頃であるから，約 20 年の歳月を寡婦として送ったことになる。後述のとおり，松本が中国人教育に従事するのは 1903 年 5 月であり，その後北京に渡り，東京に居を据えて東亜高等予備学校を経営するわけだが，亀次郎を知る村人の証言[7]によれば，彼は大変な親孝行者で，毎年展墓のため帰省しており，晩年の 1 年余は郷里に疎開し生家を守った。平和な村のたたずまいのなかに，その生家は彼の蔵書類と共に保存されていたが，1990 年頃遺品は「北公民館」に移され，住居の跡地には記念碑が建立された。

　松本の郷里は，静岡市と浜松市のほぼ中間にあり，掛川市として発展しているが，元来は土方村と称する農村地帯であった。彼の幼少期はまさに明治維新の渦中にあり，四民平等の理念のもと国民皆学が奨励された時期にあたる。8 歳のとき寺子屋宗源庵に入って住職樋口逸苗師に漢学の手ほどきをうける[8]が，これは，彼が豊かな家庭の出身であったことを意味する。学制頒布にともない，寺子屋が廃止命令をうけた。そして 1873 年 10 月嶺村ほか 15 カ村連合の小学校が嶺村の長寿庵に嶺学校として開校される[9]。教員には今井兼駿（旧幕臣）と浅井小一郎が同年 10 月 20 日付で任用された後，1876 年 4 月に樋口逸苗，1877 年 11 月に佐藤佐平，11 年 9 月に高橋謹一（旧幕臣）が任ぜられた記録が残っている[10]ほか，鈴木信吉や中島厳躬らの名前もみえる[11]。松本亀次郎はそこの第一期生になった。嶺学校は 1875 年 8 月嶺向学校と改称，1879 年 11 月には天照寺に移転している[12]が，当時は「各付添人が机をもってきたものです。……松本さんは篤実で熱心な勉強家でした」と同窓の久保田虎吉は語っている[13]。松本が入学した頃は児童数 50 名位だったというが[14]，同校の記録によれば，入学者はその頃毎年 10〜20 人程度で男子が大半を占め，卒業生は 1879 年で 3 人（男 3・女 0），1880 年で 4 人（男 3・女 1），1881 年が 14 人（男 12・女 2）に過ぎなかった[15]。松本は，創立当初の小学校で数年学んだ後，

1877年授業生にあげられている。正規の教員が少なかった明治初年の事ゆえ，12歳にして訓導を補佐する補助教員となり年俸3円をもらったわけだが，これは，松本の学的精進の結果であろう。ちなみに授業生は欧米でいう pupil-teacher に相当し，のちの代用教員にあたる。

増田実氏作成の「松本先生略年譜」に依れば[16]，松本はその後1879年中村小学校長浅井啻橘の下に教鞭をとり，1880年嶺向小学校長高橋謹一の助手となり，1882年大坂小学校長中谷治郎作の下で育英に従うこととなる。齢わずかに14～17歳の若い代用教員として勤務したわけである。後年静岡師範で同期となる林文平とは中村での，八木喜平とは大坂での同僚であった。当時小学校の正教員に就任するためには師範学校の卒業証書もしくは府知事県令による教員免許状が必要とされていた。松本の義兄にあたる中谷治郎作の場合を例にとると，1877年1月笠間則敏の助手として松下市五郎・浅井仙蔵と共に大坂学校に勤務したあと，1880年6月静岡県教員試験において免許状を取得し正教員となり，1885年まで同校に勤務しているが，この間，松下と浅井は静岡師範学校を卒業し，中谷の下で授業生に任ぜられていた八木や松本，水谷幸太郎も師範に進んでいる[17]。静岡師範学校は1877年6月に初めて卒業生を送り出しているが，松本が卒業した1888年は，4月に16名を数えるのみであったという[18]。

松本亀次郎を輩出させた時代と環境を紹介することは，以上の素描によって明らかなように，土方村を背景とする文化的土壌が彼に幸いしたのである。すなわち，東海道宿駅のひとつ掛川から南へ3里，戦国時代の古城高天神をとりまく山村が，維新の機運に促されて学校設立と人材養成に真剣に取り組んだ状況が推察できる。松本を終生に亘って励ます加藤定吉（代議士）・同安吉（医学博士）の兄弟，吉岡弥生（東京女子医学専門学校の創設者），鶯山恭平（報徳社副社長），角替九郎平（村長），といった友人も松本と同じ文化的命脈のなかで育った人材であった。

3　小学校訓導から師範学校教諭へ

　松本亀次郎は孜々汲々の勉強家であり，どこまでも学究的であったと評されている。鷲山恭平は「石橋も叩かんばかりに渡る，頗る堅実なそして地道な歩み方で進む。学んで厭はず，教へて倦まず底の，純心誠意が，蓋し翁を抽象する総てゞある」と述べている[19]。

　こうした松本の人柄は夙に表われている。師範学校入学前の勉強ぶりがそのひとつだが，彼は鶴翁山上の高天神社へ参籠して論語を暗誦したり，横須賀城下の漢学者常盤健のもとへ土方から往復4里の道を通いつめたというのである。高天神社の境内には彼の詠じた「もろ羽張り鶴のそら飛ぶ姿かなたかま神山又の名鶴翁山」の歌碑[20]が建立されている。自らを「鶴峯」と号した文人が若き日立志の念を刻んだ場所である。義兄中谷治郎作の末娘栗田とし[21]の証言によれば，松本は受験にあたって中谷から数学の手ほどきをうけたという。

　松本が林や八木と一緒に静岡師範学校に入学したのは明治17年であるが，3人は「城東郡の三秀才」といわれ，卒業まで上位を競いあう間柄でもあった。師範学校は駿府城址四つ足門を少し離れて追手町にあり，外壕の石垣に対立して堤上の松籟を聴き，富士を望む静陵唯一の美観を備える場所であった。校舎は木造2階建の洋風建築で，中央の廻廊を登ると屋上の火の見台に出で全市街が展望できた。校舎の裏に運動場を隔て寄宿舎が建てられていた。

　1886年7月までは静岡中学を併置していた。ちなみに，生徒数は師範生約100人，中学生は150人以上といわれている[22]。狭い敷地に教室は隣接し，寄宿舎も雑居，教員は両校を兼務していた。中学校の分離は学校令の公布にともなう措置であり，この頃から，師範教育の革新がなされていく，すなわち，「校規は厳粛に，服装の制定，寄宿舎の生活等，一に軍隊式に準拠し，且つ校費を以て養成せられ，加ふるに訓練の要旨としては，威重，信愛，服従の三徳に重きを置いて我が国教育史上空前の革新であった[23]」という次第である。なお，翌1887年4月には女子部が併設されている。

松本は，師範学校令前後の4年間をここに在籍したわけで，過渡期の変化にとんだ体験をもったことになる。静岡大学教育学部に保存されている「成績一覧」によれば，松本の成績は，1887年3月施行の「学級試験」で22人中7位（総評点78.1），翌年は18人中6位（通約点85.6）と記録されている[24]。ちなみに，学科目をみると，1887年のときは，倫理・教育・漢文・英語・代数・幾何・地理・歴史・物理・化学・農業・図画・音楽・普通体操・兵式体操の15に分けられ，いずれも100点満点でそれを平均して総評点としており，翌21年になると，倫理・教育・管理・漢文・英語読法・英語文法・簿記・鉱物・化学・農業・図画・音楽・普通体操の13で学科総評点と実地授業点を出し，その通約点で席次を決めている。学科目は学年により異同があるのは当然だが，これより師範教育の一面を知ることができよう。及落の判定は厳格で，例年数名の落第者を出している。松本らの同期生も卒業できたのは結局16人であった。

　校長は入学当初が林吾一（師範・中学両校を兼務）で，明治19年中学分離にともない蜂屋定憲に代わった。当時教員は独乙帽子や肋骨付の洋服を着用し，雨のときは雨傘に高歯の下駄といういで立ちであったという。師範教育が本格化するのは明治20年代以降であるから松本らのうけた教育には比較的自由な雰囲気が含まれていたのではないだろうか。しかも中等程度の学校が静岡県下に2校しかない頃であり，入学志願者は10倍以上に上った。その難関を突破した秀才たちが，日夜人格教育を主眼に切磋琢磨していたわけである。

　1888年4月，静岡県尋常師範学校を卒業した松本であるが，その後の経歴については若干未詳の部分が残されている。すなわち，増田説では「卒業後東京高等師範学校に学ばれたが，家庭の事情で中止され[25]」たとあり，さねとう説[26]では「東京高等師範学校に入学したが卒業まえに脚気をやんで中途退学」とある。後述のとおり，松本は嘉納治五郎に見出されて宏文学院に奉職するわけだが，両人の出合いを東京高師在学中だとする説もこれより成立するのである[27]。1897年に文部省中等学校教員検定試験に合格し師範学校の教壇に立つことができた松本であり，彼の努力を以てすれば高等師範学校への進学は可能

なことであったと考えられる。松本の姪栗田としも高師進学説を肯定された。しかし，筆者の知る限り，これを立証する史料はまだ発見されていないのである。

松本の履歴書では次のような記載となっている[28]。

　〇1888年4月2日，静岡県尋常師範学校卒業　同日，地方免許状下附
　〇同年4月4日，任静岡高等小学校訓導
　〇1889年9月20日，有渡・安倍郡小学校授業生試験委員ヲ嘱託ス
　〇1892年9月30日，任静岡県有渡郡入江町外4ケ町村学校組合立東有渡高等小学校訓導，但本科正教員勤務
　　同日，兼任東有渡高等小学校長
　〇同年10月12日，有渡郡有渡村・清水町・入江町・不二見村・三保村学校組合学務委員ニ任ス
　〇1893年4月2日，静岡県小学校本科正教員免許状下附セラル
　〇1894年9月3日，任静岡県榛原郡川崎町立川崎尋常高等小学校訓導，但本科正教員勤務
　〇同年，兼任川崎尋常高等小学校長
　〇1897年7月8日，尋常師範学校尋常中学校高等女学校国語科教員免許状下附セラル

上記史料の記載内容は，現在外務省所管外交史料館に所蔵されている「松本亀次郎氏経歴」[29]とも一致している。これより，筆者は，松本が静岡師範卒業後直ち小学校訓導となり，1897年まで県内の小学校に勤務したと判断したいのである。「訓導兼校長」時代の約10年間における松本の動静については今後の研究に委ねることとしたい。

続いて1897年以降の動静はどのような展開になっているのだろうか。上記「経歴」から復原してみたい[30]。

　〇1897年9月27日，任静岡県尋常師範学校助教諭
　〇1898年4月12日，任三重県師範学校教諭

○同年 10 月 12 日，兼任同校舎監
○1900 年 10 月 25 日，任佐賀県師範学校教諭
○1901 年 3 月 6 日，兼任同校舎監
○同年 7 月 15 日，学科講習ノ為帝国教育会ヘ出張ヲ命ス　但日数 27 日間
○1903 年 3 月 19 日，(佐賀県師範学校) 本職並兼職ヲ免ス　但学校ノ都合
○同年 6 月 22 日，府県立師範学校長並ニ公立学校職員退隠料及遺族扶助料
　　法ニヨリ 1903 年 4 月ヨリ退隠科年額〇〇円ヲ支給ス

　母校静岡師範を皮切りに，三重師範，佐賀師範へと転勤を重ねながらの教員生活が 7 年続いた。この間の松本の動静についても，まだ充分な史料を収集していない。文部省から認定された国語科教員の免許を生かしての教育行脚であったろう。年齢 30 代の青年教師松本亀次郎の活躍の様子が窺える。佐賀時代には覇気のある学生が大勢自宅におしかけ食事を共にし，談論風発徹宵したこともしばしばであったという[31]。長男操一郎 (1892 年 7 月 13 日生) の幼少期にあたり，父母を郷里に残しての九州入りであったが，妻ひさの内助の功に扶けられて，日本語の研究に精進できる日々が続いたと察せられる。

　松本は晩年に至るまで十指に余る著作を公刊しているが，その第一作ともいうべきは『佐賀県方言辞典』であった。佐賀県教育会 (江尻庸一郎会長) の編纂となっているが，実は松本亀次郎 (佐賀県師範学校教諭) と清水平一郎 (同県中学校教諭) の共同執筆である。1 年がかりで脱稿したとあり，「我が邦，方言辞典の著あるは蓋しこれを以て嚆矢とすべし」[32]と記されている。東京帝国大学文科大学教授の上田万年が手簡をよせ，序においてその意義を讃えている。

　次に上記「経歴」のなかに記載されている「帝国教育会ヘ出張」の内容が何を意味するか。「学科講習」とあるので，日本語の研究であったと解釈するのが妥当であろう。

　後年，松本が中国人留学生教育に成功した要因について中国人自身が分析しているところによると，彼の漢学に対する関心には当代の日本人にはみられない独特のものが含まれていたという。ここで，姚維達「松本亀次郎氏──中日

文化交流史的一頁」[33]のなかの一節を訳文によって紹介してみよう。

「甲午ノ戰，中国大敗以後日本一般人ハ，中国ニ対シ侮辱軽視ヲ加フルニモ関セズ　少数ノ遠見有ル人ハ　則チ正ニ此ニ乗ズ可キノ時ト為シ　中国ニ対シ一正確ノ認識ヲ作シ，其ノ中国ニ対スルアラユル研究ヲ開始セリ……主要ハマタ是レ心理上ノ環境即内在的力ニ存セリ」

「ソノ内在的原因，松本氏自述中ニ説キ得テハナハダ鮮明ナリ　彼曰ク『我レ幼時中国ノ書物ニ対シ　即チ好感ヲ発生セリ　四書五経等ノ漢文　他人ニ在ツテハ引キテ苦難ノ例トセシガ　我ハ非常ニ之ヲ愛好シ　以後又漢文中ニ在リテ少カラズ知識ヲ獲得セリ　故ニ中国ニ対シテハ自然ニ一種愛慕ノ心理ヲ発生セリ』ト　コノ種ノ好感ト愛慕トノ心理存在スルニ因リ　彼ハ能ク以後40年中断ヘズ留日華生ノ教育ニ従事セリ」

松本の中国に対する愛慕的心理を高く評価し，彼の努力に注目していたことが，この文のなかから明らかとなるであろう。彼の日本語研究がある時期から対中国を射てい距離に入れるようになった背景——筆者のみる限りでは，1900（明治33）年前後における松本の意識変化に注目すべきではないかということになる。

4　宏文学院における教育と研究

松本亀次郎をして中国人留学生教育に携わる契機を与えた人物が嘉納治五郎であったことはすでに述べたとおりである。両者の出合いがどのような経過のなかで行われたのか，その原因をつきとめるためには，今少し当時の史料を収集しなければならないであろう。ともかく，松本は，1903年5月から1908年3月まで嘉納の経営する私立東京宏文学院に勤務することとなった。師範学校卒業後16年，公立学校教職による恩給もついていた。東京転勤の1903年8月31日に父市郎平が他界しているから，おそらくは長男として郷里の父母のことを心配した新天地開拓の決断であったとも解釈できる。

1903年頃といえば，日露戦争を前に対中国政策をめぐってさまざまな動きが出ていた時期であり，西洋諸国の植民地活動に伍して日本もまた政治上・経済上の利権を獲得すべく動きはじめた。領土の分割という深刻な状況に追いこまれた中国としてはその対応策にのり出す。康有為，梁啓超らによる「変法自強」改革は1898 (明治31, 光緒24) 年のことであり，このあと，「中体西用」を基本原理とする洋務派官僚が出てきた。その筆頭格が湖広総督張之洞である。彼は『勧学篇』を著わして日本留学を奨励し，自らも東京に湖北路鉱学院を創設する。清朝専制の補強再編という至上目的があり，そのための人材を早期に養成すべく努力が傾けられたのである。宏文学院の開校は1903年の1月と記録されており，この年の7月から10月にかけて嘉納治五郎が訪中しているところから，松本亀次郎の招聘については，この時期の入念な分析を要するわけだが，いずれにしても，1902年から1906年の4年間に約280名もの教職員が目まぐるしく去就しているという宏文学院の方から，松本亀次郎は中国人留学生に日本語を教えるべく招聘されたのであった。在職中清国留学生会館や湖北路鉱学院にも出かけていたという。宏文学院の全体像については他稿[34]に譲り，ここでは松本自身の回想録[35]を紹介しながら，当時の留学生教育を考察するための素材としたい。

　「当時宏文学院には，速成師範科，速成警務科及普通科の諸班があって，速成科は8, 9箇月修了。普通科は3年卒業で，班名は団結して来た地名を冠したのである。当初に僕の教授した班は普通科は浙江班，速成科は四川班と直隷班であった。」

　「普通班は卒業後高等学校或は専門学校に入学して日本の学生と同じく教授の講義を聴かねばならぬから日本語の学習には熱心であった。学生中には……魯迅……陳介……厲家福……其の他秀才揃ひであった。……彼等の日本語は既に相当程度に達してをった。最早漢訳して教へなくても大体は日本語で同意語に言ひ換へて説明すれば分る程度に進んで居たが，或日助詞のにに漢字を充てる必要が生じ，には漢字の于または於に当ると黒板に書いた処が，厲家福が于

於と二字書くには及ばぬ，于でも於でも一字書けば同じだから宜しいと言ひ出した。……その時魯迅が言を挿んで干於が何処でも全く同じだと言ふのではない，にに当る場合が同音同義だからどちらでも一字書けば宜しいと言ふのですと説明した。それを聴いて僕は漢文字の使用法は本場の支那人と共に研究する必要の有る事をつくづく感じさせられた。」

　中国文学界の第一人者魯迅（周樹人）の若き日の一齣(こま)である。彼は凝り性でもあったので日本文の翻訳はもっとも精妙で，同志間では「魯訳」と言い訳文の模範にしていたという。『操觚字訣』や『助字審詳』などで漢語の面倒な使い分けを習っていた松本にとってみれば，当時20歳未満の秀才たちから日本語に適当な華文の訳字を充てるといった問題に知恵を貸してもらえるということは貴重な経験だったといえよう。普通科の在籍年数は短い者で11カ月，長い者で2年10カ月におよんだ。

　これに対して，速成師範科は平均8〜9カ月の短期間に倫理心理教育教授法物理化学博物生理数学等，教育者たるに必要な諸学科を通訳により教授しながら，週3〜4時間を日本語の教授に向けるところだった。松本の説明を続けよう。

「日本語を習ふのは日本の書物を目で見て意味が分る様になればよろしい。然るに日本文を見ると漢字の間に仮名が交って居る。漢字の意味は分るから仮名で書いた部分の意味を教へて貰へばそれで用は足りると言ふのが彼等の要求である。……」

「其処で教授者はハヨヘデニの助詞やレタの助動詞及び取ラ，派遣スの語尾変化と主語客語補足語説明語並に修飾語の位置構成等に就いて日本文と漢文との異同を比較対照して文法的に品詞論からも文章論からも明細に教授せねばならぬ。……」

　中国人留学生の要求を考えに入れながら，日本語をいかにわかりやすくしかも体系的に教えてゆくか，という問題が松本らの前に投げかけられたわけである。『言文対照・漢訳日本文典』の刊行は，宏文学院での教案づくりが契機となっている。すなわち，

「当時僕に一つ教案を立てて試みに文法を教へて見たらどうだと言われ，学生の要求と三沢教頭（教務長三沢力太郎氏のこと）の支援とによって一つの教案を作り，後に一冊の書物として発表したのが『言文対照・漢訳日本文典』であった。」
と，彼はいう。しかも，その刊行の動機が面白い。

「当時教科書事件と云って教育界に汚点を印したいやな事件があって，教科書は文部省で編纂する事になった。其処で教科書専門の書店は大打撃を受けそれぞれ転向を企てた。有名な金港堂が上海の商務印書館に投資したのもこの時分である。普及社が中外図書局に譲り渡したのも同じ頃である。中外図書局は……其の事業拡張の目標は当然支那に置いた。そこで鈴木氏（取締役）が支那の実況視察に出懸けたが，その出立前に何か支那向の新刊書を見本に持って行きたいといふので親友関係に在る嘉納宏文学院長に相談されると，僕の文法の教案がよからうと言ふので，泥縄的に僅か四五十日でルビ付漢訳付46版四百六，七十頁の書物の印刷製本を了し唯一の見本として船に積み込み最初上海へ向って行かれた……其の後中外図書局は成功を見なくて右の文典も発行権を他に譲り渡し常陸の国文堂から転々として上海の日本堂が震災後発行して居るが著作権は依然僕の所有に属して居る。」

筆者の手許には1929年11月発行の訂正増補35版の写しがあるが，扉には「宏文学院叢書」と付し，「嘉納治五郎先生序・三矢重松先生閲・松本亀次郎先生著」の文字が刻まれている。嘉納の序文は漢文で書かれ1904年7月とある。内容は品詞概説・文章概説・品詞詳説の3編から構成され，上段に日本文，下段に漢文をおいている。「文語と口語とを対照して例も規則も並べ挙げ訳文が比較的穏妥だと云ふ」ので「其の当時来朝の支那留学生は誰でも彼でも一冊は買ひ求め日本語文を学ぶ津梁として呉れた」と松本はいう。中国内地では各所で翻刻や謄写版にして教科書に使われた。言文対照となってはいたが，文語体が主，口語体が従で，当時の小説や教科書にはまだ文語体が多く用いられていた頃であるから，この文典を読めば大概は理解せられ，訳文の規準ともなり，

大いに洛陽の紙価を貴からしめたのである。巻末には訳文の修正に協力した高歩瀛（後の北京大学漢文科教授）や崔瑾，王振垚などが漢語で跋文を寄せており，光緒30年とあるところから初版本の段階で推敲の加えられたことが窺える。訳文の修正にはこの他に陳宝泉（後の北京高等師範学校長）・王章祐・経亨頤らがいた。

　「この向の書では僕が先鞭を著けた」と松本も述べているとおり，『漢訳日本文典』の刊行は彼を後年日本語教育の第一人者におしあげる原動力となった。中国全土に松本の影響が及んでゆくわけだが，これは宏文学院という背景をもってはじめてなしえた事業でもあったことを忘れてはならない。当時，学院には日本語の教授者として，三矢重松・松下大三郎・井上翠・難波常雄・佐村八郎・柿村重松・峯間信吉・門馬常次・江口辰太郎・臼田寿恵吉・小山左文二・菊池金正・唐木歌吉・芝野六助・金田仁策等総計20名ばかりが在職していた。嘉納学院長のよびかけで教科書編纂の議がおきた折，松本はその起草委員に推挙され，彼の提案を中心に月々1～2回の論議を1年余り重ねて『日本語教科書（語法用例部）』3巻が金港堂から出版されたのは1906年6月である。この本はその後改訂を加えられて1冊に合本され版を重ねた。編集にあたっては，嘉納院長自ら会議を招集し議事を進めたという[36]。ちなみに，この書でとくに留意されている点は接頭語の用例研究であった。

　宏文学院時代の松本は，このほか『日本語会話教科書』の編纂に携わっている。これも嘉納院長の委嘱によるもので，三矢・松下・小山・門馬・臼田のほか，立花頼重・乙骨三郎・館岡政次郎らの校閲を経ている。また，師範科講義録・日文篇の編集にも尽力した。

5　京師法政学堂と松本亀次郎

　松本が宏文学院という当時日本でもっとも大規模な中国人留学生教育の府で日本語の教育と研究に従事していた頃，清末の中国では諸方面の近代化が進行

した。かつて日本が明治維新にあたって，西洋先進諸国から有能な学者や技術者を招聘し，彼らを通して近代的文化を習得していったように，中国でも，この頃外国人を教習として招くことに踏みきっている。もちろん，「中体西用論」を思想的背景として臨時的措置ではあったが，隣国日本の近代化を参考にしようとする姿勢が強くあらわれた結果であった。外国人教習といってもその9割以上は日本人であり，各方面に亘って日本人教習が招聘されたのである。

　松本が籍をおくことになった京師法政学堂も，このような中国近代化の動きのなかで誕生した。多賀秋五郎の解説[37]では，1905年3月20日，伍廷芳，沈家本が司法のための人材を急速に養成する必要から京師に法律学堂を設置すべきであると奏請，これをうけて同年7月3日，学務大臣が法律学堂設置を覆奏したという。翌年5月5日，政務処の議覆にも給事中陳慶桂の游学を推薦する奏請のなかで法政学堂の設立について建議している旨の記述があった。かくして，7月17日，学部は進士館弁法を変通する摺のなかで京師法政学堂設置の声明を出した。「京師法政学堂章程」[38]が頒布されたのは12月20日であり，開学は翌年春になった。章程の第1章第1条には「造就完全法政通才」をもって宗旨となすことが記されている。修業年限は予科2年，正科3年の計5年と定められ，ほかに3年の別科と1年半の講習科が置かれていた。予科の入学資格は20歳以上25歳以下の者で「品行端正体質堅実中学具有根柢者経考試録取後始准入学」とし定員は200人であった（別科は35歳以下・定員100人）。学科課程をみると，予科では人倫道徳・中国文学・日本語・歴史・地理・算学・理化・体操を両年に配し，2年目はこれらに論理学・法学通論・理財原論を加えている。両年とも毎期36時間で，うち日本語が1年で17，2年で14の多きを占めていた。正科に進むと，政治門と法律門に分け，各学年35時間にしている。学科目をみると，人倫道徳・皇朝掌故・大清律例・英語・体操を全学年共通に課しているほか，政治門では行政法・民法・刑法・理財学・財政学に加えて，1年で政治学・政治史・憲法・社会学・日本語，2年で政治史・商法・国際公法・国際私法，3年で商法・国際公法・国際私法・外交史・統計学が教授され，

法律門では民法・刑法に加えて，1年で中国法制史・外国法制史・憲法・行政法・商法・日本語，2年で行政法・商法・刑事訴訟法・民事訴訟法・国際公法・国際私法，3年で刑事訴訟法・民事訴訟法・国際公法・国際私法・監獄学が教授されるというわけで，日本の法学教育に影響をうけていることがわかる（別科等については割愛）。予科に比べて，本科では日本語の授業が減り，代わって，英語が全学年に6時間ずつ組まれている点が注目に値しよう[39]。

京師法政学堂は，専ら行政官養成を任務とする学部直轄機関であり，その前身は進士館という官吏養成学校であるが，松本が招聘される明治41年4月頃の教授陣はつぎのようになっていたといわれる[40]。

（清国側） 監督；喬樹栴（学部左丞），教頭；林棨（のちの満洲国最高法院長），教授および通訳；曹汝霖・章宗祥・陸宗輿・汪栄宝・范源廉・江庸・張孝抒・姚震・汪犠芝・曽彝進・黄徳章・夏燏時・朱紹濂。

（日本側）[41] 総教習；巖谷孫蔵（法博），副教習；杉栄三郎（法博），教習；矢野仁一（文博）・小林吉人・井上翠・松本亀次郎

松本は，招聘の経緯について，「通訳を用ひずして成るべく日本語で直接に日本教習の講義を聴き得る様にしたいといふので，僕より先に小林，井上両氏が其の教授に当って居られたが，クラスが殖えたので宏文学院で知合の井上氏が推薦して呉れた」と述べている。中国人教師のなかには松本を直接に知っていてくれた人もいた。松本の北京入りは日中両国の合意に基づいていたわけである。

京師法政学堂在職時代の意義を松本亀次郎の全生涯のなかで考察してみると，およそ2つの点をあげることができると思う。ひとつは，日本語教育の内容および方法を中国本土において実地に検証することができた点である。京師法政学堂の実際に関する史料はまだ収集し終えていないが，中国側教授陣のほとんどが日本の高等教育機関で学んだ人たちであり，「隆々たる声望を有し官途に就きながら教授或は通訳を兼ねて居られた」と松本の回顧録にもあるとおり，中国近代化への意欲をもった教授陣のもとで学堂教育が築かれていったと察せ

られる。日本語教育の研究もその過程で大きく進歩したことであろう。日露戦争後の日本が中国に対してどのような政策を押し進めようとしたかについての総合的研究は他日を期すとして，革命前夜の清末期にあった中国が，屈辱的な治外法権を撤廃し，開明的立憲君主国家への移行をなしとげようという意図をもって設置した京師法政学堂に，日本人教習として招請をうけた松本亀次郎，彼がそこで見，そこで体験した教育と研究の内容は充分検討してみる必要があろう。ちなみに，日本国内では，この頃，宏文学院の卒業式兼閉院式（明治42年7月28日）に象徴されるように，多数留学生学校の閉鎖にともなう新しい動きがみえていた。中国人留学生教育は量から質への時代に移行したものである。松本が宏文学院にそのまま留っていたとしたら，彼の日本語教育も一頓座を来たしたことであろう。幸い，彼は北京にあって，その教育者的熱意をもって中国人相手の教育を続けていた。明治44（宣統3）年の春，中国では留日学生予備学校を北京に設置するの奏議が裁可され，松本も日本語教習として聘用される内約であったという[42]。日本語教育における彼の力量は中国本土においても高く評価されていたことの証左である。

　第2の意義は松本の交際範囲がいちじるしく拡大したことであろう。日本教習全体からみれば，彼の社会的位置はそれほど高いものではなかった。松本の契約期限は満2年とあり月俸は銀180元であった。巌谷孫蔵の600元，杉栄三郎の360元に比べればかなり低額である。松本は結局4年間京師法政学堂に在職しているから途中で1回契約を更新したと思われる。300人を越すといわれる日本人教習のなかには，彼に影響を与え，後年，彼の事業を助けることになる人が多数含まれていた。彼は「北京に於ける日本教習」について次のように回顧している[43]。

「其の頃北京大学には服部宇之吉博士，法律学堂には岡田朝太郎，小河滋次郎，志田鉀太郎，松岡義正諸博士，財政学堂には小林丑太郎博士，巡警学堂には川島浪速氏，町野武馬氏，北京尋常師範学堂には北村沢吉博士，芸徒学堂には原田武雄，岩滝多磨諸氏が居られた。また公使館には公使として初め林権助

男，後に伊集院彦吉男，書記官に本田熊太郎氏，松岡洋右氏，廣田弘毅氏，公使館付武官に青木宣純中将，本庄繁大将などが居られ，坂西利八中将，松井石根大将なども時々見えられた。後に名を成した人々が斯くの如く多数に北京に集って居られた事は実に奇縁と謂ふべきで碌々僕の如きも北京に居ったればこそ其等の人々の謦咳に接し一面の識を忝うするを得たのは責めてもの思出と言はねばならぬ。」

服部宇之吉から本庄繁に至る幅広い交際範囲であるが，松本が北京時代に知遇をえたこれらの人びとから爾来うけた援助は実に大きなものがあった。なかには生涯彼の事業を助け，彼に教えを乞うた人もいる。京師法政学堂では，法政学の巖谷，公法経済学の杉，政治史・政治地理の矢野，日本語の小林・井上・石橋，そして松本といったメンバーによる教育的営みがなされたわけだが，その1人杉栄三郎は松本にとって最上の知己であった。杉の松本評を引用してみよう[44]。

「予が松本亀次郎君を知ったのは，1896年，君が清国政府の聘に応じ，京師法政学堂の教習として，北京に来任せられた時に始まり，爾来君の終生を通じ，親交易らざりしものである。……君は本学堂の教習として，実に多大の成績を挙げられた。其の因由は，固より君が兼ねて，系統だてゝ研究せられし国語国文を，熟達せる教方により，授業せられしことゝて，当然のことではあるが，原来教育は，学問の深浅，教授法の巧拙のみによって，成果を決するものにあらず，人格が大いに関係を有するもので，殊に中国に於て然りである。君は資性温厚篤実の君子人であったので，其の人柄は，真に学生の胸裏に反映し，学生は，君を敬信し，忠実に其の教授を習受した。これが此の成果を齎した一大因由である。」

「君には，また多数の著述あり，……之に因て，海の内外を通し，日本語，日本文を諒解するに至りし者も尠からざるべく……君が其の著述によって，日本学の進展に貢献せられし功も，亦逃がす能はざる所なり。」

東京の宏文学院に関係し，京師法師学堂での任を終えて帰国するまで丁度

10年,この間における松本亀次郎の精進はめざましく,人格者・研究者の両面における高い評価をえるに至ったのである。

6 松本亀次郎研究の意義

　筆者は,これまで,東亜高等予備学校の創設者という角度から松本亀次郎研究を進めている[45]。1914（大正3・民国3）年,彼が東京に開設した日華同人共立東亜高等予備学校は,中国人留学生のための予備教育機関として1945年まで存続した。1925年以降は経営者が日華学会に移ったので創設者の意図とはかなりかけ離れた存在になってゆくが,松本自身は,譲渡後も教頭,さらに名誉教頭として教壇に立っている。彼の本領は中国人のための日本語教育であり,教育者松本亀次郎という高い人格であった。松本の教え子の1人である汪向栄が最近さねとうけいしゅうに宛てた便りによる[46]と,天津歴史博物館の鄧家駒というひとが「松本先生と周恩来総理」と題する油絵を制作中だとのことである。周恩来が松本に教えをうけたのは1917年であるが,大正・昭和期に来日した中国人留学生は,その大半の者が東亜高等予備学校で一通りの教育をうけた後,高等・専門教育に進んでいる。周恩来も,おそらく,松本の名声を頼りに入学したのであろう。中日友好協会顧問で中国人民政治協商会議全国委員をしていた趙安博（1915～1999）が東亜高等予備学校に学んだのは1934年秋から翌年春にかけてであるが,その時の様子をつぎのように回想する[47]。「松本先生はすでに頭髪に白髪がまじり古希にちかいお年だった。先生の授業は活発さがあらわれており,疲れなど毛ほどもみせず講義された。学生の出す難問にもいちいち根気よく答えてくださる。……」この証言は,松本が晩年まで東亜高等予備学校の教壇に立っていたことを示していると同時に,彼の円熟した授業風景を伝えている。

　東亜高等予備学校の全体像については別稿にまとめた[48]ので割愛するが,要するに,松本は,機をとらえ,自らを励まして,中国人のための日本語教育

に関する研究を重ね，それを実践し，教育者としての信望を築いた人であった。1945（昭和20）年9月12日，疎開先の郷里土方村で80歳の生涯を閉じるわけだが，死の直前に至るまで学究的態度を貫いたといわれる。晩年の無聊を慰めた日向島吉（元土方村小学校長）はつぎのように語っている。

「先生は丈高く大柄な体格で，堂々たる偉丈夫であったが，極めて温厚な思いやりの深い方で，年と共に望郷の念も深く，小笠の松茸についての和歌を数首いただいたのがありますが，毎日般若心経をよまれて，自ら慰められていた。先生こそ誠に当代得がたい学徳共に秀いでた方であった。」

「教育に魂を打込んだ全生涯……敬服嘆称の人格者」[49]とは，『松本亀次郎先生伝（郷土教育資料）』の著者増田実の言である。

　本章は，松本亀次郎の80年に亘る長き生涯のうち，前半部分を中心にまとめた小論である。明治維新の渦中に生まれ，地域の教育に尽した後，「中国人のための日本語教育」という時代の動きに真向から取組み，研究と教育に専念，日中文化交流の在り方を世に示した人，教育者松本亀次郎。その生涯を意義あらしめた源動力がどのようにして形成されたのか，日中友好への指針を明らかにするためには，史実に即してさらに入念なる検討を施される必要があるのではないだろうか。このような問題意識をもって記述した。本論の随所に指摘したことであるが，松本亀次郎に関する研究は，まだ史実収集の段階にとどまっており今後，各方面の協力をえて，彼の全体像を明らかにしてゆかねばならない[50]。

　筆者は，これまで，大正期以後の松本に焦点をおくにすぎなかったが，彼に関する史料を分析してゆく過程で，教育者としての松本亀次郎の歩みに強く心を惹かれたのである。彼の人間形成の努力のなかに近代日本の一教師像を見出した次第である。もとより，本章はこれまで入手できた史料の範囲内で，松本の経歴を縷々書き連ねたものにすぎない。しかし，できるだけ忠実に彼の足跡を追ってみた。日中友好のかけ橋として，松本亀次郎に代表されるような世界

的教育者が日本にも存在していたことを実証したかったからである。

注
1) さねとうけいしゅう『中国留学生史談』第一書房，1981年，を参照。
2) 松本亀次郎「隣邦留学生教育の回顧と将来」『教育』7-4，岩波書店，1939年，pp.51-62所収，を参照。
3) 二見剛史・佐藤尚子「中国人日本留学史関係統計」『国立教育研究所紀要』第94集・アジアにおける教育交流，1978年，pp.99-118所収，を参照。
4) 東京文理科大学『現代支那満洲教育資料』培風館，1940年，p.224
5) さねとうけいしゅう『日中非友好の歴史』朝日新聞社，1973年，を参照。
6) 松本家の除籍簿によれば，亀次郎は市郎平・みわの長男となっているが，長姉けい（中谷治郎作に嫁す）との間に8年の差があり，その間に男子（夭折）がいた。妹・よねは横山家に嫁している。なお，後亀次郎の養嗣子となる洋一郎は治郎作の長女ぎんの二男神谷孝平の長男にあたる。
7) 筆者は昭和56年9月末，松本亀次郎の生家を訪問し，関係者から彼の人となりを聞くことができた。以下はその時の証言に基づいている。
8) 増田実『松本亀次郎先生伝』1951年，p.12
9) 『土方村要覧』（静岡県立中央図書館蔵）の「教育沿革」によれば，嶺学校の学区は，嶺・向・落合・今滝・旦付新田・下土方・川久保・毛森・海戸・下方・公文・西之谷・岩滑・中方・小貫の15カ村からなっている。
10) 『土方尋常小学校沿革』（大東町立土方小学校蔵）の「学校職員ノ任免」による。
11) 増田前掲書，p.12
12) 嶺向学校は，その後明治16年12月，愛日館と改称，天照寺より大坪に移転，同19年4月には土形学校と改称，中村に分校を置き，入山瀬学校を併合するなどの変遷を重ねたあと，明治42年4月，土方村全村を学区とした土方尋常小学校となる。（前掲『土方村要覧』による）
13) 増田前掲書，p.13
14) 同上書
15) 嶺向学校の入学者数は，明治10年11人（うち女子0）・11年15(2)・12年19(2)・13年12(1)・14年10(2)・15年23(5)となっている。（前掲『土方尋常小学校沿革』による）
16) 増田前掲書，p.24以下
17) 大坂村外二カ村組合立大坂尋常小学校『沿革誌』（大東町立大坂小学校蔵）の「教員」の記録による。
18) 静岡大学教育学部同窓会『会員名簿』昭和55年版，pp.2-4

19) 増田前掲書, pp.5-6
20) この歌碑は, 昭和41年5月21日嗣子洋一郎により建立された。日向島吉・増田実・松本敏夫・斉藤俊一氏らが賛助者となっている。歌人としての松本亀次郎についてはあまり知られていない。今後の研究課題のひとつであろう。
21) 栗田としは現在静岡県小笠郡菊川町に在住。祖母松本みわの許によく通っていたといわれた。
22) 国井輝三郎（明治20年卒業）「初任給」（『静岡県師範学校沿革誌』pp.15-17所収）を参照。
23) 松田五男也（明治21年卒業）「在学の当時を顧みて」同上書, p.17
24) 「師範生徒学級試験成績一覧」（静岡大学教育学部蔵）による。
25) 増田前掲書, p.14
26) さねとうけいしゅう『中国留学生史談』p.342
27) 汪向栄「中国人留学生の良き教師」『中国画報』1980年5月号, p.26, では,「とうじ東京高等師範学校で教鞭をとっていた松本氏は, 嘉納氏の招聘でこの宏文学院の教師になった」と書いているが, 東京高師ではなく, 佐賀県尋常師範の誤りである。
28) 静岡県榛原郡川崎町立川崎小学校所蔵の職員録による。
29) 外務省文書「東亜学校関係雑件」第1巻所収。昭和15年頃作成したと思われる。
30) 同上書
31) 増田前掲書, p.14
32) 佐賀県教育会編『佐賀県方言辞典』明治35年刊――昭和50年2月　図書刊行会より復刻, の序文による。
33) 『中国文化』2巻10期所収
34) 蔭山雅博「宏文学院における中国人留学生教育――清末期留日教育の一端――」教育史学会紀要『日本の教育史学』第23集, pp.58-79所収, を参照。
35) 松本の前掲論文「隣邦留学生教育の回顧と将来」による。
36) 宏文学院編纂（代表者松本亀次郎）『日本語教科書』「緒言」金港堂, p.1
37) 多賀秋五郎編『近代中国教育史資料・清末篇』日本学術振興会, 1972年, p.72による。
38) 島田正郎『清末における近代的法典の編纂』創文社, 1980年, p.222, によれば,「京師法政学堂章程」は「法律学堂章程」と共に「奏定大学堂章程」を下敷として編定されたと看做されている。
39) 多賀前掲書, pp.449-457を参照。
40) 松本前掲論文による。

41) 中島半次郎『日清間の教育関係』1910年，p.16，には，松本の次に石橋哲爾の名がみえる。
42) 松本亀次郎『中華留学生教育小史』1931年，p.29
43) 松本前掲論文による。
44) 増田前掲書，pp.1-2
45) 拙稿「戦前日本における中国人留学生予備教育の成立と展開」(『国立教育研究所紀要』第94集・アジアにおける教育交流，1978年，pp.61-80所収)を参照。
46) さねとうけいしゅう『中国留学生史談』p.340
47) 趙安博「私の一高時代」『人民中国』1981年7月号，p.94
48) 阿部洋編『日中関係と文化摩擦』(巌南堂書店，1982年) pp.159-207に，拙稿「戦前日本における中国人留学生教育——東亜高等予備学校を中心として——」と題して収録。
49) 増田前掲書，p.23
50) 拙稿「(研究ノート)中国人日本留学育ての親・松本亀次郎」『朝日新聞』1981(昭和56)年11月18日・文化欄所載

〔解説〕 本研究は，文部省科学研究費による総合研究「戦前日本の中国における教育事業に関する史的検討——その活動の諸相と中国側の対応について——」(国立教育研究所アジア教育研究室)の一環をなすものである。1980〜82年の3年間，阿部洋氏を代表に全国の若手研究者が集まって研究を続けていた。

※鹿児島女子大学に就任してまもない私は，この検討会を通して松本亀次郎研究をライフワークに選ぶことになる。本稿は，『鹿児島女子大学研究紀要』第3巻第1号，1982年に収録された小論を加筆訂正したものである。

第4章

日中文化交流に関する一考察
―松本亀次郎を中心として―

1 日中文化交流と松本亀次郎

　日中復交を契機に，隣邦中国に関する研究が着々と進行していることは大変慶ばしい。有史以来，日本は中国の影響をうけて自らの文化を形成してきた面が強いのであるから，広い視野と長い展望をもってこの分野の研究を続ける必要があると思われる。周知のように，戦前の日中両国は一時期非友好の関係に置かれていた。文化交流のひとつ，中国人日本留学問題を例にとっても，1905年の清国留学生取締規則反対運動を皮切りに，五四運動（1919），さらに，満州事変（1931～），日中戦争（1937～）といった政治動向に左右されて，中国人留学生の多くに反日・抗日の感情を育ててしまう結果に終わっている。まことに悲しむべき史実が存在していたといわざるをえない。

　しかし，留学生教育に従事した日本人のなかには，当時から高い評価を与えられた人も決して少なくない。松本亀次郎（1866-1945）もその1人である。この研究は，彼の中国認識を解明するなかで，日中文化交流の在るべき姿を模索してみたいという目的のもとに考察をすすめたものである。

　後述の通り，松本亀次郎は中国人留学生のために日本語教育に関する文献等を出版し，東亜高等予備学校を創設した。魯迅や周恩来といった中国の指導者も彼の授業をうけている。中国では，すでに，1942年，汪向栄氏（元北京大学

教授・中国社会科学院世界歴史研究所勤務）によって，松本亀次郎に関する紹介がなされたこともあるが，その後長く中断，ようやく見直しが始まっている。たとえば，『中国画報』1980年5月号の「中国人留学生の良き教師」は汪氏の執筆である。また，天津歴史博物館の鄧家駒氏は「松本先生と周恩来総理」と題する油絵を製作した。

　一方，日本側に注目してみると，松本研究につては，戦後国交断絶の故にか，関心をよんでいない。わずかに，松本の出身地・静岡県掛川市において，増田実氏（元高校教諭・大東町北公民館長）の手で，1951（昭和26）年，『松本亀次郎先生伝』が松本の7年忌にあわせて出版されていた。松本亀次郎の業績に着目し，彼を「中国人留学生育ての親」として高く評価してきた研究者は元早稲田大学教授の故実藤恵秀氏（1896-1985）である。氏は日中文化交流史をライフワークにしておられ，筆者も指導を仰いだが，その内容については後段で吟味したい。

　国立教育研究所で「アジア人留学生に関する総合研究」（代表者・阿部洋氏）が開始されたのは1972年である。筆者もそのメンバーとして戦前日本の中国人留学生問題を考察，その研究成果は，学会で発表し，紀要論文や共著の中で逐次まとめてきた[1]。1982年4月，静岡県立図書館の平野日出雄氏が『日中教育のかけ橋・松本亀次郎伝』を刊行された。これは，松本の生家に保存されていた資料約4,000点を整理する過程でまとめられたものである。なお，同資料は大東町北公民館にて保管されると共に，生家跡地は，静岡県と大東町（現掛川市）によって公園化され，その一角には記念碑が建立された[2]。

　上述のような研究概観により明らかなごとく，松本亀次郎の業績は，昨今新たな脚光をあびており，彼の幅広い活動に応じて，最近各分野から注目され，研究が進捗しつゝある。彼の本領とすべき日本語教育についても実証的考察が期待されている。

2 松本亀次郎の生い立ちと日本語教育

　1866年(慶応2年2月18日)，松本亀次郎は静岡県小笠郡土方村上土方嶺向(現掛川市)に，父市郎平，母みわの長男として生まれた。彼の幼少期は明治維新の渦中にあり，初め，寺子屋宗源庵に入って住職樋口逸苗師に漢学の手ほどきをうけたのち，学制頒布後の1873(明治6)年10月，嶺村ほか15カ村連合の小学・嶺学校の第1期生となる。成績優秀であったとみえて，1877年にはには授業生(欧米でいうPupil-teacher)にあげられている。その後約7年間，中村・嶺向・大坂の各小学校に勤務する傍ら，受験勉強に励み，1884年9月，静岡師範学校に入学を許可された。その間，横須賀の漢学者常盤健に学び，静岡に出て松山若沖の二松学舎に通うなどのことはしたが，独学に近い努力研鑽により師範学校進学の夢を果たしたといえる。もっとも，ここで補足するならば，松山若沖は静岡師範学校最初の教諭であり近代的教授法の権威でもあった。二松学舎は受験予備校であると共に現場教員の再教育にも寄与していたのである[3]。

　松本亀次郎は，静岡師範学校在学中，森有礼の学制改革に遭遇するわけだが，比較的自由な雰囲気のなかで主体的な活動をしていた模様である。兵式訓練清水行軍に抗議して同盟休校に加わったり，三気質補養会(有信会)を結成し初代幹事に選出されるなどはその一例といえよう。

　1888年4月，師範学校卒業後，静岡高等小学校訓導となるが，「公務ノ余暇アラバ学術ノ研究ヲ怠ルマジト心得[4]」えていた松本は渋江保の塾に通い英学や漢学を学んだ。抽斎の古註論語を繙く機会もあったのではなかろうか。とにかく，受験勉強の甲斐あって，同22年，東京高等師範学校の試験生に合格した。ちなみに，試験生とは仮入学させて所定の校内試験に合格すれば本科に編入する制度である。

　希望を胸に上京した松本だったが，過労と病気のために入学後3カ月にして退学命令をうける。知的向上心が強く，高師入学によって最高の学歴をもつ教育者になりたいという願望はここで一旦断ち切られるのである。然るに彼は小

学校訓導に戻ったものの高師再受験の願望を捨てることは容易にできなかった。「亀勉先生」の綽名よろしく生徒に慕われる立派な教師であったが，松本の向学心は以前に数倍して勉強に励む生活を続けさせた。24歳で主席訓導(現在の教頭職)となり，26歳には校長となって転勤するが，その間苦学力行，31歳の時「尋常師範学校・尋常中学校・高等女学校国語科教員」の検定試験に合格し中等教育免許状をうけた。専門教育者として生きる術を獲得したのである。

　1897年9月，母校静岡県尋常師範学校に就任，1898年4月には三重師範へ転じ，さらに1900年10月，佐賀師範に移った。各師範の国語科教諭として，また舎監(学生部長)として，30代の少壮期を精力的に働くこととなる。この際，特記すべきは佐賀時代の活躍である。彼は，県教育会の委嘱をうけて，清水平一郎と協力し，『佐賀県方言辞典[5]』を編纂・刊行した。方言研究としては全国の草分けであり，上田萬年も並々ならぬ関心を寄せ助言をしている。この仕事を通して，松本の国語研究にいちじるしい深まりができたことはいうまでもない。以下，1902年頃書いたと目される彼の意見書の一部を紹介してみよう。題して，「教授実験の結果国語教育完成上将来ノ尋常及高等小学校国語教科書ノ編纂ニ対スル希望」とある[6]。

1. 文字，文章，仮名遣ヒ，句読法等ニ関シテ希望スルトコロ左ノ如シ
   - ㋑ 文字ハ仮名ヲ主トシ大ニ漢字ヲ節減スル事
   - ㋺ 句読法及仮名記載法ヲ一定シテ仮名綴リ文ノ発達ヲ図ル事
   - ㋩ 仮名ヲ其ノ本文ノ音ニ読マズシテ他ノ音ニ転読スルモノハ一定ノ符号ヲ付スル事
   - ㋥ 耳遠キ漢語，古語及生硬ナル新熟語ヲ教科書ニ使用スヘカラサル事
   - ㋭ 文体ハ口語体ヲ主トシ之ニ普通ノ時文体ヲ交フルノミニテ　其ノ他従来ノ教科書ニ散見セル諸種ノ文体ハ一切収用スヘカラサル事
   - ㋬ 書簡文其ノ他日用慣行ノ特殊文体ハ宜シク口語体及普通ノ時文体ト一致セシムヘキ事
2. 国語科万能主義ヲ廃シテ地理歴史理科等ノ実科教授ハ国語科ヨリ時間ヲ分

立スル事

3. 教科書ハ各府県ニ於テ編纂スル事

（以下略）

　周知のごとく，わが国の教科書制度は1902年の教科書事件を契機として国定化が始まるが，松本理論は丁度その前夜ないし渦中に起草されている。また，漢字節減，口語体の重視等々国語学上の提言をなしたことも先見性のある主張といえよう。教育における「自由」の価値を信じていた松本ならではの発想である。

3　宏文学院における松本亀次郎

　「老生の初めて支那留学生に日本語を享受したのは1903年即ち老生が38歳の時，嘉納治五郎先生の宏文学院に雇われた時である[7]」とあるように，松本亀次郎と中国人留学生教育との出合いは1900年代であった。当時，宏文学院には普通科（3カ年卒業）と速成科（8～9カ月）があって班には出身地名を冠していた。松本の担当は普通科の浙江班と速成科の四川班，直隷班であったが，普通科生は卒業後日本の学校に入学し聴講しなければならないので日本語の学習も熱心だった。その学生のなかにいたのが魯迅である。同志間で「魯訳」といって推重されたほどに魯迅の力量は光っていたが，松本も彼らを教えるなかで「僕は漢文字の使用法は本場の支那人と共に研究する必要の有る事をつくづく感じさせられた[8]」と述懐している。同字同文の故に，中国人は日本語のテニヲハと奇字（日本でつくられた熟語）を習得すれば日本語文献を理解できるわけで，速成科の存在理由もそこにあったという。

　松本はすぐれた教師だったが，彼の本領はやはり研究者というべきだろう。『言文対照漢訳日本文典』をはじめ種々の日本語教科書の編纂にあたって，松本が相当の力を尽くしたであろうことは疑う余地なきところである。日本文典はルビ付漢訳付46版460頁余の文献で松本の文法教案をもとに編集してある。「こ

第 4 章　日中文化交流に関する一考察　47

の向の書物では僕が先鞭を著けたのと，文語と口語とを対照して例も規則も並べ挙げ訳文が比較的穏妥だと云うのと，嘉納先生の序文も巻頭に掲げてあったのが一段と光彩を添へたのであらうが，其の当時来朝の支那留学生は誰でも彼でも一冊は買ひ求め日本語文を学ぶ津梁として呉れた[9)]」とは松本の言である。言文対照とはいっても当時の教科書等にあわせて文語体を主に口語体を従とした。文典の漢訳修正には高歩瀛・陳宝泉・王振堯・崔瑾・王章祐・経亨頤等，のちに中国の文化人として活躍する逸材が学生側から参画している。出版は，1904 年で爾来 40 版を重ねた。

　続いて，松本は『日本語教科書（語法用例部）』編纂の起草委員にあげられる。嘉納学院長が会長で月例会を開いて松本の提案を論議，1 年余りかかって 3 巻本として刊行したのであるが，起草委員 20 余名のなかには，三矢重松・松下大三郎・井上翠・難波常雄・佐村八郎・柿村重松その他相応な人たちが名を連ねている。この書で留意した点は接頭語接尾語の用例検討である[10)]。位程丈バカリ様相風処者事ガルルブルビルニクイツライガチ手目トリサシヒキアヒモテ等々のほか，副詞・助詞などの用法を教えるために，緻密な研究が望まれていたわけである。1906 年に出版された。このほか『日本語会話教科書』や『師範科講義録・日文篇』の編集にも主力メンバーとして尽力している。

　上記の如く，宏文学院は嘉納治五郎の傘下に謂集した国語学者により，日本語教育に関する教科書類を続々と刊行するわけであるが，1902 年から 1906 年の 4 年間に約 280 名もの教職員が目まぐるしく去就しているという実情より推察ができるように，中国人留学生教育草創期を反映して種々の問題をはらんでいるのである[11)]。ちなみに，1907 年の在東京公私立学校における中国人留学生数は 6,030 人で，うち 911 人が宏文学院に在籍している[12)]。宏文学院の存続期間は 1902 年から 1909 年のわずか 7 年であるが，入学総計 7,192 人，卒・修業者 3,810 人と記録されている[13)]。松本の在職時代は宏文学院の全盛期にあたる。彼の著作も洛陽の紙価を貴からしめたのである。

　松本は張之洞が東京に設立した湖北路鉱学堂や清国留学生会館主催の日本語

講習会でも頼まれて日本語を教えている。講習生のなかに革命の先唱者秋瑾女史がいたことは後で知ることとなる。

4　京師法政学堂と松本亀次郎

　清末期，中国は多勢の留学生を日本に送ったが，一方で外国人教習を多数招聘した。なかでも日本からは諸分野に有能な教師を招き，近代化を期したのである。無論この制度は臨時的措置であり，遠き将来，中国が自力で近代化を推進するための布石であったことはいうまでもない。日本留学ブームを量から質に転換するために設けられた「五校特約」の制度が1908年以降15年間というぐあいに協定の期限を設けている事実から，外国人教習招聘でもってその補完をなしながら，徐々に中国全体の近代化を推進しようとする意図のあらわれだとみることができる。恰かも，明治維新期に日本がお雇い外国人の力を借りて急速な近代化を図ろうとしたことと類似している。

　松本が招聘をうけた京師法政学堂[14]は，1906年5月の設立建議に基づき翌年春開学している。同校は行政官養成を主目的とし，修業年限は5年（予科2・正科3）で，正科はさらに政治門・法律門にわかれ，この他に別科（3年）と講習科（1年半）が置かれていた。定員は毎年予科200人・別科100人で，講習料は定員なく200〜400人を目安とした。予科の入学資格は年齢20〜25歳で品行端正・体質堅実・中国学具有の者とあり，大省12，中省10，小省8人を原則として選送するよう通達が出されたという。別課は35歳以下で国文の力が確かな者と規定された。

　京師法政学堂の学科課程をみると，まず予科では，人倫道徳・中国文学・日本語・歴史・地理・算学・理化・体操を両年に配し，2年目はこの上に論理学・法学通論・理財原論を加えている。注目されるのは，週36時間中日本語が1年で17時間，2年で14時間の多きを占めていることである。正科に進むと日本語は週35時間中1年に3時間あるのみで，その代わり英語が各年とも週6

時間に増えている。学科目は皇朝掌故・大清律例・憲法・民法・刑法・商法・行政法・国際公法・国際私法・理財学・財政学・外交史・政治学・社会学・統計学・法制史・訴訟法・監獄学等，校名にふさわしい本格的なものとなる。松本の担当は，おそらく，予科を中心とした日本語の教授であったろう。ここで，松本の回顧録を引用してみる[15]。

「京師法政学堂に僕の招聘せられたのは1908年の4月である。法政学堂の前身校は進士館と云って官吏養成の学校であった。総教習には法学博士厳谷孫蔵氏，副教習には現博物館総長法学博士杉栄三郎氏其の他矢野仁一氏（京大教授文博）小林吉人氏（元福岡中学校長）井上翠氏（後の大阪外語教授）などが居られ，清国側は学部左丞の喬樹梅氏を監督とし早大卒業の林榮氏（満洲国最高法院長）を教頭とし曹汝霖・章宗祥・陸宗輿・汪栄宝・范源廉・江庸・張孝挍・姚震・汪犠芝・曽彝進・黄徳章・夏燏時・朱紹濂等の諸君が我が帝大・早大・慶大・中央大・法政大等を卒業して隆々たる声望を有し官途に就きながら教授或は通訳を兼ねておられた。然るに通訳を用ひずして成るべく日本語で直接に日本教習の講義を聴き得る様にしたいといふので，僕より先に小林・井上両氏が其の教授に当って居られたが，クラスが殖えたので宏文学院で知合の井上氏が推薦して呉れた。前に述べた支那側の先生達で直接間接に僕を知ってをってくれたので日支両方面の教習諸氏の合意的紹介に依って，僕は宏文学院を辞して同学堂へ聘せられる事となった。」

上記のような事情により，松本の日本語教育は中国大陸にその所を与えられた。彼の場合，中国人に日本語を如何にして教えるか，が主目的であるから，日本ではなく，現地の中国で日本語を教えながら，日中両言語の関係を明らかにすることは重要な意味をもっていたのである。宏文学院にそのまま留まっていたら，彼の日本語教育はおそらく一頓挫を来したことだろう。

革命前夜の中国が，屈辱的な治外法権を撤廃し，開明的立憲君主国家への移行をなしとげようという意図を以って設置した京師法政学堂に，日本人教習として招請をうけた松本が，そこで見，体験した教育と研究の内実は何であった

か，中国人留学生教育は量から質の推移期に入っており，東京の宏文学院でさえ1909年には閉校となる。幸い松本自身は中国本土に渡り，日本教習2年の契約を4年に更新し，さらに1911（宣統3）年の春には，留日学生予備学校を北京に設置するの奏議が裁可されて，彼もそのまま聘用される内約であったという[16]。日本語教育における彼の力量は中国本土においても高く評価されていたことの証左である。

日本語教育の実地検証を松本北京時代における第1の意義とすれば，第2のそれは松本の交際範囲がいちじるしく拡大したことであろう。日本教習全体からみた場合，松本の社会的位置はそれほど高いものではなかったかも知れない。しかし，彼は満足していたとみえる。

「其の頃北京大学には服部宇之吉博士，法律学堂には岡田朝太郎・小河滋次郎・志田鉀太郎・松岡義正諸博士，財政学堂には小林丑太郎博士，巡警学堂には川島浪速氏，町野武馬氏（少将）北京尋常師範学堂には北村沢吉博士，芸徒学堂には原田武雄・岩瀧多麿諸氏が居られた。又公使館には公使として初め林権助男，後に伊集院彦吉男，書記官に本田熊太郎，松岡洋右氏，広田弘毅氏，公使館付武官に青木宣純中将，本庄繁大将などが居られ……後に名を成した人々が斯くの如く多数に北京に集って居られた事は実に奇縁と謂ふべきで碌々僕の如きも北京に居つたればこそ其等の人々の謦咳に接し一面の識を忝うするを得たのは責めてもの思出と言はねばならぬ[17]。」

このように幅広い交際範囲のなかで知遇をえたことは，松本の後半生に多大の影響を及ぼすとみるべきである。後述の東亜高等予備学校の創設・運営に対して，松本を理解し激励した人びとの多くはこの北京時代に交流のあった人達である。その1人杉栄三郎は最上の知己であったが，杉による[18]と松本は「資性温厚篤実の君子人」であり，「その人柄は真に学生の胸裏に反映し，学生は君を敬信し，忠実に其の教授を習受した」という。

第3の意義は，松本亀次郎の中国観がこの北京時代に再構築されたことである。先述の汪向栄は，曽祖父が京師法政学堂で日本の教習と仕事をしたことも

あって，後年松本に師事し互いに理解しあえる間柄になるのだが，松本の中国観がいかに正鵠を射ていたかについて例証している[19]。その具体的紹介は省略するが，彼の中国認識がこの時期に形成されたことを思えば北京時代の重みが出てくる。

5　東亜高等予備学校の創設

　清朝立直し政策の一環として期待されていた京師法政学堂であるが，1911年10月10日，中国では革命軍が武昌に蜂起，翌年2月12日には宣統帝退位，300年の清朝に代わって中華民国が誕生した。日本教習時代はここに終止符が打たれることとなった。当時，北京市西域の手帕胡同に住んでいた松本亀次郎は同年4月，同僚たちと前後して帰国する。「僕も1912年2月28日を以って4年の期限が満了したので4月初旬に帰朝し5月から服部宇之吉博士の推薦で東京府立中学に奉職し10年ぶりで再び内地の学生に教授することとなった[20]」と彼は述べている。

　革命は日本に居る中国人留学生にも少なからぬ影響を与えた。学費の杜絶・帰国旅費の不足等の問題が生じたからである。このとき力を尽したのが山本条太郎，白岩竜平らである。彼らのよびかけで集められた浄財が基金となって，後に財団法人日華学会が設置されることは注目に値する。

　さて，帰国後の松本亀次郎のところへ日本語講習会の講師依頼が来た。1913年夏である。革命後，中国では孫文・黄興らの部下将士を日本へ官費派遣することとなった。かつて松本が宏文学院で教えた留学生曽横海の出身地湖南省からだけでも400人余りとなっている。「留学生教育は衰微の極に達し其の上大革命に遇ったのだから再起の望みはないと思っていたが，凡そ支那の事程予想の外に出るものはない[21]」と松本は述懐している。

　日本語講習会は日本大学を借りて発足したが，クラスが際限なく広がるので，松本は府立中学を辞職してこれに専念することとなった。さらに東洋商業学校

の教場も借りたが収容しきれないため，1914年1月，杉栄三郎と吉沢嘉寿之丞の協力，加藤定吉（松本と同郷出身で代議士）の支援等を得て，神田神保町に「日華同人共立・東亜高等予備学校」を創設する。各種学校設置規則により東京府の認可をえたのは同年12月25日である。校名に「日華同人共立」の文字を冠した理由は「曽横海氏の精神的協力と学生の希望によって成り立った学校である事を意味する[22]」という。辛亥革命後のあわただしい政情の下で日中友好を旗印とした良心的な学校を目指していたことがこれよりわかるのである。実際同校には爾来常時1,000名に及ぶ留学生が在学し，日本語の勉強に励むわけだが，他の類似施設がいち早く閉鎖されるなかで，松本の学校だけが栄えた理由が確かに存したのである。

東亜高等予備学校の学科目は，日本語のほか英語・数学・物理・化学・用器画等であった。教授陣[23]は日本語に三矢重松・植木直一郎・高橋龍雄・山根藤七・吉沢嘉寿之丞・堀江秀雄・佐藤仁之助・数納兵治・元田修三・平野彦次郎・有田国助・岡田健介そして松本亀次郎，英語に山田巌・内山常治・物理化学に笠原留七・野田市太郎・佐藤常吉・飯島与市，図画に平井富夫といった顔ぶれである。ここでは学年制をとらず，講座式にして，一分科ごとに1日2時間とし，2～4カ月で修了するよう配慮した。その際，学科（講座）兼修を認め，入学者の増えるごとに組を加設している。

1915年7月には東亜高等予備学校賛助会を発足，伊集院公使や渋沢子爵の斡旋で多額の資金が集められた。かくして土地買収，校舎増築となり，1920年2月には財団法人に組織を改めることができたのである。500余坪に約1,000人の留学生たちは，上級学校に入る者の成績も良好で，内外の信用を博するようになった[24]。

東亜高等予備学校の経営は，このように，予想以上の成果を収めつつあったが，いかに松本の善意を多としても日中関係はその後急転していく。1915（大正4）年の対支21箇条要求，1923年の対支文化事業[25]特別会計法の公布，1931年の満洲国発足，1937年の日中戦争突入と続くなかで，留学生教育のあ

り方も変化していった。関東大震災（1923）の後，東亜高等予備学校は日華学会の傘下に入り，創設者松本校長は，同校の教頭さらに名誉教頭に位置づけられた。予算の大半が国家から支給されるようになるわけである。この間の経緯については別稿にて論じている[26]ので割愛したい。同校は1935年東亜学校と改称するが，松本は一教師として只管日本語教育に腐心している。

6　松本亀次郎の中国認識

松本は留学生教育の目的を次のように述べている。

「予が理想としては，留学生教育は，何等の求める所も無く，為にする事も無く，至純の精神を以って，蕩々として……大自然的醇化教育を施し，学生は楽しみ有るを知って憂ひあるを知らざる楽地に在って，渾然陶化せられ，其の卒業して国に帰るや，悠揚迫らざるの大国民と成り，私を棄て公に殉ひ，協力一致して国内の文化を進め，統一を計り，内は多年の私争を煩め，外は国際道徳を重んじて，独り日本のみならず，世界各国に対しても睦誼を篤くし，儼然たる一大文化国たるの域に達せしめるのが主目的で，日華親善は，求めずして得られる副産物であらねばならぬ……[27]」と。何と力強い教育者的発言だろう。

一生の大部分を留学生教育にささげた「日本語教育の中心人物」[28]と評価されるだけあって，松本の中国認識には時代を越えて通ずる真理がある。彼は幼時に中国の書物に興味を覚え，漢文のなかから知識を得，ごく自然に中国を愛慕する気持が生じたという。そうした純粋な精神から天職たる留学生教育に全身全霊打ちこむ彼の人生が展開したのであろう。「予は我が国家を愛すると同時に，新興民国の新建設に対して，熱心に其の前途を祝福し，永遠に両国家の共存共栄を祈るの外，他意なきことを表明[29]」するとは，1931（昭和6）年の松本の言葉である。

注

1) 拙稿「戦後日本における中国人留学生の教育——特設予科制度の成立と改編——」(『日本大学教育制度研究所紀要』第7集 1976年, pp. 69-123), 同「戦前日本における中国人留学生予備教育の成立と展開」(アジアにおける教育交流『国立教育研究所紀要』第94集 1978年, pp. 61-80), 同「第一高等学校における中国人留学生教育」(旧制高等学校に関する問題史的研究『国立教育研究所紀要』第95集 1978年, pp. 193-207), 同「教育者松本亀次郎に関する一考察」(『鹿児島女子大学研究紀要』第3巻 第1号 1982年, pp. 111-128), 同「松本亀次郎——佐賀師範在職時代を中心に——」(『九州教育学会研究紀要』第10巻 1982年, pp. 63-70), 同「戦前日本における中国人留学生教育——東亜高等予備学校を中心として——」(阿部洋編『日中関係と文化摩擦』1982年, pp. 160-207), 同「京師法政学堂と松本亀次郎」(阿部洋編『日中教育文化交流と摩擦——戦前日本の在華教育事業——』1983年, pp. 76-97), Takeshi FUTAMI "The Establishment and Development of Preparatory Education for Chinese Students in Pre-war JAPAN" (*Research Bulletin of the National Institute for Educational Research*, No. 22, 1983, pp. 27-35) 等。
2) 松本亀次郎の嗣子洋一郎氏の筆者宛私信による。
3) 平野日出雄『松本亀次郎伝』1982年, p. 38 以下
4) 松本家遺品・亀次郎書簡草案による(上記書, p. 140 より再引)。
5) 『佐賀県方言辞典』の刊行は明治35年6月15日となっている。なお, 同書は1975年2月, 国書刊行会より覆刻された。
6) 松本家遺品, 前掲拙稿「松本亀次郎研究——佐賀師範在職時代を中心に——」p. 67 以下を参照, による。
7) 松本亀次郎「隣邦留学生教育の回顧と将来」『教育』第7巻 第4号, 岩波書店, 1939年, p. 538
8) 同上書, p. 539
9) 同上書, p. 541
10) 同上書, p. 542
11) 蔭山雅博「宏文学院における中国人留学生教育——清末期留日教育の一端——」教育史学会紀要『日本の教育史学』第23集, pp. 58-79, 参照。
12) 二見剛史・佐藤尚子「中国人日本留学史関係統計」『国立教育研究所紀要』第94集, 1978年, pp. 97-118, の表4-(2)による。
13) 松本亀次郎『中華留学生教育小史』1931年, p. 25
14) 前掲拙稿「京師法政学堂と松本亀次郎」参照。
15) 前掲松本論文『教育』第7巻 第4号, p. 542

16) 松本前掲書『教育小史』1931 年, p.29
17) 前掲松本論文『教育』同, p.543
18) 増田実『松本亀次郎先生伝』pp.1-2
19) 汪向栄「回想の松本先生」平野前掲書, p.274 以下
20) 前掲松本論文『教育』同, p.544
21) 同上書
22) 同上書, p.545
23) 松本前掲書『教育小史』1931 年, pp.34-35
24) 『日華学会 20 年史』1939 年, 参照。
25) 阿部洋「『対支文化事業』の研究――近代日中学術文化交流史の一断面――」アジア経済研究所「所内史料」を参照。
26) 前掲拙稿「戦前日本における中国人留学生教育――東亜高等予備学校を中心として――」阿部洋編『日中関係と文化摩擦』所収, を参照。
27) 松本前掲書『教育小史』1931 年, p.74
28) さねとうけいしゅう『中国留学生史談』1981 年, p.340 以下
29) 松本亀次郎『中華教育視察紀要』1931 年, p.126

〔**解説**〕 本章は, 日本比較教育学会筑波大会（1984 年 5 月）における口頭発表に基づいている。なお, 1985 年 3 月 30 日, 松本亀次郎の生家跡地に顕彰碑が建立された。碑文「中国人留学生教育に生涯を捧げた人」の揮毫は作家井上靖氏（静岡県出身), 胸像は彫刻家松田裕康氏（日展委嘱）の製作である。除幕式には中国大使館から陳彬参事官が出席, 筆者も招待をうけた。

『日本比較教育学会紀要』第 11 号, 1985 年 3 月に収録した論文に加筆

第5章

松本亀次郎の中国認識

Understanding about China by Kamejirō Matsumoto

　戦前日本における中国人留学生教育の第一人者・松本亀次郎（1866-1945）については，日本語教育の分野で顕著な功績をあげたとして高い評価が与えられている。確かに，彼の著作は来日中国人にとって留学のための入門書となっていたし，魯迅や周恩来をはじめとする数多くの教え子を産み出した。嘉納治五郎の宏文学院で研鑽した松本は，北京の京師法政学堂に日本人教習として招聘され，そこで直に中国人を教えるなかから日本語の教え方も改良し，帰国後は東京に東亜高等予備学校を創設するわけである。学校経営に際しては，北京時代に培った幅広い人間関係が効力を発揮するが，同時に，彼の中国認識も一層高く深いものに変化していた。彼がいかに高尚な教育理念を養っていたかは，さまざまな事例で示すことができるが，東亜高等予備学校に「日華同人共立」の文字を冠したことや，戦時期に入国した中国人留学生に誠意を以て接し激励していること――その典型が汪向栄に対する松本の態度に表現されよう――，職場（東亜学校）の部下や留学宅を守る人たちが，疎開先の松本にいつも心を寄せ，入念な報告をなしていること等々，彼の人間性や教育活動に努力する態度が，周囲の人にも感動を与えている。

　本章では，松本研究の経緯を述べたあと，彼の略歴を辿りつつ，戦時期に焦点を当ててみた。郷里疎開後の情報を刻々と伝えている部下の書簡内容も味わい深いものがある。

はじめに

　戦前日本における中国人留学生教育の第一人者と評価される松本亀次郎（1866-1945）については，彼の生地静岡県小笠郡大東町（現掛川市）の北公民館（現掛川市立大東図書館）に関係史料が保存されたことも幸いし，内外の注目を集め，その研究成果が出始めている[1]。松本は明治から昭和初期において，日本語教育の分野で顕著な功績をあげた[2]。彼の著作は来日中国人にとって留学のための入門書となっていたし，宏文学院・京師法政学堂・東亜高等予備学校と続く教育機関で多くの中国人を教育した。魯迅や周恩来も彼の教え子である。

　日中両国は同文同種の共通文化を有しながら，近代百年を経過するなかで「非友好」[3]の関係に置かれた。両国の文化交流史に造詣の深い実藤恵秀によれば，中国人日本留学史は日中復交を契機に「第二期」に入ったという。中国人が日本に留学生を送るようになったのは日清戦争後の1896（明治29・光緒22）年とされており，すでに1世紀の歴史を刻むわけだが，ここでいう「第一期」は日中戦争に突入した頃までの約40年間を指しているから，両期を介在する空白はまさしく「非友好」の期間であり，大東亜共栄圏建設を名目にした「聖戦」のために，多くの犠牲者が出た不幸な時代であった。

　松本亀次郎の歴史的役割は，日本語教育の草分け（体系化に尽力した1人）だとし，その力量を東亜高等予備学校の創設という形で示したことだといわれるが，筆者はもうひとつの側面を明確にして，彼の評価を高めたいと考える。それは松本の行動を支えたエートスともいうべき対中国への歴史認識である。彼に本領を発揮させた学校創設の思想的背景に着目すれば，非友好から友好へと日中両国の文化交流を推進すべき現代において，松本亀次郎研究の意義もまた生ずるであろう。

　本章においては，したがって，非友好の時代とされる戦時下を舞台に，松本の晩年を研究対象とする。彼は「日中戦うべからず」を公言して憚らない憂国の志士であると同時に，日本語教育を普及させることによってアジアの平和を

祈願する愛国者でもあった。そして彼の実践を支えていたものは,「努力の人」「誠の人」と讃えられた[4] 人間性だというべきであろう。「教育に魂を打込んだ全生涯…………敬服嘆称の人格者[5]」と表現する人物評価も首肯せられる。

松本亀次郎の中国認識を示す史料は,彼自身の文章のほかに,彼をとりまく人びとの文章や語り草にも求めることができる。本稿を草するに当たり,筆者は先述の北公民館に整理保存されている蔵書や書簡類の収集をしてきた。その一部を紹介する作業を通して,松本の思想や実践にふれたいと思う。

1 松本亀次郎研究の経緯

そもそも日中文化交流史の重要性を筆者が自覚するようになった契機は,昭和40年代に国立教育研究所で「学制」発布百年の記念事業『日本近代教育百年史』編さんに参画した折,大学予備教育の一環として中国人留学生のために特設されていた教育機関に留意,それらの史料調査に着手したことである。その成果は全10巻からなる同史に収録された[6] が,研究の過程で第一高等学校特設予科(特設高等科)や東京工業大学特別予備部と並んで,東亜高等予備学校の存在がクローズアップされてきた。と同時に,松本亀次郎の教育史的意義に着目したのである。

1974(昭和49)年,インド(ボンベイ)視察(WEF国際会議ほか)[7] を前に,「アジアへの理解」なる一文を綴った[8]。筆者はそのなかで,1913年,松本亀次郎によって設立された東亜高等予備学校を取り上げ,「この学校は,……正式校名に『日華同人共立』の6文字を冠し,精神的に尽力した留学生曽横海の功労を記念している[9]。このエピソードは,文化交流の底辺にある人間関係の大切さを教えてくれる」と解説した。松本は『中華五十日游記』の緒言のなかで「予は原来熱心な親善論者で,切情の迸る所,婉説するの遑無く,思はず露骨な直言と成った云々[10]」と述べている。約80年の生涯の大半を中国人留学生教育に捧げた松本亀次郎の胸中を去来したものは,日中両国の親善平和であり,戦

時下といえども,その姿勢は変らなかった。彼の教育愛には,国境を超え時代を越えて学生の心情にくいこむ広さと深さが感じられるのである。

このように,戦前日本における中国人留学生研究を進めるにあたって,筆者の関心は松本亀次郎の思想と実践に向けられたが,彼のライフワークでもある「中華民国留学生教育史[11]」を全体的に把握する作業から筆者は着手している。1970年代に入り,特設予科制度を中心に3編の論文をまとめた。すなわち,

① 戦前日本における中国人留学生の教育
 ――特設予科制度の成立と改編――[12]
② 戦前日本における中国人留学生予備教育の成立と展開[13]
③ 第一高等学校における中国人留学生教育[14]

である。いずれも,文部省科学研究費による総合研究の分担に端を発した研究報告である。

論文執筆に際し,筆者は史料調査・学会発表を鋭意実行したが,勤務先を東京から鹿児島に移した昭和55年以降,新たな調査先に静岡を加えたことは,松本亀次郎研究に新生面を拓く契機となる。

1981年7月,静岡県大東町教育委員会に問合せ,郷土史家増田実氏を紹介していただき,送付資料等[15]に基づいて松本の年譜等を作成した上で,同年10月,学会発表にあわせて静岡下車,同氏をはじめとする関係者の案内で松本の実家(空家)にとびこんだ。その時の感動を綴ったのが次の文章である[16]。

「(前略)私は松本の故郷・静岡県小笠郡大東町を訪問し,生家に保存されている彼の蔵書や手書きの原稿等を閲覧する機会を得た。幸い彼は疎開したためにこれらの資料も焼失を免れたのである。書庫に入らせてもらった時はいささか驚きを禁じえなかった。敗戦の翌月彼が他界して以来放置されていたのだから無理からぬこともあろうが,中にはぼろぼろにいたんでいる貴重な資料も見受けられた。漢詩や短歌の習作も未整理のままである。大東町は,明治十年代からの学籍簿等が各小学校に保存されているくらいなので文化財に対する認識は高いと思われるのにこれはどうしたことだろうと胸を痛めた。いま,静岡県

が浙江省と姉妹関係を結ぶという事情もあって，地元では郷土の先覚者を見直そうと懸命である。私は，この際，松本の全生涯についての本格的な研究をすすめることの必要性を改めて感じた次第である。」

やや勧告めいた言辞になってしまったが，増田実氏や町教育委員会の岩瀬敏・明石克郎両氏，さらに生家の近くに住む鷲山義夫氏らの御案内で，原資料を直に閲覧させてもらい予想以上の調査ができた。たとえば，蔵書のひとつ，岩波書店の『教育』第7巻 第4号（特輯・興亜政策と教育）に朱筆を加えている松本の論文[17]を発見，早速複写してもらい，翌日の学会発表に役立てたものである。松本の生家は崩壊寸前とみえたが，遺品の保管にはすでに注意が払われていた。鷲山氏の言を引用しよう[18]。

「先生逝ひて三十五年，私はこゝ数年老骨を顧みず先生の遺品の整理を手掛けて僅かの時間も惜んでこの郷土の偉人の片鱗でも確めたいと思い立った。しかし，事は簡単には運ばない。明治初年頃よりの書簡の解説は自信を得たものゝ，彼の地の文章に至っては最も苦慮するもので，素養の疎い者の出来る技ではない。」

幸いなことに，当時，静岡県では中国の浙江省と姉妹関係を結ぼうとしており，「彼の地」における松本評価に対応すべく，同県では静岡県立中央図書館の平野日出雄氏に史料分析を依頼しようとしていた。そこへ筆者が鹿児島県から飛びこんできたわけである。松本の遺品類は，一旦，県立図書館へ移される予定とのことで，そろそろ整理作業に着手せねばならない時機に達していた。

松本に関する事前調査はある程度済ませて訪問した心算であったが，墨痕鮮やかな原史料・遺品等を手にしてみると，研究意欲はいやが上にも高まった。大東町の親切な応対は史料の閲覧・複写の次元に止まらず，種々の人間関係の成立に発展した。とくに，松本の生家のすぐ近くに居られる明石克郎氏とは，その後，綿密な連携がとれるようになり，亀次郎の養嗣子・松本洋一郎氏をはじめ，神谷孝平氏（亀次郎の甥・洋一郎の父），栗田とし氏（亀次郎の姪），藤安義勝氏（元静岡大学教授）ほか，亀次郎ゆかりの方々をつぎつぎに紹介していた

だいた。

　静岡での第1回史料調査[19]をもとに，学会発表の結果を踏まえてまとめた論考が「教育者松本亀次郎に関する一考察」である。主要内容は「生い立ち」に始まり，「小学校訓導から師範学校教諭へ」「宏文学院における教育と研究」「京師法政学堂と松本亀次郎」と続き，別稿「戦前日本における中国人留学生教育——東亜高等予備学校を中心として——[20]」に繋いでいる。

　筆者の松本亀次郎研究は，1980年代に一定の広がりと深さを備えてきた。静岡調査を繰返しながら，彼の佐賀師範学校在職時代[21]や，京師法政学堂との関係[22]へと研究の対象を定めていった。そして，日本比較教育学会の紀要[23]にも研究の要約を掲載させてもらったのである。

　松本亀次郎の生家跡地に顕彰碑が建立され，その除幕式に招待をうけたのが1985年3月30日，碑文「中国人留学生教育に生涯を捧げた人」の揮毫者・井上靖氏を迎えての講演会や座談会も当日行われた。その時の模様を筆者も随想[24]にまとめている。

　この記念行事を契機として，松本研究は内外の注目を集め，何千点に及ぶ遺品のなかには教育以外の分野，たとえば，漢詩，短歌，書画，その他多方面の史料が蔵されていることもあって，北公民館では，史料整理を続行中である。郷土教育の面でも松本研究が進んでいるように思う。筆者も乞われて小さな講演をなし，村の有志と座談する機会[25]もあった。訪問するたびに，松本研究の条件整備が進んでいることを学界のために喜びたい。

　松本亀次郎の事績を国際レベルに引出した功労者は，後述の汪向栄氏（在北京）である。松本の直弟子で，日本語にも精通しておられる。その汪氏の招請をうけて，筆者が初の訪中をしたのは1988年10月であった。北京で開催された会議の正式名称は「中国中日関係史研究会第1回国際学術討論会[26]」，人民大会堂で開幕式（開会式）が行われた後，中国中医研究院に場所を移しての討論会，13人の発表を3回に分けて，いろいろな角度から提言がなされた。汪向栄氏の論題「中日関係史的過去和未来」を総論にして，筆者は「京師法政学

堂時代的松本亀次郎」をテーマとした。通訳の徐建新氏には事前に草稿を渡しておいたが，ポイントは「松本の中国認識が北京時代を通して確立したこと[27]」である。彼の全生涯のなかで，京師法政学堂在職時代の意義を考察してみると，第1に，日本語教育の内容および方法を中国本土において実地に検証することができた点，第2に，松本の交際範囲がいちじるしく拡大したことをあげることができよう。「松本が宏文学院にそのまゝ留っていたとしたら，彼の日本語教育も一頓挫を来たしたことであろう。幸い，彼は北京にあって，その教育者的熱意をもって中国人相手の教育を続けていた[28]」というのが筆者の見解である。

研究の方向は，暫くの間，「京師法政学堂の日本人教習[29]」に向けられた。正教習・厳谷孫蔵，副教習・杉栄三郎のもと矢野仁一・井上翠・松本亀次郎らが精勤しているわけだが，その全貌はまだ把握できていない。学界情報に示唆をうけながら[30]，今一歩，考察を深める仕事が課せられているように思う。

松本亀次郎の中国認識を明らかにするためには，彼の晩年における言行を中心に，彼を支えた周囲の動向にも留意しなければならない。また，日中関係の基本問題を体系化した近著[31]にも注目したい。松本の歴史的評価は高まりつつあり，史料に基づいた入念な研究こそ，今後の研究課題であると筆者は自覚している。

2 松本亀次郎の前半生

慶応生まれの松本亀次郎，その幼少年時代は日本近代教育の黎明期にあたる。ここで略歴を少し辿ってみよう。彼は静岡県小笠郡土方村上土方嶺向に，父市郎平（文政9年生）と母みわ（天保6年生）の次男として生まれた（長男夭折）。中谷家に嫁ぐことになる姉けいとの間に8年の差がある。妹よねは横山家に嫁いだ。8歳のとき寺子屋宗源庵に入り，住職樋口逸苗師に漢学の手ほどきをうけた。1873年10月，寺子屋廃止にともない，近隣15カ村連合の小学校が嶺村の長

寿庵に嶺学校として開校され，亀次郎は第1期生となる。明治10年，授業生（pupil-teacher に相当）にあげられ，その後助手，代用教員としていくつかの小学校に勤めながら師範学校の入学準備に励んだ。義兄中谷治郎作（当時大坂小学校長）からは数学の手ほどきをうけたという。亀次郎の向学心は強く，鶴翁山上の高天神社に参籠して論語を暗誦したり，横須賀城下の漢学者常盤健のもとへ往復四里の道を嶺向から通いつめた。

かくして難関を突破した[32]松本は，静岡師範学校で人格教育を主眼に切磋琢磨するわけだが，卒業後，小学校訓導さらに校長を経て，明治30年には師範学校の教諭となることを認められ，静岡・三重・佐賀と転勤を重ねながら，国語科教員の免許を生かして活躍した。とくに，『佐賀県方言辞典』をまとめたことは彼の将来に道を拓いた。すなわち，嘉納治五郎が率いる宏文学院[33]に招聘されることになるからである。時に，明治36年5月であった。

嘉納は，中国人留学生に日本語を教えるため，当時，帝国大学国文学科教授上田萬年らを介して，国語学や文法学に関する専門家を宏文学院に集めていたのである。松本は上田らの推挙をうけ，郷里に近い東京へ来た。

宏文学院で種子がまかれ，京師法政学堂で芽が出，東亜高等予備学校で花が咲き，実を結ぶ，これが松本亀次郎の生涯であったといえるが，土方村という一寒村に生を享けた亀次郎が，艱難辛苦を乗りこえ，国際社会で名声を博することになる契機は，実に，嘉納治五郎との邂逅であったといえよう。

宏文学院での教案をもとにまとめた著作が『言文対照・漢訳日本文典』である。序文は嘉納自ら漢文で書かれた。『日本語会話教科書』の編集も同院の事業だったが，松本も，三矢重松[34]・松下大三郎[35]・井上翠らと共にこれに携わっている。師範学校教諭としての職務年限を終え，恩給もついていたから，松本自身後顧の憂なく上京したことであろう。察するところ，日本語教育の研究者集団の一員として，まさに水を得た魚のように，教育に研究に精励する松本の姿が想像される。残念ながら，東京就職の同年8月，父市郎平が他界，郷里に母みわを残しての勤務であった。

続いて，亀次郎の北京時代がはじまるわけだが，京師法政学堂の内容等は別稿[36]にゆずり，ここでは，母みわあての書簡文[37]を引用し，彼の家族に対する思いの一端を味わうことに留めたい。

「拝啓　其の後御加減如何　だんだん涼気だち候へば，最早大抵御全快の事と存じ上げ候へども御近況御伺ひ申上候操一郎も程なく上京の事と存じ候　御小使は１日２日のなかに御おくり申上候　操一郎俊作両人共　９月は学年代りやら学期換りやらにて大分費用かかり　親爺も少々閉口いたし候　さりながら他日両人共成功の資本と思へば当方の不自由ハこらへ申すべく　其の代り両人共に能くよく勉強大成功いたし候様御はげまし下されたく候
萬事安　８月29日　亀次郎　御母上様御もとへ」

息子の操一郎を日本に残し，彼は妻と一緒に北京市西城に住んでいた。郷里の母は当時75歳，しげという女性と住んでいたらしい。「本家はじめ御近所皆々様へよろしく御願い申上候[38]」というひさの文面も遺っている。

松本亀次郎の本領とすべき東亜高等予備学校以後については，別稿[39]にその詳細を記しているので割愛する。

3　戦時期の松本亀次郎

時代を一挙にかけ降り，晩年の松本について，彼の提言や書簡等をもとに若干の考察を加えておきたい。

先述のとおり，松本は「熱心な親善論者」であった。中国人留学生教育に関し「前後一貫して其の沿革の大体を知る者は，予の外にほとんどあるまい[40]」と自負しているだけあって，戦時の激動下にあっても，日中友好への道を求め，批判的な発言が多くみられた。

「……由来留学生教育は国力の消長と大関係を有し，我が国力が対内的にも対外的にも伸長して居る時が留学生の激増する時である。今回も事変中は已むを得ぬが遠からず秩序が恢復すれば恐らく以前と同様に激増を見るものと確信

する。唯今回は従来曾て無き大事変で支那は極度に疲弊して居るから留学生を送る力がないかも知れぬが，と言って今の状態から推すと支那自身完全な学校の復活を見るのは相当な時日を要することであり，しかも広い支那の事である，持てる者も少くないから日本で留学生を招致する限りは相当な留学生は当然来朝するものと考へる。日本人の考へ方からするとたとひ和平が成立しても敵国だ，臥薪嘗胆だ，行くものか，なぞと言って容易に来まいと思って居るものもあらうが，其処は民国人と日本人との差で向ふの人は諦めがよい。事変は事変，教育は教育だ。教育は受くべき年齢を超過すれば再び受けられぬから日本でさへ留学生を世話して呉れるなら教育時期を過さぬ様に渡日しようと言って案外軽い気分でやって来るだらうと僕は考へて居る。寧ろ日本の方が開放的気分に成り得るかどうか，その方が問題では無いかとも考へられるのである[41]。」

　松本の予想通り，日中戦争激化のなかにもかかわらず，中国人留学生が来日，当時，第一線を退いてはいたが，彼の許を訪ねる場合もみられたのである。そのなかの１人が汪向栄氏であり松本に親書を送っている[42]。

　「拝啓　暫くでした。今頃先生の御容態は如何ですか。先に私は国にゐる時先生宛一通の手紙を送った。御見えましたか。私は去る七日東京に到着致しました。今は高円寺に住んでゐます。この三，四月の中には職業教育と留日教育史を研究すると思ひます。（中略）　御暇の時には一度御訪問と思ひます。草々　九月九日」

　汪向栄氏留学中の回想記[43]や当時の論稿[44]については後述することになるが，ここで，先ず松本家遺品のなかから，亀次郎のメモを発見した[45]。

　　汪向栄君近頃一書ヲ著シ名ツケテ留日中華学生教育史ト謂ヒ序ヲ予ニ求ム
　　予欣然トシテ受諾シ，以下所感ノ一端ヲ述ベテ　以テ序文に換フ　是ヨリ先
　　留日中華学生ノ歴史実ヲ記述スル者　予ニ中華留学生教育小史有リ畏友実藤
　　恵秀氏ニ□□□…□□□有リ　然レドモ其ノ史料ハ専ラ日本内地ノ者ヲ用ヒ
　　未ダ外国ノ史料ヲ採ルニ及バズ　然ルニ汪君ノ新著ハ中華ノ史料ヲ採録シテ

前二著ノ遺漏ヲ補フコト頗ル多シ　是本書ノ新味有ル所以ナリ
　　中華留日学生ノ教育ハ日清戦役前後ヨリ起リ北清事変以後日露戦役欧洲戦争満洲事変支那事変等ヲ経テ以テ今日ニ至ルマデ国際関係或ハ経済事情等ノ為一張一弛冷熱常ナラズ　甚シキハ我ガ態度ニ慊ヲ抱キ遂ニ欧米依存ノ念ヲ起ス者サヘ有ルニ至レリ　其ノ当時ノ事情ヲ察スレバ萬已ムヲ得ザルニ出デタル者無キニシモアラザレドモ留学生ノ教育ヲ以テ畢生ノ天職トセル予ニ於テハ常ニ遺憾ノ情ニ堪ヘザル者アリキ
　　然ルニ大東亜戦争勃発以来　我が国朝野ノ留学生問題ニ関スル意向ハ　独リ中華民国ノミナラズ　北ハ満洲蒙彊ヨリ南ハ泰国佛印乃至新占領馬来スマタラ爪哇呂宋香港等に至ルマデ　当局者相互ノ間ニ儼然タル規約ヲ立テ以テ留学生ノ交換ヲ行ヒ　其ノ我国ニ来ル者ニ対シテハ　皆之ヲ完全ナル寄宿舎ニ収容シ　或ハ良家ノ家庭ヲ開放シテ其ノ宿舎ニ充テ　一面温情ヲ以テ彼等ヲ優待スルト同時ニ　他面厳粛ナル時局相当の教錬ヲ施シ　同甘共苦　大東亜新設惹イテハ世界萬邦四海一家協和楽ノ道義的世界ヲ生成化育ス可キモノ……以下不明

　先述の如く，松本亀次郎の思想を分析すれば，アジア，とくに隣邦中国への理解と愛国心とが同居した感が強い。すでに，『中華五十日游記』等で，中国への認識は充分に吐露されているわけだが，「一貫して流れている思想（亀次郎が理想とし，実践して来た，真の留学生教育と日中友好親善）[46]」が，彼の意図に反して進行する時局のなかで，留学生たちに寄せる熱情はいよいよ高まっていったのであろう。
　ここで，汪向栄氏の回想録を繙いてみる。
「私が生まれた年代は，中国と日本両国の関係は非常に緊張しており順調なものではなかった。私は物心ついたときから，日本は帝国主義者であり，東洋小鬼であり，我々の土地を侵略し，同胞を殺害すると知った。(中略)しかし，家庭では，曽祖父が雑談の中で，日本には悪人もいるが，良い人もいる。……

(京師法政学堂で）多くの日本の先生とともに過ごしたと，語ったのを私は聞いたことがあった。(中略) 中国人民の中にも，中日両大民族の関係は，戦争によって解決するものではなく，また日本人民も全ての人が悪いわけではないという考え方が，過去よりも多くなっていった[47]｡」

1940年前後の中国本土で，日本の武力進出，傀儡政権の成立等の悪条件にもめげず両国の関係改善を真剣に考える若者たちがいたことに，われわれはもっと注目してよい。その典型的な人物の1人が汪向栄氏であった。氏の回想は続く。

「中日両大民族がお互いに憎み合う局面から永遠に抜け出ることができないということについて，日本人民はどのように考え，どのように生きているのか。行ってこの眼で確かめてみなければならない。(中略) 再三ためらい，二，三カ月じっくり考えた末，私は長崎丸の人となって日本へ着いた。ここから日本の留学生生活が始まる。(中略) おりよく私は，自分で勉強していた松本先生の著作『日語肯綮大全』の中に，中国語訳で少なからず疑問をもったところがあったので……直接先生に……書き送った。私は返事がくればそれで十分だと考えていたのに，先生は……重要視され，返事をいただいて何日もたたない頃，自ら私を訪れて下さった。(中略) 話題は私の曽祖父の事に集中した。……また私の日本留学の目的などを尋ねられたが，率直にいってそのとき私はまだ警戒心があったのでおざなりに二言三言話した。先生も別段たいしたことも話されなかったが，ただ，言葉重く，心をこめて，君は名門の子弟だから，日本へ来るのは容易なことではなかったろう。しっかり観察して日本人を理解しなければならない。多くを学んで帰国したらがんばらなければならないといわれた。(中略) また北京語で『三十年前，私は君のひいおじいさんにお世話になったことがある。今は君が日本へやって来ている。何か困難なことがあればいつでもわたしを尋ねていらっしゃい。遠慮するのはよくない』と言われたが，これらの話は初めてお会いしたときの事で，印象深く，永遠に忘れないであろう[48]｡」

汪向栄氏は，このあと，松本と行き来する回数が増えるにつれて，話す内容

も表面的なものにとどまらなくなり、言葉のはしばしから、彼の考え方を完全に理解することが出来るようになったという。① 中日両国は友好共存しなければゆき詰まってしまうこと、② 友好とは心と心を通じあえるものでなくてはならないこと、③ 自分の利益のために人を損うような自分本位の行動は相反する結果を招くだけであること……こうした強い信念が、松本をして中国人留学生の教育に生涯を捧げさせた原点であり、そして「先生自身も語っているように、これは宏文学院から京師法政学堂に渡った幾年かの経験の中で得たものである[49]」と、汪氏は断言し、さらに、「私は、松本先生が中国の学生の教育に長いこと従事しておられたので、当時の政治の動向と中日関係の前途に対し、体系だった見方を持つことが出来たのだと信じている[50]」とも述べていた。

神谷孝平氏は、晩年の松本について、次のような話をされた。「亀次郎は、電車の中でも大声を出して、戦争は良くないことを相手かまわず述べていた。私はいつもハラハラしながら周囲に気を配り、帰宅後、注意してほしいと直言することしばしばであった[51]」と。

汪向栄氏と並んで中国中日関係史研究会の立役者である楊正光氏は、松本亀次郎について次のように述べている[52]。

「日本の老教育家松本亀次郎氏が当時日本の侵略戦争に対して示した意見、態度はそのよい例である。……松本氏はプロレタリアではないが、小さいときから中国文化に関心を持ち、壮年になってから中国人とよく接触したので、中国と中国人民に親しい感情を持っていた。ふだん無口な松本氏も、日本軍国主義が侵略戦争を中国人民におしつけるのを知ると、個人の安危をかえりみず、勇敢に身を挺して、反対を叫び、心ある知識人の正義感を示した。」

戦時下の亀次郎は「四十年間の努力は水泡に帰し、暗い日々でした[53]」と評されている。自ら創設した東亜高等予備学校は日華学会の傘下にあり、同校の名誉教頭なる地位を与えられてはいるものの、彼の意図に反して、事態は「非友好」の方向へ進みつつあった。そのような状況のなかで齢喜寿に達しつつあった亀次郎は、それまでの社会的功績が認められ、皇紀2600（1940）年を記念

して，外務省から表彰状と木杯が授与された。しかし，その顕彰理由は，単に日本語を海外に普及したことのみであったらしい。当時の模様を彼の養嗣子・洋一郎氏は次のように証言している[54]。

「東亜学校の高仲善二先生を始め関係者及び亀次郎の甥横山豊三郎（外交官）等は当初の話（日中友好親善，日中文化交流，留学生教育を顕彰する）が極端に変更されることを事前に知って困惑しました。家庭の者も本人にどう伝えたらいゝのか，或は辞退すると本人が言い出したらどうするか等重苦しい空気でした。………亀次郎は顕彰そのものより，戦況が悪化し事態はどろ沼に入りつゝあることを心配していた模様でした。」

4 亀次郎の郷里疎開と終焉

1930年代後半の松本亀次郎は，日中友好の誓願が戦争激化により崩壊されていく現実に対し心痛める毎日であった。と同時に，家庭的にも淋しい晩年を迎えていた。1941年，長男操一郎が死去，翌年には愛妻ひさにも先立たれたからである。この間の状況については他日詳細な論述が待たれるところだが，彼は，古武士の風格をもって，表面的にはその淋しさを決して現わさなかったという。嗣子・洋一郎氏は「こういう中で亀次郎は般若心経をよみ，写経をし，短歌や漢詩をよんで平静を保つ努力を続けていました。国家の安泰と東洋の平和を祈る毎日でした。書斎で机に向って正座している当時の姿は鮮明に脳裡に残っています[55]」と書いておられる。

1944年夏，亀次郎は静岡の生家に帰った[56]。まさに60年ぶりの帰郷であったが，東京が空襲の被害にともなう食料不足や，老人の安全を慮っての疎開というわけで，周囲の心配は大きく，彼自身も東京に残した仕事を気にしながら，淋しい生活を強いられる思いであったろう。

すでに老境にいた亀次郎を親身になって世話した人は家族の一員である神谷孝平氏であるが，先述の高仲善二氏も亦，親族として部下として，東亜学校関

係を中心に情報を刻々と伝えている。

　ちなみに，戦時下の東亜学校[57]は，官制改正により，外務省から興亜院，大東亜省へと所管が代わり，1944年5月には大東亜省並文部省の共管（文部省主査）と転じていた。総予算の95.7％を国庫補助金に依存する経営のなかで，昭和20年に入ると財団法人日華協会設立にともなう解散へと追いこまれてゆくわけだが，この間の事情を高仲氏の書簡から抽出する形で再現しておきたい。

　「留学生関係諸団体の統合問題が一時停頓してをりましたが，最近再び実現の機運に向ひ急速に具体化することになりました。(1944年)十月初旬には創立の運びに成る予定であるとの事ですが，実際は仲々さう早くは出来ないと存じます[58]。」

　「日華協会創立の問題も日々実現途上にあります。今月（昭和二十年二月）中或は来月早々発足される事にならうと存じます。東亜学校も日華学院と改称される訳です。……一両日前　杉（栄三郎）先生が嘉納治五郎伝といふ書物を御手元へ御送りなさった様ですが，もう御落手の事と存じます。杉先生も至って御元気ですから御安神願ひます。序の折よろしくといふ事でした[59]。」

　「帝都も愈々頻繁な敵の空襲をうける様になりました。……東亜の附近も大分罹災して東京堂裏一帯は一時に収められる様になりました。東亜自体も明日をも期せられぬ状況下に在ります。……日華協会も愈々創立され，学会，学校共に吸収された訳です。尤もすぐ公然とその内容は発表されてはをりません。時局の為，学生は新来する者少く，滞邦中の者も帰国する者多き見込です。来る（昭和二十年三月）十二日には正科の卒業式を挙行するはずです。卒業生約七八十名。……[60]」

　「最近の戦局は愈々苛烈を極めて参りました。叔父様には真に絶好の機に疎開されたと時々語合ってをります。……東亜学校の附近も拙宅の周囲も疎開する者が続出して都民も聊か浮腰の有様です。…日華学会，東亜学校等の統合問題も昨年二月来懸案となって居りましたが，今度遂に実現しました。日華協会々長近衛公爵，理事長に大東亜次官（竹内氏），総務，輔導，文化三局あり，会長

直属として日華学院あり，輔導局長津田中将（輔導局に庶務，輔導，施設の三部あり，砂田氏は庶務部長，輔導部長は笹森順三氏（元青山学院々長で，大東亜省輔導室嘱託なりし人），施設部長は東亜振興会よりの人），杉先生は審議室顧問（会長の最高顧問？），日華学院は高等部（前東亜高等科），中等部（成城留学生部を改造し，中国より子弟を迎へて中学教育を施すもの），専修部（前東亜正科）の三部とし，院長は鈴木孝雄大将，高等・専修両部長を近澤氏□任，中等部長は成城の岡少将と決定，去る十日，杉・近澤両先生交代の挨拶がありました。官庁方面の認可は正式に出ては居らないが，四月一日より新団体として活動しても可いといふ諒解はあった由です。創立事務は進行中ですが，時局柄新渡来の留学生は殆ど無く，新学期開始以来一人の新入生も無く，開店休業の状況です。教職員は勿論全部新しい組織に引継がれてそのまゝです。解散手当も既に支給されて思出深い旧東亜学校は名儀上完全に解消した訳で実に感慨無量です[61]。」

「東亜も遂に去る（1945年4月）13日夜の空襲で戦災に遭ひました。学会の方は周囲が建物疎開をしてあった為奇蹟的に助かりました。人員の死傷は幸ひ全然ありませんでした。赤城学寮も罹災，杉先生，近澤先生共に御不幸にも罹災されました。杉先生とは全然連絡が無かったので昨十七日私自身御見舞に出掛けたら，奥様と御嬢様御相手に焼跡の灰掻をして居られました。私が出掛けた目的の半分は，叔父様の表彰の件に関し東京都庁の係を訪ねた結果の報告でしたが，御自分の罹災の事よりも先ず『都庁の方はどうでしたか』との御尋ねには全く感激しました。大臣の捺印ハ済んでゐるとの事で天長節迄には大丈夫だらうとの事でした[62]。」

「日華学院は新来の学生もなく開店休業状態の処を罹災したのですが，取あへず焼け残った学会に足溜りをつくって此処を拠点として復興を策して居ります。新部長の近澤先生の御宅も罹災されたので，先生御自身も学会のなかに避難起臥した居られます。御家族は郷里へ疎開されました。……東亜（現日華学院）の方も目下疎開を計画して居ます。高等科の方が二十数名の学生を収容してゐるのでこれを先づ疎開させんとしてゐます。正科の方も今は学生が居ないので

焦眉の問題という訳ではないが何れ之も疎開するはずです[63]。」

　筆者は，先に，「（解散手続を終えたこと）により，東亜学校も事実上消滅したことになる[64]」と断定したが，高仲書簡に示されるごとく，敗戦色濃い昭和20年の時点でも留学生教育に尽力した人びとの営みがあったことをこれらの書簡を介して正確に知るのである。記して修正を試みたい。

　松本亀次郎は疎開のため帰郷したが，東京の自宅については神谷孝平氏が，学校については高仲善二氏が，以上のように，刻々と書簡を送り届けながら，心を配っておられたわけである。郷里・上土方嶺向の生家に身を置いて，これらの情報を手にしながら，日本語の研究や恩師嘉納治五郎の伝記執筆にも余念なき日常であった。趣味である書画骨董の収集にも精出している。生家のまわりには，血縁地縁の方々が彼の晩年を見守っていた。

　1945年9月12日，亀次郎は数え年80で永眠した。除籍簿[65]には「午前五時弐拾分本籍に於テ死亡，同居者松本良平届出同日受附」と記されている。「賢聖鶴峯居士」が彼に授けられた戒名であった。

むすび

　松本亀次郎の生家跡に建立された顕彰碑には「中国人留学生教育に生涯を捧げた人」と刻まれている。彼は近代日本と歩みを共にした教育家であったが，日本語教育の研究が契機となり，隣邦中国と深いかかわりをもつようになったため，日中友好のかけ橋として，後世に多くの影響を与える存在となる。彼ほど中国人留学生から尊敬され慕われた教育家を私は知らない。日中両国の共存共栄・友好関係の樹立が叫ばれている今日，松本研究をより深く進めることはわれわれ研究者の責任であると思う。

　本章は，亀次郎の晩年に焦点をあてて，生家に眠っていた書簡や原稿・著書等の史料をもとに若干の考察を行ったものである。短時日にまとめたことや，分析不充分のため次回まわしにした史料も多く，前半は概説，後半は史料紹介

第5章　松本亀次郎の中国認識　73

の域を出ない拙文に終始した感じであるが，筆者のなかで温めてきたこれまでの理論が，新史料の発見によって修正された部分もあり，今後の研究に期する所は大きい。一例として，東亜学校の最終段階を示す史料が，高仲書簡を通して具体化されうること，これは，今回の調査における成果のひとつといえよう。

松本亀次郎の中国認識は当時においても，あるいは現代においても，群を抜いている，と評価して差支えないのではあるまいか。彼の理論・思想は，実践に裏づけられたものであり，その根底に限りない人間愛が存在していることを筆者は高く評価したい。

注
1) 拙稿「教育者松本亀次郎に関する一考察」『鹿児島女子大学研究紀要』第3巻 1982年3月，pp. 111-128 所収，平野日出雄『日中教育のかけ橋──松本亀次郎伝──』(1982年)，武田勝彦「掛け橋」(『東京大学新聞』の連載) ほかを参照。
2) たとえば，長谷川恒雄「戦前日本国内の日本語教育」(講座「日本語と日本語教育」第15巻『日本語教育の歴史』1991年，pp. 38-76 所収) のキーワードとして「松本亀次郎」の名がある。
3) さねとうけいしゅう『日中非友好の歴史』1973年を典拠とする。
4) 栗田とし(松本亀次郎の姪・静岡県小笠郡菊川町)の筆者あて書簡 (1982年6月16日付)。
5) 増田実『松本亀次郎先生伝』1951年，p. 23
6) 国立教育研究所編『日本近代教育百年史』学校教育編 (高等教育──大学予備教育──) 第4巻 pp. 1253-1259，第5巻 p. 372，pp. 396-401
7) 『地球村ボンベイ──International Conference World Education Fellowship. ──』(1975年，BKK の集い発行) を参照。
8) 拙稿「アジアへの理解」世界教育日本協会編『教育新時代』第82号，1974年，pp. 11-16 所収
9) 『日華学会二十年史』p. 102。松本亀次郎自身の解説には「…の五文字を冠らせたのは，経済上の責任は無いが，…曽横海氏が精神的に尽力して呉れた功労を記念する意味であった」(中華留学生教育小史) と述べてある。
10) 松本亀次郎『中華五十日游記』東亜書房，1931年，p. 1
11) 松本亀次郎(述)「中華民国留学生教育の沿革」『日華学報』第2～5号・1926～1927年に掲載

12) 『日本大学教育制度研究所紀要』第7集，1976年，pp. 69-113
13) 小林文男「アジアにおける教育交流――アジア人日本留学の歴史と現状――」『国立教育研究所紀要』第94集，pp. 61-80，なお，同集 pp. 99-118 に「中国人日本留学史関係統計」(佐藤尚子との共同作成)を収録。
※同紀要所載論文については英文要約版が刊行された。Takeshi Futami; "The Establishment and Development of Preparatory Education for Chinese Student in Pre-War Japan", *Research Bulletin of the National Institute for Educatinal Research*, No. 22, 1983, pp. 27-35)
14) 『国立教育研究所紀要』第95集，pp. 193-207
15) 増田前掲書，松本家に関する戸籍(除籍簿)ほか。
16) 拙稿「(研究ノート)中国人日本留学育ての親・松本亀次郎」『朝日新聞』1981年11月18日付，文化欄
17) 松本亀次郎「隣邦留学生教育の回顧と将来」『教育』1939年，pp. 51-62 所収
18) 鷲山義夫「郷土の偉人を懐ふ」1981年7月23日(400字詰原稿用紙に手書きで5枚)
19) 松本亀次郎に関する第1回史料調査(1981年9～10月)の記録――9.28 国立国会図書館・国立教育研究所・野間教育研究所にて松本関係図書の閲覧・複写。9.29 大東町へ，大倉重作町長に挨拶。増田・岩瀬・明石3氏の案内で，松本家の墓参後生家に到着，柱は傾き建具はボロボロ，幸い倉庫に蔵書・手記類が眠っていた。ダンボールで3箱を旅館(藤江亭)に持ち運ぶ。齋藤家(亀次郎妻ひさの実家)等にも立寄る。夜はおそくまで3氏と共に遺品の分析。9.30 役場に史料の複写を依頼，その間，3氏の案内で土方小学校(亀次郎の母校)を訪問，学籍簿等を閲覧。大坂小学校(亀次郎の赴任校)訪問後，高天神に上り亀次郎の歌碑を見学，北公民館で増田氏と別れ，静岡県庁へ，明石・岩瀬両氏の案内で県教育次長石川嘉延氏に挨拶。10.1 第25回教育史学会(於静岡大学)にて研究発表(テーマは「清末民初における日本人教習の活動――松本亀次郎を中心として――」)，10.2 午前中，静岡県立中央図書館へ，平野日出雄氏を訪問，松本関係の史料を拝領。午後 静岡大学の史料調査，亀次郎の師範学校在学当時の文献などを閲覧・複写。
20) 阿部洋編著『日中関係と文化摩擦』厳南堂書店，1982年，pp. 159-207
21) 拙稿「松本亀次郎研究――佐賀師範在職時代を中心に――」『九州教育学会研究紀要』第10巻 1983年，pp. 63-70
22) 拙稿「京師法政学堂と松本亀次郎」阿部洋編著『日中教育文化交流と摩擦』1983年，pp. 76-97
23) 拙稿「日中文化交流に関する一考察――松本亀次郎を中心として――」『日本

比較教育学会紀要』第11号　1985年，pp.72-77
24)　拙稿「松本亀次郎記念碑除幕式に出席して——井上靖先生の謦咳に接し——」静岡県掛川市『郷土新聞』1985.6.8　第1580号，および6.15　第1581号に連載
25)　松本研究がとりもつ縁で，大東町青年団一行20名が，筆者の郷里・鹿児島県姶良郡溝辺町まで県外研修に来たのは，1982年9月11〜15日である。大東町青年団・青年学級機関誌『若草』(第10号，pp.32-77)に「研修報告」が掲載されている。
26)　申健『中日関係史国際シンポジウムを取材して』『北京週報』第47号　1988.11.22　pp.26-27。石井明「北京での中国関係史国際シンポジウム」日中人文社会科学交流協会『交流簡報』1989年1月号，拙稿「中日関係史国際学術討論会(北京)に出席して」鹿児島県社会教育学会編『社会教育研究年報』第5号　1989年，pp.77-81。
27)　拙稿「日中交流余話」世界教育日本協会編『教育新世界』第28号　1989年，pp.76-79
28)　前掲拙稿所収『鹿児島女子大学研究紀要』第3巻　p.123。なお，筆者の見解に対し，さねとう・けいしゅう氏は，1983年8月12日付け書簡のなかで「……わたしの考えおよばなかった卓見だと感服しました」という表現で励まして下さった。
29)　拙稿「京師法政学堂と井上翠」『鹿児島女子大学研究紀要』第9巻，1988年，pp.197-220，拙稿「京師法政学堂の日本人教育」『国立教育研究所紀要』第115号，1988年，pp.75-89。
※同紀要所載論文については英文要約版が刊行された。Takeshi Futami "Japanese Educators at Beijing Academy of Political Science", *Research Bulletin of the National Institute for Educational Research*, No.26, 1989, pp.30-31
30)　汪向栄『日本教習』1988年，北京(日本語版として，竹内実監訳『清国お雇い日本人』朝日新聞社，1991年がある)
31)　阿部洋『中国の近代教育と明治日本』福村出版，1990年
32)　平野前掲書には，師範試験に合格するまでの経緯を含め，詳細な説明がなされている。
33)　藤山雅博「宏文学院における中国人留学生教育——清末期留日教育の一端——」(教育史学会紀要『日本の教育史学』第23集，1980年，pp.58-79，を参照。
34)　関正昭「三矢重松・松尾捨次郎と日本語教育」中京大学国文学会『中京国文学』第7号，1988年，pp.67-74
35)　関正昭「松下大三郎と日本語教育——『漢澤日本口語文典』の先駆性——」同誌，第5号，1986年，pp.61-70

36) 前掲拙稿「京師法政学堂と松本亀次郎」ほかを参照。
37) 松本家遺品（北公民館所蔵）
38) 同，1911年11月17日付，ひさよりみわあて書簡。
39) 拙稿「戦前日本における中国人留学生教育——東亜高等予備学校を中心として——」阿部前掲書『日中関係と文化摩擦』所収
40) 松本亀次郎著『中華五十日游記』緒言，1931年，p.1
41) 松本前掲論文『教育』第7巻　第4号，p.60
42) 汪向栄より松本亀次郎あて1941年9月9日付書簡（松本家遺品）
43) 汪向栄（静岡中国語講座グループ訳）「回想の松本先生」平野前掲書，pp.274-289所収
44) 明石（汪向栄）「中国留日教育問題（松本亀次郎氏の功績）」『華文大阪毎日』第7巻　第11期　第75, 76号，1942年所載，椎木真一日訳がある。なお，姚維達「松本亀次郎氏——中日文化交流史的一頁——」『中日文化』2巻　10期　1942年所載，を参照。
45) 松本家遺品。
46) 1991年9月22日付松本洋一郎氏より筆者あて書簡。
47) 平野前掲書，pp.276-277
48) 同上書，pp.279-282
49) 同上書，p.285
50) 同上書，p.287
51) 1991年9月13日，神谷孝平氏と筆者との対談。
52) 楊正光「歴史の教訓を汲みとり，中日友好を発展させよう——『七・七事変』五十周年に寄せて」『北京週報』第27号，1987年，pp.27-32，の1節から引用。
53) 前掲松本洋一郎氏より筆者あて書簡。
54) 同上書
55) 同上書
56) 1944年8月16日付神谷孝平より松本亀次郎あて書簡によると「荷物ハ明17日発送」と記されている。
57) 拙稿所載阿部前掲書『日中関係と文化摩擦』pp.201-203
58) 高仲善二より松本亀次郎あて書簡（1944年9月17日付）
59) 同上書（1945年2月2日付）
60) 同上書（1945年3月8日付）
61) 同上書（1945年4月12日付）
62) 同上書（1945年4月19日付）
63) 同上書（1945年5月3日付）

64) 阿部前掲書, p.203
65) 静岡県大東町(現掛川市)役場所蔵。

〔解説〕 本章は, 文部省科学研究費による総合研究(A)「戦前日本のアジアへの教育関与」(代表者 国立教育研究所国際研究・協力部長兼アジア教育研究室長・阿部洋)の分担に基づいている。筆者の研究テーマは「日中戦争下における日本の対中国教育政策とその対応──日中戦争の進行と留学生教育の変化──」であり, その一環として「松本亀次郎の中国認識」を措定した。「中国人留学生予備教育機関の制度的推移」や「日本語教育の発達」を論述上の留意点としながら, 本稿では, その第一弾として, 松本の中国認識を明らかにするための序論的考察を行った次第である。
　なお, 本章作成にあたり, 神谷孝平氏, 松本洋一郎氏, 明石克郎氏, 松本敏夫氏ほか, そして, 大東町北公民館に大変お世話になった。記して謝意を表したい。

『鹿児島女子大学研究紀要』第13巻, 第1号, 1992年3月

第Ⅱ部
特論的考察

第6章

松本亀次郎の日華共存共栄論

Theory on Coexistence and Coprosperity between Japan and China by Kamejirô Matsumoto

　本章は，戦前日本における中国人留学生教育の第一人者・松本亀次郎（1866〜1945）について，彼の持論と目される日華共存共栄論を中心に考察したものである。彼の著作のなかで，昭和初期に刊行された『中華五十日游記』は，松本理論を分析するための素材を満載しているが，上記『游記』（紀行文）は，附録として，『中華留学生教育小史』と『中華教育視察紀要』を合綴する形で編集発行された。総計約550頁となる大著である。彼の交際範囲は日中両国に亘り幅広いものがあり，提言についても多くの反応が寄せられた。
　本章の構成は，次の5節から成る。すなわち，
　1　『中華五十日游記』の刊行
　2　中華教育視察の概要
　3　日華共存共栄への提言
　4　留学生教育に関する認識
　5　『游記』に対する識者の反応
に分け，『游記』の内容を紹介しながら解説を加えた。また，出身地・静岡県大東町北公民館（現掛川市立大東図書館）に保存されている「松本文庫」から，彼の「手帳」や彼あての「書簡」類を閲覧する作業を通して，研究方法に実証性を加味した。紙数の関係から，収集した史料の一部しか紹介していないが，

「日華共存共栄」にかかわる提言を示すことができた。

なお，本研究は，1993年度実践学園特別研究費による個人研究「中国人留学生教育に関する研究――松本亀次郎・谷山初七郎を中心として――」および1994～'95年度文部省科学研究費による共同研究「近代日本のアジア教育認識――その形成と展開――」（代表者阿部洋氏）の一環をなすものである。

はじめに

松本亀次郎(1866-1945)の生家跡に建立された顕彰碑には「中国人留学生教育に生涯を捧げた人」と刻されている[1]。魯迅[2](1881-1936)や周恩来(1898-1976)をはじめとする多くの留学生に自ら教え，彼らを励ます過程で日中両国の「共存共栄」への提言や実践をなした[3]偉大なる教育者，没後半世紀にして新たな脚光を浴びている感じである。

約80年に亘る彼の生涯を大別するならば，
① 誕生から師範学校教師になるまで
② 師範学校（静岡・三重・佐賀）在職時代
③ 宏文学院・京師法政学堂在職時代
④ 東亜高等予備学校創設以後
⑤ 晩年（昭和10年代）期
と分類できよう[4]。

日中戦争が勃発しなかったならば，彼の持論を生かす時期が存在したかも知れない。残念ながら，当時は，彼の提言を真剣にうけとめるような政治情勢ではなかった。本論考においては，昭和初年に開花している松本理論を文献資料に即して実証し，共存共栄の理想を追求したい。その際，『中華五十日游記』等とそれをめぐる識者の反応に着目しながら，今日的意味を考察することを課題とする（以下の論述においては，『中華五十日游記』を『游記』と略称する）。

1 『中華五十日游記』の刊行

『游記』が『中華留学生教育小史』(以下『小史』と略称)と『中華教育視察紀要』(以下『視察紀要』と略称)とを合綴する形で単行本にまとめられたのは1931年7月18日〈発行〉であった。

緒言によれば、『游記』及び『視察紀要』は「新古両方面の中華を、見た侭聞いた侭に、細大漏さず書き記して、批評は閲者の自由に委せる積りであったが、筆のすさびで、往々私見を挿んだ所がある。其れが恐らく日華両方面のどちらからも喜ばれぬだらうと思ふが、予は原来熱心な親善論者で、切情の迸る所、婉説するの違無く、思はず露骨な直言と成ったものであるから、幸に文を以て意を害せざる様に諒恕して戴きたい[5]」と断わっている。

「親善論者」と自認するだけあって、松本理論には日華両国の共存共栄に資する提言が満ち満ちている。その内実は以下の引用を通して考察していくわけだが、宏文学院・京師法政学堂で磨いた識見をもって創設した東亜高等予備学校を根拠に活躍した松本の自信がかかる言行を可能にしたのであろう。彼の知己同僚の顔ぶれをみれば、如何に日華両国の有識者から彼が支持されていたかがわかる。同書の冠を飾る題字は、中華民国駐日公使の汪栄宝であり、中華駐日留学生監督劉燧昌の表紙題簽、老画伯王一亭の口絵並びに扉の揮毫、法学博士杉栄三郎の題歌と続いている。写真約百葉については、宏文学院創設者嘉納治五郎をはじめ、上記3校の同僚諸氏から提供されたものという。

『游記』の目次をみると、旅立ちから船中投宿の記に端を発し、到着後の訪問・招宴の様相が順序よく記述されている。1930年4月～5月、東亜高等予備学校教員の松本亀次郎・吉澤嘉寿之丞・小谷野義方に日華学会の中川義弥を加えた4人が、上海を皮切りに杭州・蘇州・南京・九江・漢口・大連・天津・北平・遼寧・ハルピン・京城と「五十日」の視察旅行を続けたわけだが、その時間的推移を各地の歴史や文化を折込みながら、彼の本領たる詩歌をまじえつつ、153項に分けて記述している。総頁数はB6判230(本文)に及ぶ。

「撫子の　色取りどりに　咲き匂ふ　国懐かしみ　旅立ちにけり[6]」に始まり，「摘み満てし　五十日の旅の　花籠（はなかたま）　人に見すべき　色香あらねど[7]」に終わる『游記』を紀行文だとすれば，『視察紀要』（本文p.126）は報告書というべきであろう。両者を対照しながら，随所に示される松本理論を追ってみることを本章の内容となすわけだが，中華留学生教育30余年の史実を背景に論じられた迫力は限りある紙面で再現し尽くせるものではない。

同書は，『游記』『小史』『視察紀要』の三者を合綴する形で編集されたため，それぞれに本文の頁数を打ち写真を配している。総計すれば550頁に及ぶ大著である。

なお，奥付によれば，同書の正式名称は『中華五十日游記　附　中華留学生教育小史・中華教育視察紀要』と記され，定価金貳圓，印刷所は株式会社秀英舎（杉山退助），発行所は東亜書房[8]（栗原菊造）となっている。

2　中華教育視察の概要

「1930年4月3日午後7時30分，東京駅発」に始まる「視察日程[9]」を要約してみることにしよう。

　　4月4日（金）神戸より長崎丸に乗込む。
　　　5日（土）長崎で唐寺福済寺に詣でる。
　　　6日（日）上海着，馬伯援氏晩餐会。
　　　7日（月）〜9日（水）総領事館訪問後，上海市内の学校訪問，宴会等。
　　10日（木）杭州視察。
　　11日（金）上海に戻る。
　　12日（土）蘇州視察。
　　13日（日）〜15日（火）南京視察。
　　16日（水）〜19日（土）九江視察。
　　20日（日）〜22日（火）漢口視察。

23日（水）～26日（土）船中を経て途中上海見物。
　27日（日）～5月1日（木）青島から大連，旅順と進みながら視察。
5月2日（金）～3日（土）天津視察。
　4日（日）～10日（土）北平視察。
　11日（日）～15日（木）遼寧視察。
　16日（金）～18日（日）ハルピン視察後，長春へ。
　19日（月）～21日（水）京城視察。
　22日（木）～24日（土）京都を経て，東京着（午後2時40分）。

　『游記』の紀行文では，先述のとおり，詩歌を入れながら，松本の歴史観，自然観，人間観が余すところなく表現されている。本文冒頭の数行にまず注目してみよう[10]。

　「撫子の……」に続いて，「今年は予が明治三十六（前清光緒二十九）年初めて嘉納治五郎先生の宏文学院に於いて，中華学生の教育に従事してから29年目，大正元（民国元）年に北京京師法政学堂教習の任を辞して帰朝してから19年目，同じ3年に同志と共に東亜高等予備学校を創立してから17年目である。この約30年間に予が教場に於いて相見えた中華学生は，優に萬を以て数へる程で，中には，政治界軍界の大立物もあり，教育界実業界其の他の方面に於いて，羽振りをきかせて居る者も少なくない。撫子といっても，既に五，六十歳以上の老松もあり，四十路余りの姥桜もあるが，留学当時は孰れも紅顔の美少年，若しくは窈窕たる淑女……」と続く，この文章のなかに，彼の経歴と中華学生たちへの教育愛が簡潔に表現されている。

　約50日の旅行中，初対面の向きには親しく話しかけ，再会の知己や弟子とは胸襟を開いて対話し，訪問先の風景に接しては古典から歴史や文学（漢詩等）を引き出しながら書き連ねた。

○乗合に　教へ子多し　学舎を　船に移しし　心地こそすれ（長崎丸船中[11]）
○紫の　袴はきたる　纏足の　彼の手弱女が　女侠にてありし（秋瑾女史の

墓で[12])
○魂合へる　友と語れば　唐大和　一葦の水の隔てだになし (上海中等学校共進会招宴にて[13])
○匡廬嶺に　野生の桜　咲く見ても　兄弟の国　争ふべしや (九江にて[14])
○醜夷　仇する釁隙(ひま)の　無きまでに　国養へや　皇国民 (旅順にて[15])
○在りし日は　雲居に仰ぐ　九重を　脚下に見る　世の動きかな (白塔山上[16])
○三十年の　友と重ねて　故郷に　斯文(このふみ)語る　夜は短き (北京にて[17])
○何時か又　晴れたる夜はの　月を見む　狭霧幽欝(いぶせ)き梅雨の荒野ら (遼寧にて[18])
○角はあれど　蹄はあれど　牛馬の　相争はぬ　野の広きかな (長春にて[19])
○たわけ踊る　おとめ知らずや　汝が国は汝が父母は如何に成りにし (ハルピンにて[20])

ここに掲げた短歌十首から松本亀次郎の歴史認識を垣間みることができる。
『游記』を私文書とすれば,『視察紀要』は公文書と評すべきであろうか。次に, 主なる視察先を列挙しながら[21], 公人としての松本に焦点をあててみる。

◎主な視察先
　4月7日　私立澄衷中学校, 江蘇省立上海中学校, 上海特別市立務本女子中学校
　　　8日　中華学芸社, 東邦文化事業上海委員会, 上海同文書院, 中華職業教育社附属中華職業学校
　　　9日　上海日本人学校
　　11日　国立浙江大学文理学院及び工学院
　　12日　蘇州中学校
　　14日　国立中央大学　江蘇省立南京中学校

21日　同仁会漢口医院，江漢高級中学，湖北省立第一女子中学校
　28日　同仁会青島病院
　30日　旅順師範学堂及び附属公学堂，旅順工科大学予科
5月1日　満鉄本社地方部，満蒙資源館（大連）
　3日　南開大学，木齋図書館，天津中日中学校（中日学院）
　5日　同仁会，公使館，北平特別市立第四中学校，文化事業部
　6日　北平大学法学院，女子師範大学，北平特別市立第七小学校
　7日　燕京大学，香山慈幼院
　8日　朝陽大学，国子監，孔子廟，北平鉄路大学
　14日　東北大学，同善堂
　15日　南満中学堂，奉天公学堂，奉天同文商業学校
　17日　ハルピン文化協会，東省特別区教育庁，第一女子中学校

　『視察紀要』には，訪問先ごとに詳細な記録がある。一例をまず，朝陽大学[22]（5月8日訪問）に求むれば，組織（校長・校薫）・沿革・現在状況・既往成績・給費留学生の派遣・教授・経費・学生費用・図書館・日本語等に分けている。その説明によれば，「本大学は前清修訂法律館，北京大学，京師法政学堂，法律学堂等に関係した人達が要部に立ち，其の他の教授も日本留学生が多数を占めて居るから，其の教授法は重に日本式である。而して岡田朝太郎博士との関係上，明治大学と特に密接の関係を有して居るのである」と付記されていた。教授陣をみると，137人中63人が日本留学生だという。図書館の一室は全部日本書籍で占められ，第二外国語として日文を課している。
　北平西郊の燕京大学（5月7日訪問）では，教員150人中半数が中国人で他は概ね米英人，日本留学生出身がやっと1人採用された。朝陽大学から派遣され，明治大学研究科で日本法律を研究した李祖蔭である[23]。
　南京の中央大学[24]（4月14日訪問）は，東亜高等予備学校から第一高等学校・東京大学工学部を卒業し，度々視察団の団長となって渡日した陸志鴻教授の案

内で参観している。図書館には日本の刊行物も多いが、総じて校舎・設備面ではアメリカのとくにロックフェラーの教育基金をうけたらしい。

天津の南開大学[25]（5月3日訪問）では、慶応大学卒の傅恩齢教授が案内役であった。文科理科商科予科の4部にわかれ、学生数（昭和3年末）は約400名、うち女子70名を擁する男女共学、教職員は50余名、米国大学出身者が大多数を占める。選科として日本語科も設けられていた。

目を上海中学校（4月7日訪問）に転じると[26]、校長鄭通和氏は、米国コロンビア大学出身の教育碩士、33歳の新進教育者、東亜学校にも視察に来ている。職員85名中日本留学出身が6名、米国人6名、仏国人1名で、教師の大半が40歳以下であった。選科として日本語を教授するのは東京高等師範出身の賈観仁氏である。

順不同ながら、このように、約30校の視察訪問記を通覧すると、東亜高等予備学校（東亜学校）の出身者・訪問者が案内役をつとめていることがわかる。常に松本亀次郎に寄せる尊敬の念が根底にあったように思えてならない。

3 日華共存共栄への提言

中国滞在中、各地で招宴等が開催されていることも注目に値する。4月8日上海での中華学芸社による晩餐を皮切りに、十数回の懇親会が催されている。その席上でなされた挨拶等の内容を見直すことも有意義である。

4月11日午後6時、上海四馬路吉華酒樓で開催された晩餐会の模様を再現してみるとしよう[27]。

招宴側12名の顔ぶれは次の通りである。

鄭通和（上海中学校長）・孫遠（上海愛国女学校教務主任）・黄駕白（上海中学）・任廉昌（務本女子中学校教務長）・趙敬七（東呉第二中学副校長）・蘇頴傑・葛祖蘭（澄衷中学校長）・陸士寅（滬口大学附属中学校主任）・趙師復・殷章瑞（復旦大学附属中学校主任）・王裕凱（大夏大学附属中学校教務主任）・李相勗

以上の12名に一行4名を加え主客16人の宴会であった。座長の鄭通和が歓迎の挨拶をなし葛祖蘭が日本語に通訳している。

代表の挨拶は，まず，日華学会および東亜高等予備学校が，留日中華学生に対し，多年親切を尽くしている労を謝した上で所感を披露する形で始められた。

① 中華と日本とは地理上兄弟の国，打解けて無遠慮に所感を述べるので，一行も亦腹蔵なく感想を発表してほしい。

② 中華の教育は，10年前までは専ら日本，以後は米国主義を採用し，現在は三民主義を基調としている。

③ 中日両国は唇歯輔車の関係，互いに提携して欧米の圧迫から免れねばならぬ。然るに，この数年来，日貨抵制，華工上陸禁止等不親善的事項が繰り返されている。両国永遠の大計は共存共栄であることを鼓吹するのは両国教育者相互の責任である。

④ 民国の教育者は，決して日本を誤解していない，この旨を日本教育者一般に伝言してもらいたい。

これに対し，松本亀次郎が一行4人を代表し謝辞を述べている。その大要はつぎのとおりである。

(1) 中国は4000年の文化と，広大な領土があるから，その上に東西の長所を採り，渾然融和して，中華独特の教育を完成せられねばならぬ。今後の大成は諸君の努力にまつべきものと思う。

(2) 国民精神の統一を図るは国家統一の基礎である。その意味で，中華が三民主義を提唱し，国民教育の基調としてその鼓吹に全力を用いているのは然るべきことと思う。ただしどんな善い道でも，物には中庸があるから，その適用を誤らぬように宜しきを制するのは教育者の方寸にある。

(3) 日華間の感情離齬は甚だ遺憾である。日華提携の実をあげるには，過去の悪印象が脳裡に薫染している老人輩よりも，寧ろ純潔な両国青年の目醒めに待たねばならぬ。国家の中堅を為す中等社会の青年を啓発するのは中等教育，今，諸君が率先して日華関係の密接な所以を強調し，両国

教育者の責任であると断言されたのは何より痛快な福音である。
(4) 中華の教育者諸氏は，決して日本を誤解していない旨を，我が教育者に伝言せよとの希望であるが，これはわれわれ微力ながら及ぶだけの方法を以て宣伝したい。要するに，国際関係は政府の当路者よりも寧ろ国民相互の理解が主であり，殊に国民指導の地位にある両国教育者の意志疎通が必要であろう。教育者の力によって，両国青年の純潔な脳髄のなかに日華共存共栄の必要な所以を沁み込ませたい。この意味において，自分は将来ますます彼此教育者の互に往来して親交を重ね肝膽相照す必要があると信じる。

「魂合へる友」をえた喜びにひたる松本の言行にわれわれは今一度注目しなければならない。

松本の「手帳メモ[28]」によれば，4月11日のこの部分（中国側挨拶）は5項目にわかれている。すなわち，第1項が前置き部分（謝辞）で，第2項は国民精神統一の方法（上記②），第3項は兄弟の心（上記①），第4項に握手提携の必要（上記③），第5項教育界は日本を誤解しないこと（上記④）である。そのメモをもとに『游記』の文章はできたものと推察されるが，ここでメモの一部をそのまま引用してみると，「両国ノ青年ノ態度ヲ改善セザル可カラズ」とあり，「両国教育者相互の責任」（上記③）の前提がうかがえる。

日華共存共栄のためには両国教育者の意志疎通が必要だと主張した松本だが，「三民主義に就いては，未だ深く研究して居ないから，それが果して中華国民教育上理想的の者であるか，或は更に修正を加ふべきものであるか，批評の資格を持たぬのは遺憾である[29]」と慎重な発言をしている。ちなみに旅行中，松本の目に映った三民主義は次のようなものであった。すなわち，

「三民主義の宣伝に就いては，あらゆる手段を用ひて，衛門・兵営・停車場・寺院・城壁等は勿論，学校でも教場の内外・墻壁・廊下・柱壁何処でも構はず，標語あるいは絵画・図表等を掲げ，民衆或は児童学生の目に刺戟を与へて居るのみならず，小学校の国語地理歴史の中に，其の主義を織込み，其の上特に三

民主義課本・三民主義千字課・三民主義唱歌・党化教材・国恥読本・常識読本・社会課本等を教課に加へて，柔かい児童の頭に植ゑ付けてゐる。三民主義の中で，特に力を用いて居るのが民族主義である。民国が国民精神作興の目標として，民族的自覚を促したのは，予輩も維新前若くは明治二十年前後条約改正当時国威宣揚国権恢後の与論が勃興した我が国の歴史に照し，其の心事を諒するに吝なるものではない。併し其れが余り露骨と成って，排外的気分を煽動する様になっては，国際国の迷惑は勿論，民国自身の為にもあるまいと思ふ[30]。」

旅行中に入手した，満鉄会社編『支那排日教材集』を繙いた松本は，中華全体の教育姿勢が予想以上に民族主義的であり，排日となり，「打倒帝国主義」というスローガンに集約されつつあることを実感した。「外争は国力充実の後である[31]」という認識のもと，無分別の児童に排外思想を涵養することの危険を彼は開陳したかったのだと推測される。

松本は，鬼面的政治家の出現を危惧していた。「平和順調の国際場裡に於て，愚にもつかぬ虚勢さを張り，内は自国民を晦（くら）まし，外は相手国の悪感を惹き起すが如きは，双方共に謹む必要があらう[32]」ともいっている。

両国の親善乃至共栄の支障となっているもの，それは，中華にあっては排日教材，日本にあっては対民国人態度である，と松本は断言する。「双方の自省内観が必要[33]」「共存共栄は両国相互の国是[34]」といった表現のなかにそれが端的に示されている。

彼のヒューマニズムは，時代を超え国境を越えていた。「真の提携は相知り相信ずる者の間にのみ行はるべきもので，其の点に就いては，両国家相互の関係も，個人相互の交際と，毫も変りが無いはずだ[35]」と主張する松本が，両国家の共存共栄に資するために出版した本，『中華五十日游記』の波紋は予想以上に大きなものがあったと推測されうるのである。

4 留学生教育に関する認識

　松本亀次郎の数多い著作のなかで『游記』は，中国人留学生教育史上の金字塔とも称さるべき著作であった。前述のとおり，同書は，紀行文と報告書と『小史』の3者を内包しており，昭和5年4～5月中華視察後，約1年を費やして執筆編集した成果である。ちなみに，松本が所属する東亜高等予備学校における教員の動静を「民国教育視察」という観点から注目してみると，数次にわたって実施されていたことが記録されている[36]。

① 1927年　学監三輪田輪三
② 1928年9月16日～11月4日　椎木真一・泉喜一郎（同行者＝日華学会主事濱田武夫）
③ 1929年4月1日～5月15日　三戸勝亮・高仲善二（同行者＝日華学会主事稲垣稔）
④ 1930年4月3日～5月25日　松本亀次郎・吉沢嘉寿之丞・小谷野義方（同行者＝日華学会主事中川義彌）
⑤ 1931年1月2日～2月10日〈文化事業部の委任による[37]〉　文部省督学官瀧山義亮・東京工業大学学生監奥田寛太郎・東亜高等予備学校学監三輪田輪三（同行者＝東亜の椎木真一）
⑥ 1931年4月3日～5月26日　有賀憲一

　以上のような一連の動静のなかから『游記』なる著作が誕生したわけである。それ以後の記録を辿ることは今後の課題にしておく。いずれにしても，松本の視野においては，単なる紀行文にとどめることなく，中国人留学生教育全体のこし方ゆく末に寄与するための提言をなすことが『游記』などの趣旨であった。『小史』の構成をみると，『日華学報』等に所載されていた論稿に「補遺」を追加する形がとられている。ここで，『小史』巻中の記述から「日華親善」「日華共存共栄」にかかわる松本理論と覚しき提言を取り上げてみることにする[38]。

(その1) 留学生教育の理想

留学生教育の目的に関し、最も多くの人の念頭に存する者は、日華親善の四字に在る様である。日華親善固より可であるが、予が理想としては、留学生教育は、何等の求める所も無く、為にする事も無く、至純の精神を以て、蕩々として能く名づくる無きの大自然的醇化教育を施し、学生は楽しみ有るを知って憂ひあるを知らざる楽地に在って、渾然陶化せられ、其の卒業して国に帰るや、悠揚迫らざるの大国民と成り、私を棄て公に殉ひ、協力一致して国内の文化を進め、統一を計り、内は多年の私争を熄め、外は国際道徳を重んじて、独り日本のみならず、世界各国に対しても睦誼を篤くし、儼然たる一大文化国たるの域に達せしめるのが主目的で、日華親善は、求めずして得られる副産物であらねばならぬと考へるのである[39]。‥‥‥‥

(その2) 親日と排日

双方に理解ある真個の日華親善を図るには、どんな条件を要すべきか。……第一は政治家の対支方針が一定せねばならぬことである。従来の親日も排日も、悉く我が対支政策の反響で我が国民全体に対しては排日を唱へた事は、曾て無いので、国際問題が順調に解決すれば、排日は即日終熄して、親日に復するのを見ても明かである[40]。……

(その3) 民国先進者の指導と留学生自身の心得

日常の場合に於て、学生の勤惰風紀等を督励するのは、民国の学事当局者及び父兄の責務である。父兄が平素から子弟の修学上に注意を与へ、軽挙を誡めて居られる子弟は、一旦風潮の起こった場合にも、容易に渦中に投じない事実は、予の屡目撃する所である。‥‥‥‥（留学生）諸子には身体の健康・家庭其の他種々の事情が有って、専心に勉学の自由を許さぬ場合も少なからぬ事と思ふが、一旦志を立てて郷国を出た以上は、百難を排し、死すとも還らざる勇猛心があってほしいのである。孟母断機の教は、依然として諸子の服膺すべき規

篤であらねばならぬ。而して諸子の最も留意すべきは専門学科の研究に専念なるべきは言ふまでもないが，余力を以て，日本人の尊皇心や，愛国心や，敬祖心や，武士道や，任俠心の淵源深き歴史及び一般国民に通有なる国民性等を講究し，眇たる一小国を以て列強に伍する所以を究め，又平素に於いて日本の各階級と交際して智識の交換を行ひ意志の疎通を図るは，国民交際の基礎を作る所以で，真に理解ある親善は，諸子の如き純なる学生の脳裡から生え出たものでなければ，根柢深き者と言はれぬので予は切に諸子に対して真摯なる日本研究を要望して已まぬのである[41]。

(その4) 日本一般の家庭に対する希望

日本国民の中には，今日でも，尚日清日露の戦役に大勝を占めた余威を駆って，動もすれば民国人を蔑視する様な言語を弄するものがあり，世の指導者を以て任ずる新聞紙の記事中にも，語らぬ引合に出して，民国人を嘲弄する様な言辞を往々発見するので，留学生等に不愉快な感情を与へる場合が少くないのであるが，是は国民交際上慎んで貰ひたい。而して出来得る限り，家庭を開放し，留学生と歓談するの機会をつくって貰ひたいのである。(中略) 遠く父母の国を離れ，住み慣れぬ外国に来て，孤独且不自由な生活をして居る留学生諸子であり，殊に留学生は何れも良家の子弟で，国に帰れば……有力な人々に成るのであるから，各家庭に於いても，相当な敬意と同情とを寄せ，且子供に対しては，妄りに外国人を罵詈する習癖を戒められたいのである[42]。

(その5) 共存共栄は相互の国是

日華両国は唇歯輔車の関係に在り，共存共栄は天命的に相互の国是であらねばならぬことは，両国民の何人も夙に熟知する所である。(中略) 予は敢て両国民に希望する。両国民は相互に大国民の襟度を持し，一時の政治的或は経済的の紛争に対しては，之を一局部に止め，両国民相互の間には，常に骨肉も啻ならざる親しみを持続し，他から水を注されても，疑心暗鬼を生ぜぬやうにあり

たいのである。国民相互が達観的に斯様な理解があれば、両国の親善は、永劫に大磐石で、随って留学生の動揺も、容易に起らぬ筈である[43]。

（その6）上級学校に対する希望

従来は官私立大学専門学校等に於ても、可成り留学生を歓迎した有様であったが、近頃は頗る冷淡に成った様な傾向がある。其は……去来常無く折角骨を折って教育しても、半途退学し、学費は不納勝ちで、面倒は多く、剰さへ排日を宣伝されるから、余程同情心の深い、堪忍袋の大きい者でなければ、大抵は御免を蒙りたいと言ふのが人情で、其の上学校には各自本分の使命があり、経済問題やら、其の他特別の事情もあるから冷淡に成るのも已むを得ないが、留学生の方面にも複離な事情が潜在し、同情すべき点も多々有るのだから、今少し眼界を豁くし、国際的人道的の上から包容力を大にし、面倒をみて貰ひたいものである[44]。

以上、原文に即して松本理論を照会したわけだが、「万を越える」中国人留学生を教育してきた経験からにじみ出た真意と解すべく、日華両国の識者に与えた衝撃は大きかった。その反応については節を改めることとする。

5　『游記』に対する識者の反応

本節でいう『游記』とは『視察紀要』『小史』を包含した単行本全体の内容を指す。ちなみに、昭和初年の中国人留学生についてその動向を松本亀次郎の分析に求めれば[45]、関東大震災で総帰国の状態であったのを、文化事業部の成立、留学生への学費補給等により恢復、1928年現在で3,000人前後の学生が日本に留学していたらしい。そのなかには、民国で専門教育をうけた後留学した者も多数あり、他方では陸軍志望学生の増加という珍現象もおこっているという。民国内地の争乱が絶えない時期にあたるが、こと留学生教育の条件として

は一定の盛り上がりをみせていた。『游記』はそうした状況下に投じられた一石であった。

　松本の『手帳』1931年版に「中華五十日游記寄贈者氏名」なるメモが遺っている[46]。そのなかには歌人与謝野晶子の名もあり，事実，墨書の礼状が届いていた[47]。

　「御仰上　御高書と共に御新著をお恵み下され，御親切なる思召を忝く存じ申候。昨夜御高著を通読致し，日支両国のために久しく多大の御心労をお重ね被下，直接間接に御功績の跡いちじるしきことを拝承致し，心から敬重仕り候。学問芸術に由りて，両国の知識人が心と心とをお繋ぎ候ことが第一の必要なりと多年考へをり候私としては，先生が殆どその御一生の大半を，民国青年の教育にお用ひ被下，実際に我国との平和関係に御尽し下され候ことを難有く存じ申し候。何卒ますます御雄健に入らせられ候やう祈上候。御高著によりて，御本文に教へられ候ところ多きはもとより，お挿み被下候美しき多くの写真によりても，知識と趣味との滋益を受け申し候。お歌も皆御実感なれば拝誦して心を打ち候所多く。失礼ながら書中にて御礼を申上げ候。猶御高著は，拝読を友人たちにも勧め申すべく候。敬具。重陽の日。晶子。」

　反戦平和詩「君死にたまうことなかれ」の作者与謝野晶子から，両国民が「心と心を相繋」ぐため，学問芸術を大切にしている松本の行き方を讃える礼状が届いたのである。短歌をほめられた喜びも大きかったことと思われる。

　次に，松本と同郷の出身で後援者でもある医学者吉岡弥生の礼状から一部引用してみよう。

　「能く中華の国勢民心之趨向を捕捉されたる処，愰に俗眼を脱し……折も折とて彼我両国之時局倍に紛糾せんとする時　政治と経済に将又教育上大に参考と可相成，就中中華留学生教育小史は我が教育史上幾頁かを占むべき大文字と存じ候……[48]」

九江領事館の河野清からの礼状によれば,『游記』は「在華日支人の現況を如実に縷述し中華各地の風俗人情の秀粋を摘捉し以て彼我の共存共栄に関する実績之髪揚に努力せられんとする先覚者之警鐘とも可申[49]」と評価されている。

「共存共栄」の観点は中国側の書簡からも窺い知ることができる。すなわち,黄賀白(遼寧省)の言辞のなかに[50],「敝国之與　貴国在歴史地理種族数方面論係一兄弟之邦関係致為密切。所謂実践共存共栄之旨善謀邦交之敦睦者非無遠見。若徒託諸空言背此道而馳則両国前途誠有不堪説想之下幸焉」とあり, 共存共栄の理想に賛意が表されている。而して,その後段で, 満州事件, 天津之乱, 上海事件と続く政情不安を訴え,「閣下為教育界飽学碩望名流真智灼見慧眼獨瑧登高一呼萬衆景従」「閣下在素抱之正義立場多抒偉論。倘籍能彌未来之患於無形則両国人民受賜誠多而造福於両国之功豈不大哉順此布意恭候。明教百益並頌」という期待を寄せているのである。

数多い礼状等書簡のなかで注目すべきは本庄繁からの言辞であろう。

「五十日游記御恵送被下御厚志忝ク最後ノ視察感想概括繰返ン拝見仕リ吾人モ主旨ト精神ニ於テ全然同感ニ有之是非斯クアリタキモノト存申候。只現実ノ問題カ生ヤサシキモノニ無之支那人全般ヲ通シタル総括的観察ニ於テ革命的国権ノ一足飛ノ回復希望ニ燃ヘ思慮アル人士ノ意見ノ如キ空気ニ圧倒サレアルニアラサル乎　否一歩ヲ進メテ弱者ニ対シテハ常ニ積極的ナル彼ノ国民性カ近時飛躍シツツアルニアラサル乎　世界ノ動キヲ見ルトキ日本ハドフシテモ一小島国内ニ自給自足ノ見込ナク　是非共真ノ共存共栄ニ基ク経済的自由活動ノ地歩ヲ大陸ニ確立セサルヲ得サルノ運命ニアリ　之ニ対シ支那ハ一気ニ不平等条約ノ撤廃ヲ唱ヘ更ニ支那ノ土地到ル処ヨリ日人ヲ駆逐シ去ルヲ終局ノ目的トシテ動キツツアリ, 此両者ノ傾向, 憂フヘキ傾向ヲ見逃ス能ハス　之ヲ如何ニシテ緩和スヘキカ問題ハ実ニ爰ニ存スト想ハル　吾人ハ決シテ支那ニ一撃ヲ加フヘシ杯存スルモノニ無之モ而モ又断シテ我日本ノ存立問題ヲ徒閑ニ附スル能ハス之ニ至リテ口頭ニアラサル真正ノ日支親善ノ真ニ難キヲ歎スルモノニ候, 機モ

至ラハ御垂教ヲ給ハリ度モノニ御座候[51]」

　「松本老台」あて 1931 年 8 月 30 日付けで送られたこの書簡は，全体として実に丁重である。しかし，その内容は，松本理論への反論であった。8 月 1 日，関東軍司令官に補され，「満蒙問題解決の大綱」にそって軍事行動を命令しうる立場にあった本庄中将，もし『游記』の内容を謙虚に理解できたならば歴史の歯車をかえることも可能だったにちがいない。しかしながら陸軍きっての中国通と目される本庄に「日華共存共栄」の進言は通じなかったとみえる。たとえ，教育者の良心に共鳴できたとしても，軍人としてのプライドが松本理論を受け入れなかったのであろうか。実は，先の「大綱」そのものが，陸軍省と参謀本部，関東軍高級将校の協議により作成済であり，大臣名で全軍に訓示されていた。それは，満州における張学良政権の排日行動を口実に武力行使できる，という内容であった。

　柳条溝事件（9 月 18 日）を機に関東軍は進撃を開始する。不拡大の方針を決めた閣議（翌 19 日）を無視して，朝鮮軍の独断越境・関東軍の吉林出兵と続いた。軍の独走に歯止めをかける余地はなかったのであろう。満州国建設・日中戦争・そして全面戦争へと突入し，ついに命脈を絶たれた軍人主導の昭和前期，有事「作為」の歴史[52]を詳述するゆとりはないが，松本理論は昭和 6 年 7 月の時点で当時の有識者に教育者としての良心を覚醒させる薬石と評価しうる。本庄繁の返信は，単なる礼状とは異なり，戦争に対する一抹の不安と松本理論を無視できなかった旧知としての友情がその背景にあるのではないかという見解もある[53]。

　30 年に亘る中国人留学生教育の実績から鑑みるとき，『游記』はその集大成であった。しかも，日中関係史上きわめて重要な時期に刊行されたのである。礼状のなかには，すでに紹介したものの他に，たとえば，鈴木貫太郎，犬養毅，松岡洋右，岡田良平，下条康麿，山本条太郎，さらに，井上翠，常盤大定，牧野良三，信夫淳平，橋川時夫，米内山庸夫，八ケ代義則，和田萬吉，島田才二

郎，竹内薫兵，井上孚麿といった有識者から寄せられたものが現存している[54]。他日それらを紹介し，全体としての意味づけがなされる必要を感じている。

むすび

　昭和の初年において，日中（日華）両国の共存共栄を図るという意識は，少なくとも教育界においては共通項であったと察せられる。国境を越えてひろがるヒューマニズムが，松本亀次郎に代表される教育者的人格のなかに集約され，その提言によって醸成され拡大されつつあったのである。『中華五十日游記』約550頁に盛り込まれた松本理論を受け止めた識者たちが，日華共存共栄の精神に立って行動を開始できていたならば，あれほどに大きな犠牲を払うことなく両国の繁栄をもたらすことができたに相違ない。

　松本亀次郎は『游記』刊行当時65歳，その人格において，実績において，留日学生を含む日華両国の識者に充分認められる存在であった。現象面では自ら創設した東亜高等予備学校を政府に買収された形で「教頭」職に甘んじたが，宏文学院，京師法政学堂以来営々として築いた彼の経営実績と交際範囲は，中国人留学生教育の大御所としての風格を形成し，松本理論を敬仰する者は国境を越えて存在していたとみなければならない。最後に「松本文庫」に保管されている「手帳」類に記されているメモのなかで，筆者の目に止まった一文を紹介しておこう[55]。

　「満州と対する様なやり方では50年を出でずして支那に反撥せらる……開発・文化教育は支那人に任せよ。日本が手出しても共にやるべし，おれがやらなければ駄目といふのが日本人なり。□□の□からも資源開発をやらう料理せようといふ我武者ら多し。後の工作はいつも失敗，急進は禁物………やがては支那人に馬鹿にせらるる時あらんを怖る。」

　「戦争はこれからだといふ……五年十年二十年三十年続くものと考へざれば不可なり……憂慮すべきなり……」

昭和10年代は親善論者松本亀次郎にとって受難の日々であった。外では日中戦争，内では息子や妻に先立たれた。その苦渋のなかで，詩を詠じ，留学生教育を回顧していた。本章においては，『游記』の内容に関する大筋を紹介しながら，日華共存共栄論の意義を明確にした。

注

1) 静岡県小笠郡大東町（現掛川市）に松本亀次郎顕彰碑が建立され，その除幕式が挙行されたのは1985（昭和60）年3月30日，碑文の揮毫は作家井上靖氏（静岡県出身），胸像は彫刻家松田裕康氏（日展委嘱）の作である。なお，筆者も招待をうけた。
2) 松本亀次郎「隣邦留学生教育の回顧と将来」（『教育』第7巻　第4号　特輯「興亜政策と教育」岩波書店，1939年，p.53）参照。
3) 汪向栄「中国人留学生の良き教師」『人民中国』1980年，pp.26-27，の末尾に「中国人民はこれまでの友人を忘れたことがない。松本亀次郎氏の思い出は永久にみなの心に生きている」と刻まれている。
4) 拙稿「教育者松本亀次郎に関する一考察」（『鹿児島女子大学研究紀要』第3巻，1982年，pp.111-128所収）および同「戦前日本における中国人留学生教育――東亜高等予備学校を中心として――」阿部洋編著『日中関係と文化摩擦』1982年，pp.159-207所収，において概観し，拙稿「（研究ノート）松本亀次郎の中国認識」『鹿児島女子大学研究紀要』第13巻，1992年，pp.243-265所収および同「東亜学校と松本亀次郎――戦時下の動向を中心として――」（『国立教育研究所紀要』第121集，1992年，pp.185-197所収）等で補足している。
5) 松本亀次郎『中華五十日游記』緒言，東亜書房，1931年，p.1
6) 『游記』本文，p.1
7) 同上書，p.227
8) 東亜書房の在所は「中華民国留日基督教青年会前」（東京市神田区西小川町1丁目9番地）となっている。
9) 『中華教育視察紀要』松本亀次郎『中華五十日游記』附，pp.1-6
10) 松本前掲書『游記』本文，p.1
11) 同上書，p.5
12) 同上書，p.29
13) 同上書，p.44
14) 同上書，p.79
15) 同上書，p.129

16) 同上書, p. 149
17) 同上書, p. 178
18) 同上書, p. 195
19) 同上書, p. 197
20) 同上書, p. 205
21) 『視察紀要』p. 6 以下所収の「視察各学校要録」による。
22) 同上書, pp. 64-68
23) 同上書, p. 55
24) 同上書, pp. 19-22
25) 同上書, pp. 36-41
26) 同上書, pp. 9-11
27) 『游記』pp. 39-44
28) 松本文庫(静岡県大東町北公民館)の登録番号あ―12の資料袋に保管されている。
29) 『游記』p. 42
30) 『視察紀要』pp. 116-117
31) 同上書, p. 118
32) 同上書, p. 119
33) 同上書
34) 同上書, p. 122
35) 同上書, p. 125
36) 『小史』pp. 84-85, pp. 89-90
37) 拙稿「戦前日本における中国人留学生の教育——特設予科制度の成立と改編——」『日本大学教育制度研究所紀要』第7集, 1976年, 3月, pp. 69-123 所収のなかに, 〔資料7〕中華民国教育視察旅行日誌(椎木真一記)および〔資料8〕龍山義亮氏の視察報告(1931年2月)として収録している。
38) 平野日出雄『松本亀次郎伝——日中教育のかけ橋——』静岡県出版文化会編, 静岡教育出版社, 1982年, p. 237 以下を参照。
39) 『小史』p. 74
40) 同上書, pp. 74-75
41) 同上書, pp. 75-76
42) 同上書, pp. 76-78
43) 同上書, pp. 78-79
44) 同上書, p. 73
45) 同上書, pp. 70-71

46) 前掲「松本文庫」の登録番号あ—13
「中華五十日游記寄贈者氏名」のうち判明分のみを記しておく。
頼慶暉・山口定太郎・数納義一・両角・砂田実・高橋君平・濱田武雄・中島・稲垣・中野寄宿舎の学生・牧野・城慶次・椎木・龍山・奥田・方・勝部二三・松井栄・神谷宏平・高仲善二・岡部中佐・避黒□・奥田逸郎・染野圭吾・笹川欽蔵・小野・同仁会・幣原外務大臣・永井政務次官・坪上文化事業部長・三枝課長・田村・岩村・伊集院・安藤・牧野源一・富藤芳太郎・吉岡竹三・□清鑑・謝・杉栄三郎・小千万□□・平の□□・栗田峻・平松□平・平松伝□・渡辺昇・小松泰三・大阪□□・鬼塚・矢野外務次官・江戸外務□□官・汪公使・揚出納官・北村勝三・中田□郎・中谷□□郎……和田・松原駐在所・島田・秋山・山崎・内務省・学監・数納兵治・高伯援・中川義□・慈幼院一行・山之井格太郎・内堀維文・武藤山治・安部磯雄・与謝野晶子・成行・幸田露半・和田萬吉・賀川□□・島乃才次・李文権・朱葆勤・信夫淳平・井上孚麿・松浦陸三（以下不明）
47) 前掲「松本文庫」登録番号　あ—573
48) 同，登録番号　あ—566
49) 同，登録番号　あ—569
50) 同，登録番号　あ—563
51) 同，登録番号　あ—570
52) 澤地久枝『昭和私たちの同時代史』NHK人間大学テキスト，1994年，pp. 18-28参照。
53) 平野前掲書，pp. 247-254
54) 前掲「松本文庫」所蔵
55) 同　登録番号　あ—19。昭和13年版日記帳に記載されている。

『鹿児島女子大学研究紀要』第16巻，第1号，1994年7月

第7章

佐賀師範在職時代の松本亀次郎

はじめに

　中国人日本留学育ての親とされる松本亀次郎については，最近中国側で高い評価を与えられたこともあって，日本でも本格的研究がはじめられるようになった。筆者は，日中文化交流史に関心をもちはじめて約10年になるが，松本については東亜高等予備学校[1]の創始者ということで，早くから注目してきたものの，全生涯をとらえて考察したものではなかった。教育史研究にとって，原史料の発見という仕事は重要な問題である。たまたま，1981年夏，教育史学会が静岡大学で開催されるというので，折角だから，松本の出身地・静岡県小笠郡大東町(現掛川市)を訪問してみようと思い立った。このことが実によい結果をもたらしたのである[2]。

　松本亀次郎の生家には，彼の蔵書や手書きの原稿等がそのまま保存されていた。松本は1945年9月つまり日本の敗戦を郷里で迎えて1カ月後に他界しているが，その後彼の生家は荒れるにまかせて放置されていたようである。無論，彼の供養を兼ねて，七年忌にあたる昭和26(1951)年には地元の高等学校で教師をしていた増田実氏によって『松本亀次郎先生伝(郷土教育資料)』が出版されており，昭和41年には養嗣子である松本洋一郎[3]氏の手で亀次郎(号鶴峯)が詠じた「もろ羽張り鶴のそら飛ぶ姿かなたかま神山又の名鶴翁山」という歌を刻みこんだ石碑が地元の高天神の参道に建立されていて，身近かな人たちに

第7章 佐賀師範在職時代の松本亀次郎　103

とっては彼は偉大な存在だったことがわかる。しかし，没後35年間，彼の果たした功績はほとんど顧みられることなく，生家のなかに眠っていたことになる。

　日中復交10周年というわけで，最近とみに両国の交流が盛んとなり各地で友好関係が結ばれている。静岡県でも浙江省との間に昭和57年4月20日友好提携調印式が挙行された[4]。実は，この友好親善関係をすすめていく過程で，中国の方から松本亀次郎の偉大な功績が伝えられ，彼の出身地でも大あわてで研究が始まったのだという。筆者が大東町を初めて訪問したときは，松本の生家に眠っている資料はまだそのままの状態であり，増田実氏（大東町北公民館長）みずから案内していただき，町の公用車で松本家の墓参や関係者訪問等を含め1泊2日の調査を実施することができた。その成果をふまえて，口頭発表（教育史学会第25回静岡大会）や論文[5]をまとめることができたのである。幸い，地元ではその直後松本関係資料の整理作業が県立中央図書館の手で本格的に着手され，平野日出雄氏の手によって単行本にまとめられた[6]。資料は約4,000点にのぼり，松本の生家の近くにある大東町北公民館（現掛川市立大東図書館）に松本亀次郎コーナーが設置され，みごとに整理保存されている。

　本章では，佐賀師範学校在職時代の松本亀次郎に焦点を合わせ，彼の思想形式に注目してゆくが，その際，上記松本コーナー収蔵の関係資料を基本とすることはいうまでもない。

1　佐賀師範学校と松本亀次郎

　松本亀次郎が三重県から佐賀県へ異動してきたのは明治33年10月26日と記されている[7]。これより同36年3月までの約2カ年半が佐賀時代となる。松本は第1回文部省中等教員検定試験国語科に合格して師範学校の教師になったわけだが，母校である静岡師範から三重師範に移り，続いて佐賀師範に転じたのであった。前2校における彼の動静はほとんど知られていない（記録に残

っていない）が，佐賀については前掲増田氏の著作のなかにも既にその片鱗が伝えられている。今回の史料発掘で，当時の様子が松本の直筆でもって示されるようになった。以下，従来の研究成果に原史料を加味しながら佐賀時代の松本亀次郎について考察したい。

本論に先立ち，まず，松本亀次郎の前歴を簡単に記しておく[8]。彼は，1866年（慶応2年2月18日）静岡県小笠郡土方村上土方嶺向（現大東町）に父市郎平（文政9年生）・母みわ（天保6年生）の次男として生まれた（長男夭折のため戸籍上は長男として家督を継いでいる）。父は木挽職で朴直な人だったという。8歳のとき寺子屋宗源庵に入り，学制頒布の翌年（明治6年10月）嶺村の長寿庵に開校された嶺学校に第1期生として入学している。12歳にして訓導を補佐する授業生（西洋の pupil teacher に相当する）にあげられた。14～17歳の頃は中村

表 7-1　佐賀県師範学校卒業生出身地別分布
——松本亀次郎在職期間——

(人)

卒業回別 \ 出身地別	佐賀市	佐賀郡	小城郡	神崎郡	杵島郡	西松浦郡	東松浦郡	藤津郡	三養基郡	計
第14回 1901年3月卒業	1	1	4	4	3	3	3	2	1	22
第15回 1902年3月卒業	1	5	4	2	6	3	5	5	4	35
第16回 1903年3月卒業		5	8	3	8	3	3	2	2	34
第17回 1904年3月卒業		4	3	2	7	6	5	6	6	39
第18回 1905年3月卒業		12	7	2	4	4	2	3	5	39
第19回 1906年3月卒業	2	1	6	4	4	2	5	4	4	36
計	4	28	32	17	36	21	23	22	22	205

出所：「佐賀県師範学校卒業生名簿」（同校『創立三十年志』1915年　pp. 221-223 所収）より作成。

小学校・大坂小学校等で代用教員を勤める。明治17年9月静岡師範学校2年前期に編入学，同21年4月静岡県尋常師範学校を卒業した。在学中森有礼の学制改革に遭遇している。明治21～30年は訓導・校長として静岡県内の小学校に勤務するわけだが，その間東京高等師範学校の試験生に合格，一時上京するも病をえて退学帰郷した。かくして前述のとおり，中等学校国語科教員免許状を取得して静岡・三重・佐賀の各師範学校教諭となるわけである。

さて，佐賀師範学校時代の松本亀次郎であるが，「……覇気のある学生が大勢お宅へおしかけ食事を共にし，談論風発徹宵したことも屢々であった………」[9]という。ちなみに，佐賀師範在職時代に彼の薫陶をうけた生徒を「卒業生名簿」からとり出してみると約200名にのぼるようである。表3-1は卒業生を年次別・市郡別に整理したものである[10]。この他に卒業できなかった人たちも若干いるであろう。教え子たちが遺した史料のなかに松本についての記録があるかも知れない。今後の研究課題としたいところである。原史料（大東町北公民館所蔵）のなかには生徒の成績（採点表）等も含まれている。

ここで，『佐賀』新聞所載の関係記事[11]を紹介しておきたい。

○1901年5月4日　師範学校の御降誕奉祝式本県師範学校にては明5日御降誕奉祝式を挙行し同校教諭松本亀次郎氏の作に係る左の奉祝歌を合唱するはずなり　尚同歌は小学校にては「春の弥生」の譜に合せて可なるべしとのことなり

・春のみやまの若松に，ふぢむらさきの咲きしより，千代の若竹いとはやも，おひいでぬるこそめでたけれ
・御裳濯川のみづ清く，ながれ絶えせぬ君か代の，いよゝ栄ゆるみいはひを，いざほぎまつれ諸共に
・そらには鶴の千代をよび，淵にはかめのおどりつつ，内外の国のくさも木も，色にいでてぞいはふなる。

○1901年7月18日　県立学校教員上京…………師範学校教諭松本亀次郎氏は帝国教育会夏期講習会入会の為め………上京を……命ぜられたり。

少壮教員として松本亀次郎に寄せられていた期待の大きさをここに知ることができる。以下佐賀師範在職時代の活躍の様子を逐次考察してゆきたい。

2　1902年の修学旅行

松本亀次郎の直筆になる史料のなかで，まず筆者の目を惹きつけたのは，1902年4月実施の佐賀県師範学校（男子部第2学年）修学旅行に関する報告書（下書き）であった。その一部を記してみる。旅行は8泊9日で，参加生徒数37名，引率職員2名となっている。

（4日）午前7時校門ヲ発シ神崎町を経　筑後川ヲ渡リ久留米ニ着シ……投宿ス

（5日）久留米ヲ発シ筑後川ヲ渡リ宮之陣原田二日市水城村ヲ経太宰府町ニ着シ……投宿ス

（6日）早朝太宰府神社ヲ参観シ午前六時太宰府町陶山古川両家聯合ノ展覧会ヲ参観シ七時太宰府神社ニ参拝シ一同神酒ヲ賜ハリ文書館威徳寺ノ古書□及教育展覧会ヲ参観ス　午前十時ヨリ太宰府末社宇美八幡香椎神社名島筥崎博多ヲ経　福岡ニ着シ……投宿ス

（7日）福岡市滞在

（8日）福岡市ヲ発シ今宿前原ヲ経，芥屋ヲ迂回シ深江ニ到リ……投宿ス

（9日）深江ヲ発シ子負ノ原　玉島村　浜崎　虹松原等ヲ経　唐津ニ着シ……投宿ス

（10日）唐津町ヲ発シ波多村等ヲ経　伊万里ニ着シ……投宿ス

（11日）伊万里ヲ発シ有田町ヲ経　武雄ニ到リ……投宿ス

（12日）武雄町ヲ発シ北方，山口，佐留志　牛津，久保田ヲ経テ　午後八時帰校ス

佐賀を出て数カ所を巡る延々65里にわたる行程を徒歩で旅行したわけである。教育はもとより，地理・歴史・農業・商工業に至る諸分野の調査を主目的としていたことがわかる。おそらくは動植物や鉱物の標本を採集したり，名所旧跡

の故事来歴を確認したり，産業の規模を視察したりしたのであろう。この種の企画はたいていの学校で実施していたようだが，当時の修学旅行の実際を知る上で，松本家遺品として保存されているこの資料は，教育史上貴重なものといえるのではないだろうか。

3　佐賀県方言辞典の編纂

　松本亀次郎は校長江尻庸一郎の信任厚く各方面に活躍の場を与えられたが，なかでも『佐賀県方言辞典』の編纂に従事したことは彼の後半生に大きな影響を与えたようである。ちなみに，江尻はかつて静岡師範・静岡中学にも在職したことがあり，松本を佐賀に招聘するに当っては旧知のよしみで江尻が尽力したといわれる。江尻は佐賀県教育会(教職員団体の会)の会長を務めていたが，この会で佐賀県の方言を収集し辞典として編纂することが企画された。松本亀次郎は佐賀中学の清水平一郎と共に辞典編纂の大任を引き受けたわけである。1901年11月17日付『佐賀』によれば，「佐賀県教育会評議員会……昨夜午後2時から師範学校講堂に於て開会されたり江尻会頭は開会を令し……方言調査の件は各郡より提出の材料に就き委員にて調査中なれば多分十二月中には脱稿の運びに至るべし其の上は印刷に附し需要の向へは実費にて之れに応ずるはずなり云々との報告をなし……」という。

　続いて，同年12月28日付の記事には次のようにある。「佐賀県方言辞書中学校教諭清水平一郎師範学校同松本亀次郎の二氏は本県教育会の委嘱に依り各支部より集りたる方言集十数冊の内より一定の標準に基き今春来専ら方言辞書編纂中の処今般大署□了に付一冊百五十頁乃至二百頁此価三十銭乃至三十五銭の見込にて予約出版せん筈なり希望者は明年一月十五日迄に支部会へ申込みある可しただし出版期限は同年三月末日迄なり尚ほ同会にては不日訛音転成の法則品詞の性質及其応用等を説明せる語典[12]を出版せん見込なりと」

　実際に刊行された日付をみると明治35年6月15日となっている[13]ので，

予定より少し遅れたようだが，佐賀県あげての出版物として期待をよせられていた様子がこれよりわかるのである。

　ちなみに，ここで全国における主な方言辞典等の刊行状況を概観しておきたい[14]。明治期全体では約40点に及ぶ編纂がなされており，うち，明治35年までに刊行されたものは次の20点である。

　　○武井水哉『津軽方言考』明34
　　○斉藤大衛・神正民『津軽方言集』明35
　　○内田慶三『米沢言音考』明35
　　○稲敷郡教員集会『茨城県稲敷郡方言集』明35
　　○田中勇吉『越佐方言集』明25
　　○石川県教育会『石川県方言彙集』明34
　　○福田太郎『若越方言集』明35
　　○小山珍事堂「松本地方々言」(『風俗画報』明29)
　　○飯島嬉英「小県郡方言」(『風俗画報』明30)
　　○吉田時「甲斐方言」(『人類学会雑誌』明20)
　　○加納英次郎「甲斐国方言」(『風俗画報』明29)
　　○大阪府保育会『幼児の言語』明32
　　○多屋梅園『田辺方言』明20
　　○島根県教育会『出雲言葉のかきよせ』明21
　　○福岡県教育会『福岡県内方言集』明32
　　○佐賀県教育会『佐賀県方言辞典』明35
　　○土肥健之助『大分県方言類集』明35
　　○日高真実「日向国高鍋方言考」(『人類学会雑誌』明32)
　　○沖縄県学務課『沖縄対話』明13
　　○仲本政世『沖縄語典』明28

明治期全体となれば，以上の倍近い数の方言研究が刊行されることになるが，『沖縄対話』を除けば，明治20年代ようやくそのきざしがみえはじめ，明治

30年代に本格化する様子が窺えるのである。『佐賀県方言辞典』については，「日本でもっとも早い時期の方言の収集と編纂である[15]」とされ，これに着目した上田萬年も東京帝国大学文科大学国語国文学教授としての立場から，辞典編纂上の助言を与えている。残念なことに松本たちのところに届いたのは原稿が印刷にまわる段階で，作業的には間に合わなかったが，研究上の指針とすべく，辞典の冒頭に全文印刷されている。

県教育会レベル[16]で進められた方言研究の草分けとしては，上記のとおり，島根・福岡・石川に続いて佐賀が四番目である。このあと，茨城が明治37年，鹿児島と京都が同39年，青森40年，静岡43年と続いて大正期に移行しているようだが，このように通観してみると，佐賀県方言研究はやはり全国の草分け的存在だったことがわかるのである。日本語の科学的言語学を樹立しようとして先駆的働きをした学者の1人上田萬年は，方言蒐集に際しつぎのような留意点をあげている[17]。①一地方若くハ一村落ニ於てのミ使用せらるゝ方言若くハ存在する物名　②士農工商の段階中その一階級にのミ使用せらるゝ方言若くハ存在する方言的特質　③男子若くハ婦人老人若くハ児童の間ニのミ使用せらるゝ方言若くハ方言的特質　④往昔盛ニ使用せられたれども今日ハ既ニ消滅ニ帰し若くハ帰しつゝある方言　⑤近来新ニ発生したる方言，この他，同名にして異物も往々あるので，物名等には挿図を入れて誤解のないようにしたいと強調する。

「方言の滅却は古文書，遺跡等の残欠と同じくこれを惜まざるをえず。然りといへども，一地方にのみ行るゝ奇僻の方言は，たとひ如何に立派なる語源を有するも，如何に規則正しき転訛なるも，他地方の人に通ぜざれば，言語の本分たる思想交換の用をなすこと能はざるを如何せん。………況んや小学校に於ては普通の言語を使用せしむる法規なるに於てをや」[18]これは編集者松本亀次郎・清水平一郎の2人が『佐賀県方言辞典』のなかで行っている提案の一節である。方言研究を通して，松本は国語教育に対する新たな認識をもったにちがいない。

4 国語研究に関する識見

　松本亀次郎の直筆になる原史料のなかで，次に取り上げてみたいのは，明治35年頃に書いたと目される意見書である。題して「教授実験ノ結果国語教育完成上将来ノ尋常及高等小学校国語教科書ノ編纂ニ対スル希望」とあり，佐賀県師範学校用紙に下書きし推敲を加えている跡が残っている。以下意見書の内容を記してみる。

1. 文字，文章，仮名遣ヒ，句読法等ニ関シテ希望スルトコロ左ノ如シ
    - ㋑　文字ハ仮名ヲ主トシ大ニ漢字ヲ節減スル事
    - ㋺　句読法及仮名記載法ヲ一定シテ仮名綴リ文ノ発達ヲ図ル事
    - ㋩　仮名ヲ其ノ本分ノ音ニ読マズシテ他ノ音ニ転読スルモノハ一定ノ符号ヲ付スル事
    - ㊁　耳遠キ漢語，口語及生硬ナル新熟語ヲ教科書ニ使用スヘカラサル事
    - ㋭　文体ハ口語体ヲ主トシ之ニ普通ノ時文体ヲ交フルノミニテ　其ノ他従来ノ教科書ニ散見セル諸種，文体ハ一切収用スヘカラサル事
    - ㋬　書簡文其ノ他日用慣行ノ特殊文体ハ宜シク口語体及普通ノ時文体ト一致セシムヘキ事
2. 国語科万能主義ヲ廃シテ地理歴史理科等ノ実科教授ハ国語科ヨリ時間ヲ分立スル事
3. 教科書ハ各府県ニ於テ編纂スル事

〜以下略〜

　以上を要約すればつぎのようになるであろう。
　第1は，文字・文章・仮名づかい・句読法等に関して，表音的仮名づかい・口語体を基本とし，漢語や古語や新しい熟語等はあまり使わない，ということである。
　第2は，国語科万能主義を廃して地理歴史理科等の実科教授は国語科から切り離すこと，つまり，国語科は形式教授を主とし内容教授を副として教授でき

るように教科書を編纂した方がよいということである。

　第3は，教科書編纂部を各府県の師範学校に設置して，その土地土地に適切なる教科書を編纂せしめ，検定の上使用させてはどうかという提案である。

　方言研究を通して師範学校教諭としての力量を磨き，いよいよ自信をつけた松本の抱負をそこにみる思いがする。周知のごとく，わが国の教科書制度は明治35年の教科書事件を契機にして従来の検定制度がくずれた。これに教育の国家的統一の思想が輪をかけることになる。松本理論は丁度その前夜ないし渦中にまとめられたことになるわけで，今後大いに注目さるべきところと考える。残念ながら，起草年月日がわからず，どこに提出したものかも不明である[19]。国語学上の意義について専門家に吟味し直してみる必要もありそうである。筆者はしかし，佐賀師範在職時代の松本理論を示す貴重な史料としてここに紹介してみたい。起草時点は一応，辞典編纂終了の明治35年としておく。

5　女子教育に関する識見

　国文法を中心に語学の力量を培っていた松本亀次郎が「佐賀師範一の文章家としてしばしば文章を書かされ」[20]ていることは想像に難くない。1901年11月14日の稿とされる「(佐賀県女学校) 創立主意書 (案)」もその一例であろう。おそらくは佐賀県教育会あたりの意を体して起草されたものと目されるが，そこに，松本の女子教育に関する識見を加えていることはいうまでもない。以下，松本家遺品 (原本) を判読しながらその一部を紹介しておきたい。

　　女子ハ一家繁栄ノ基礎社会平和ノ天使国家文明開運ノ貢献者ナリ　女子ニシテ適当ノ教育ナケレバ一家ノ繁栄得テ望ム可カラズ…………我ガ佐賀県ノゴトキモ本年始メテ一ノ県立高等女学校ヲ設立セラレタリト雖志望者ノ数ハ極メテ多ク又其ノ目的トスル所モ多岐ナレバコレヲ一校ニ収容スルコト能ハザルハ勿論整然タル教則ノ下ニ較一ナル教育ヲ施サンハ志望者ノ目的ニ齟齬

スルモノアルヲ如何セン　本校茲ニ見ルトコロアリ　本科技芸科教員養成科別科ノ四分科ヲ設ケテ普ク此等多数ノ志望者ヲ収容シ且ツ各其ノ志ス所ノ目的ヲ満足セシメ　以テ本県女子教育ノ欠坎ヲ補ハント欲ス

　顧ミルニ本県嚮キニ実習　佐賀ノ両私立女学校アリ　共ニ多数ノ生徒ヲ養成シテ本県女子教育ノ為貢献セシ所ナリキ　然リト雖時勢ノ進運ハ更ニ設備ノ完全ト組織ノ改善トヲ促スコト急ニシテ二校分立ノ小規模ニ安スル事能ハズ　是ヲ以テ従来二校ニ関係セル諸子自ラ時勢ヲ達観シテ二校合併ノ議ヲ提出シ普ク諸有志ノ協讃ヲ求メテ更ニ其ノ規模ヲ拡張シ其ノ基礎ヲ鞏固ニシテ一層完全ナル女学校ヲ設立セント欲シ………是レ本校ノ創立ヲ見ル所以ナリ

　抑女子教育ノ事タル古今其ノ宜シキヲ異ニシ東西其ノ軌ヲ一ニセザルモノアリ………将来ノ女子教育ハ東西相折衷シ古今相参酌シテ長ヲ取リ短ヲ補ヒ陋ヲ去リ美ニ就キ東洋ノ女徳ト西洋ノ婦功ト相兼ネ相養ヒ内ニ在リテハ賢妻良母トシテヨリ室家ノ和楽子女ノ栄達ヲ企図シ外ニ在リテハ淑女賢婦人トシテヨリ社会風儀ノ維持者トナリ且ツ国家ノ一員トシテハ適当ナル技能ヲ習得シテ優ニ男子ニモ劣ラザル国富ノ培養者トナリ文明ノ貢献者トナラシメザルベカラズ

　…冀クハ四方有志ノ諸彦幸ニ微衷ノ存スル所ヲ諒察シ県下ノ女子教育ヲシテ完備ナラシメンカ為メ将国家ノ文運ヲシテ愈隆昌ナラシメンカ為メ奮テ協賛ノ意ヲ寄セラレンコトヲ（其教科及ビ諸規則ノゴトキハ別紙コレヲ詳ニセリ請フ幸ニ一瞥ノ労ヲ惜ムコト勿レ）

　上記文案に示される如く，他府県に遅れをとるまいという佐賀県教育界の意を体しつつ，古今東西の見地に立って女子教育の在るべき姿を明確にしてゆく松本の態度がにじみ出ている。

　周知のように，全国レベルでは，明治32年に高等女学校令が制定されており，34年に施行規則，36年に教授要目を定めたあと，43年に実科高等女学校を認めるという法令上の変化がみられる。そして，佐賀県では明治34年に県立高

等女学校が創立されているが，これより，われわれは，その前身が実習女学校と佐賀女学校を合併した形で発足したことを知るのである。佐賀県教育史の研究にはまだふみこんでいないために，筆者にはまだ，その由来，その後の経過について分析する力はないが，この史料を通して地方の教育形成力の表現をみることができる。女子教育に関する認識もそこに読みとることができるのである。

むすび

　松本亀次郎は第一期中国人日本留学史のなかの日本語教師の中心人物とされている[21]。魯迅や周恩来も彼の教え子であった。宏文学院・京師法政学堂・東亜高等予備学校とつながる一連の学校を拠点にして，中国人たちに日本語をいかにわかりやすく教授するかを熱心に探究した教育者であった。筆者は日中文化交流史の研究を進めるなかで彼に出合い，彼に惹かれてきたが，今回，生家に眠っていた自筆の史料に接する機会をえたので，先ず，中国人留学生教育に従事する前段階に限定し，しかも佐賀師範在職時代を中心に史料紹介をしてみた。松本にとっての佐賀時代は，先述のとおり，方言研究を契機に日本語教育への造詣を深めたことで国語学界に認められた時期である。彼が嘉納治五郎の宏文学院[22]に招聘された原因も佐賀師範在職時代の精進の結果であった。彼は，このあと，中国人に対し日本語を教える仕事を通して，日中両国の文化交流に不滅の業績を残した。中国各地には彼の影響をうけた人たちが多数居るのである。

　ちなみに，彼が日本人教習として北京の京師法政学堂[23]に招聘されたのは明治41年であり，革命後帰国して後，自ら東亜高等予備学校を東京神田に創立したのであった。

　出身地静岡県大東町の北公民館に保管されている松本亀次郎関係の原資料は，今後多方面から分析される必要があろう。没後38年，彼の業績が日中両国か

ら評価されはじめたのである。彼こそは，まさに，時代を超え，国境を越えて生きぬいた教育者であったといえよう。

注

1) 拙稿「戦前日本における中国人留学生教育――東亜高等予備学校を中心として――」阿部洋編『日中関係と文化摩擦』厳南堂書店，1982年，pp.159-207所収を参照。
2) 拙稿「中国人日本留学育ての親・松本亀次郎」『朝日新聞』1981年11月18日付文化欄・研究ノートを参照。
3) 「松本家系図」によれば，松本洋一郎氏は亀次郎の姉中谷けいの長女きんの次男神谷孝平の長男にあたる。亀次郎の長男操一郎死去の翌年（1942年5月）に養子縁組をされた。
4) 静岡県広報課『静岡県　浙江省友好提携調印の記録』1982年を参照。
5) 拙稿「教育者松本亀次郎に関する一考察」『鹿児島女子大学研究紀要』第3巻第1号，1982年3月，pp.111-128所収を参照。
6) 平野日出雄『松本亀次郎伝』1982年
7) 『佐賀』1900年10月26日付の記事。
8) 「松本亀次郎氏経歴」外務省文書『東亜学校関係雑件』第1巻所収その他に基づいて記述したが，このたびの原史料発掘で高師進学に関する点等が明確にされた。平野前掲書，p.126以下を参照。
9) 増田実『松本亀次郎先生伝』p.14
10) 佐賀県師範学校『創立三十年志』（1915年10月17日発行）所載の「卒業生名簿」によれば，第14回（明治34年3月卒）石井安次郎以下22名，15回今泉勝次以下35名，16回石井孝次郎以下34名，17回弥永徳次以下39名，18回石田登一以下39名，19回（明治39年3月卒）石橋新作以下36名といった人たちが松本亀次郎の教えをうけたと予想される。詳細は九州教育学会長崎大会での口頭発表の際配布資料として示した。
11) 佐賀大学教育学部生馬寛信氏提供による。
12) 明治36年刊行の清水平一郎『佐賀県方言語典一班』がこれに当たると思われる。
13) 『佐賀県方言辞典』出版の際に寄せられた上田萬年（東京帝国大学文科大学教授）の序文は「明治35年2月」となっている。
　　なお，本書は昭和50年（1975）2月，国書刊行会より復刻された。

14) 佐藤喜代治編『国語学研究事典』明治書院，1977年による．
15) 平野前掲書，p.166
16) 府県の師範学校で編纂しているものをこれに入れた．
17) 『佐賀県方言辞典』の序文．
18) 同上書所収の「方言改良の方案」．
19) 提出先が不明である理由のひとつとして，教科書事件が考えられる．教科書国定化の波紋は多くの中小出版社に及ぶが，後年，松本が宏文学院で同僚の力をえて編纂した『言文対照漢訳日本文典』の場合も，出版の動機がこの事件に若干の関係を有することを付記しておきたい．松本亀次郎「隣邦留学生教育の回顧と将来」〔『教育』7-4　岩波書店，1939年，p.540以下〕のなかに説明がある．
20) 平野前掲書，p.168
21) さねとうけいしゅう「松本先生と周恩来青年」『中国留学生史談』p.339～による．
22) 蔭山雅博「宏文学院における中国人留学生教育——清末期留日教育の一端——」『教育史学会紀要』（日本の教育史学）第23集　1980年，pp.58-79所収を参照．
23) 北京時代の松本については，拙稿「京師法政学堂と松本亀次郎」と題して近刊予定の論文集『日中教育文化交流と摩擦——戦前日本の在華教育事業——』第一書房に収録の予定である．

〔解説〕　本章は，九州教育学会第34回大会（1982.11.20 於長崎大学）における口頭発表の草稿「松本亀次郎研究——佐賀師範在職時代を中心に——」をもとに作成した．史料収集にあたり協力を賜わった静岡県大東町北公民館および佐賀大学教育学部生馬寛信氏に厚く御礼申しあげる．

『九州教育学会研究紀要』第10巻，1982年，pp.63-70

第8章

京師法政学堂の日本人教習

はじめに

1900年代，中国人の日本留学をもって再開した文化交流は，日露戦争後さらに発展し日本が中国近代教育制度のモデルとして位置づけられてゆく。京師法政学堂の創設はその典型と目される1件であった。明治初期の日本がモデルを欧米先進国に求め，片や留学生派遣，片や外国人招聘と政策を立てて急速な近代化を図ったように，かつては中国文化の受容国であった日本から，西洋化への台本を中国がとり寄せるというわけで，日中関係はここに新たな展開をみることになる。それは，日本人教習の招聘という形で実現し，日中文化交流史[1]に新たな一頁が刻まれるのである。

本研究においては，1906 (明治39・光緒31) 年末の章程に基づいて開学した京師法政学堂の成立経緯を概観した後，そこで教鞭をとっていた日本人教習の群像を明らかにすることをねらいとしている。

1 京師法政学堂の成立

1899年の義和団事件は，清国に警醒を与え，自強の策を講ずるには，学堂を興し，国民に新教育を施すことが再急務であると自覚させた。それ以前にも，新法に基づいた学堂の設立もみられたが，その存在は小さく，大方の学生は，

旧来の方法により科挙試験に応ずべく経史の訓詁釈義を学んでいたわけである。ちなみに，北京の同文館はその頃中国唯一の新しい学堂と目されるが，その教科は主に外国語を課するだけで学生数は微々たるものであったという[2]。

同事件中閉鎖されていた京師大学堂へ管学大臣として張百熙が派遣され，彼を中心に教育の刷新ひいては清朝政治改革への方向づけが模索されはじめた[3]。張百熙が構想する近代的大学は，1901年の上諭によると，国子監＝京師大学堂＝同文館を一本化するもので，欧米や日本の成法をそこに採用し，国家の富強，人材の養成，学理の応用，学校の改革といった維新派の思想が据えられていた。これらの原理を盛り込んだという「欽定学堂章程」は日本の「学制」(1872)に匹敵するといわれ，中国に初めて近代教育制度を発足させるという画期的意義を有する。

さて，諸外国のなかで宜しく範とすべきは日本である，という認識から，新学制実施の中枢となるべき人選が日本外務省に委嘱された。当初，京師に大学予科ならびに仕学館・師範館を創設すべきことを奏請したのだが，これに基づき，日本から派遣されたのは，仕学館正教習に巌谷孫蔵，副教習に杉栄三郎，師範館正教習に服部宇之吉，副教習に太田達人で，1902年9月，4人は北京に着任している。着任当時，開学準備中で，入学試験施行も巌谷らの手で進められた。仕学館の入学者は現任官吏中より試験を経て許可された者70名，聴講生約30名である。これら約100名の学生に日本の帝国大学法科の科目に等しい内容を授けることになっていた。

欽定学堂章程に基づく新しい学制の実施については，しかしながら，複雑な政治状況を反映し，仕学館そのものが組織改革を余儀なくされる。すなわち，清朝では，洋務派官僚の雄，張之洞を栄慶並びに張百熙と会同させ，上は大学堂から下は蒙養院に至るまで，中国全土の学堂に関する詳細な規定を設けることとなり，1903年5月上諭をうけて重訂起草にあたり，稿を7たびもあらためた上，数カ月もの討論を重ねて「奏定学堂章程」が頒布される。中体西用思想の濃い人材主義教育を掲げる張之洞の考え方と国民教育の普及を基底とする

張百熙の考え方とが総合された形で起草されたわけだが、全体的に、日本の学校制度に範を採り、中国の習俗や礼教を考慮しつつ、国民教育と高等教育の充実が期されていた。

この章程により設立されたのが進士館である。西域太僕寺街に新しく学堂を建て、進士館と名付けられ、従来の仕学館は大学堂から分離して進士館に附属させた。そして、巌谷孫蔵、杉栄三郎らは進士館に転任、丁度その頃、矢野仁一も着任している[4]。

巌谷は、日本と中国（清）とが風俗習慣思想等に共通点の多いことに鑑みて、中国の近代化を推進するためには日本法制をモデルにすることの有利を説いた[5]。中外法制調査局をつくらせ、修訂法律館、法律学堂の開設に対し援助を与えたのもそのためであり、法政の学を国家有用の学問だと主張し、法政学堂の構想を当局者に示したのもその故であった。予科で日本語を主に教え、本科では日本人によって法政に関する主要学科を教えるという巌谷の意見は、清国側の受容れるところとなり、1906年7月17日、学部は進士館弁法を変える擢のなかで京師法政学堂の設置を明らかにし、12月20日「京師法政学堂章程」を頒布し、翌年春、進士館の建物を用いて開学されたのである。

2　京師法政学堂の教育

大学堂の系統とは別に、仕学館を法政学堂、師範館を優級師範学堂としてそれぞれ独立させたわけだが、大学がまだ未完成であった当時、京師法政学堂は中国で最高の学府ということになる。したがって、学科課程もかなり高級で進歩したものであった。以下、簡単に同校の教育内容を説明してみよう。

章程第1章の「立学総義」によれば、京師法政学堂の宗旨は「造就完全法政通才」とある。すなわち、法政に通じた行政官養成が目的で、修業年限は5年（予科2年・正科3年）、正科は政治門と法律門にわかれ、この他に、別科（3年）と講習科（1年半）が置かれた。

予科の入学資格は年齢20〜25歳で，品行端正・体質堅実，中（国）学具有の者とあり，定員は毎年200人である。学生の選抜推薦については，各省に通達を出し，原則として，大省12名，中省10名，小省8名を選送することにした[6]。別科は35歳以下で国文の力が確かな者，定員100人とされた。講習科は1年半の速成教育をめざしている。

学科課程は表8-1〜4に集約される。予科では，人倫道徳・中国文学・日本語・歴史・地理・算学・理化・体操を両年に配し，2年目に論理学・法学通論・理財原論をこれに加えた。注目すべきは日本語で，1年次に17時間，2年次に14時間を割いている。正科に進むと，政治門と法律門にわかれるが，両門共，全学年共通に，人倫道徳・皇朝掌故・大清律例・民法・刑法・英語・体操が組まれている。別科・講習科は，眼前の要求に応ずるための速成科的性格を有するが，ここで注目すべきは，別科のカリキュラムが発足時の2年後（1908年）に大幅な改定をみていることである。1907年段階では日本語の学習が組まれていたのに，翌々年には姿を消し（随意科目として枠外に置かれ）ている点はその最たるものであろう。速成主義の立場から中国人教師が授業を担当したことも考えられる。

それでは，京師法政学堂の教育は，どのような教授陣の下で営まれていたのだろうか。日本人教習の1人松本亀次郎のメモにより，中国側の顔ぶれをみてみよう[7]。

監督：喬樹楠（学部左丞），教頭：林棨，教員：曹汝霖・章宗祥・陸宗輿・汪栄宝・范源濂・江庸・張孝杉・姚震・汪犠芝・曽彝進・黄徳章・夏燏時・朱紹濂

上記スタッフの詳しい履歴等については未調査であるが，そのほとんどが日本の帝大のほか，早稲田・慶応・中央・法政等有力私学に留学した人たちで，「隆々たる声望を有し官途に就きながら教授或は通訳を兼ねて居られた[8]」と松本は述懐している。林棨は早稲田の卒業生で，のちの満洲国最高法院長の要職につく人材であった。張孝杉も早稲田出身で，日本留学中は宮島大八の指導

をうけたが，宮島自身は少年の頃清に留学し，張の祖父・張濂卿に師事し中国語を学んだ本格派であった。日本語にに通暁した教授陣が日本から派遣された教習たちと協力し，清朝再興の切札というべき京師法政学堂等の教育に邁進するわけである。

次に，日本人教習の顔ぶれをみると，明治35年には，巌谷孫蔵・杉栄三郎が正副教習として着任した。2人共，法学界の代表的存在で，法政学全般に通暁していた。矢野仁一が入京したのは明治38年段階である。先述のとおり，京師法政学堂の発足はそれ以後のことになる。当時の記録をたどってみよう[9]。

○巌谷孫蔵（銀600元・住宅料45元）＝法政学教授，京都帝国大学法科大学教授・法学博士，明治35年10月契約，東京府出身
○杉栄三郎（銀360元・住宅料45元）＝公法経済学教授，検査官補，明治35年10月契約，岡山県出身
○矢野仁一（銀360～400元）＝政治史外交史政治地理科教授，東京帝国大学文科大学助教授，明治38年4月契約，山形県出身
○小林吉人（銀210～400元）＝日本語教授（論理学及日本語），明治40年5月契約，熊本県出身
○井上翠（銀180～200元）＝日本語教授，東京府立第一中学校教諭，明治40年9月契約，兵庫県出身
○松本亀次郎（銀180～200元）＝日本語及日本文教授，佐賀県師範学校教諭（兼舎監），明治41年3月契約，静岡県出身

表8-1　予科毎週課程表

学科＼学年	第1学年	第2学年
人倫道徳	2	2
中国文学	3	2
日本語	17	14
歴史	3	3
地理	2	2
算学	4	3
理化	2	2
論理学		1
法学通論		2
理財原論		2
体操	3	3
合計（時）	36	36

出所：「奏定京師法政学堂章程」第8条（多賀秋五郎『近代中国教育史資料・清末編』pp. 450-456所収）

○髙橋健三（銀400元）＝法学教授，判事，明治43年8月契約，大阪府出身

以上7名のほかに，石橋哲爾（早稲田大学文学科）が日本語教師として招聘された模様である[10]。

表8-2 正科毎週課程表

政治門				法律門			
学　科	第1学年	第2学年	第3学年	学　科	第1学年	第2学年	第3学年
人倫道徳	1	1	1	人倫道徳	1	1	1
皇朝掌故	2	2	1	皇朝掌故	2	2	1
大清律例	2	2	1	大清律例	3	2	2
憲　法	2			憲　法	2		
民　法	3	4	4	民　法	4	4	4
刑　法	2	3	2	刑　法	3	3	4
商　法		2	2	商　法	2	3	
行政法	2	3	3	行政法	3	3	
国際公法		3	3	国際公法		3	3
国際私法		2	2	国際私法		2	2
理財学	2	2	2				
財政学	2	2	2	中国法制史	2		
外交史			2	外国法制史	2		
政治学	2			刑事訴訟法		2	4
政治史	2	1		民事訴訟法		2	4
社会学	2			監獄学			2
統計学			2				
英　語	6	6	6	英　語	6	6	6
日本語	3			日本語	3		
体　操	2	2	2	体　操	2	2	2
合計（時）	35	35	35	合計（時）	35	35	35

出所：「奏定京師法政学堂章程」第9条，多賀秋五郎『近代中国教育史資料・清末編』pp.451-454所収

中国人教師が通訳を用いないで，なるべく日本語で直接に日本教習の講義を聴きえるようにしたい，というわけで招聘されたのが，小林・井上・松本・（石

表 8-3　別科毎週課程表

光緒32年(1906)12月開設時				光緒34年8月改定			
学　科	第1学年	第2学年	第3学年	学　科	第1学年	第2学年	第3学年
人 倫 道 徳	2	2	2	人 倫 道 徳	2	2	2
皇 朝 掌 故	2	2		大清会典要義	2	2	
大 清 律 例	2	2		大清律例要義	4	4	2
政 治 学	2			政 治 学	2		
法 学 通 論	2			法 学 通 論	2		
理 財 原 論	2	2		理 財 原 論	2	2	
憲　　法	2			憲　　法	2		
行 政 法	2	3	4	行 政 法		3	4
民　　法		3	5	民　　法	3	3	5
刑　　法	2	3	4	刑　　法	2		5
商　　法		2	3	商　　法		2	3
裁判所構成法		1		裁判所構成法		1	
国 際 公 法		3	3	国 際 公 法		2	4
国 際 私 法		2	2	国 際 私 法		2	3
財 政 学		2	3	財 政 学		2	4
論 理 学			2	弁　　学			2
世界近代史	2			世 界 史	4	2	
地 理 概 説	2			世 界 地 理	4	2	
				算　学	3	3	
日 本 史	12	6	6	格　致	2		
体　　操	2	2	2	体　　操	2	2	2
合計(時)	36	36	36	合計(時)	36	36	36

出所:「奏定京師法政学堂章程」第10条,および「法政学堂別科課程片」多賀秋五郎『近代中国教育史資料・清末編』pp. 453-454, pp. 503-504 所収

橋)らであったと目される。後に詳述する井上翠と松本亀次郎の場合,共に宏文学院で教鞭をとり,中国人に日本語を教授した同僚である。

　序でながら,その頃中国に教習として渡っていた日本人(京師在住の者)を列挙してみよう。これも松本のメモによる[11]。「北京大学には服部宇之吉博士,法律学堂には岡田朝太郎・小河滋次郎・志田鉀太郎・松岡義正諸博士,財政学

堂には小林丑太郎博士，巡警学堂には川島浪速氏，町野武馬氏（少将），北京尋常師範学堂には北村沢吉博士，芸徒学堂には原田武雄・岩瀧多磨諸氏が居られた。又公使館には公使として初め林権助男，後に伊集院彦吉男，書記官に本田熊太郎氏（当時参事官）・松岡洋右氏（当時一等書記官）・広田弘毅氏（当時三等書記官）・公使館付武官に青木宣純中将（当時少将）・本庄繁大将（当時大尉）などが居られ，坂西利八中将（当時少佐・袁

表8-4　講習科毎週課程表

学科＼学年	第1学期	第2学期	第3学期
人 倫 道 徳	3	2	2
中 国 文 学	10	4	4
法 学 通 論	2	1	
憲　　　　法	2	1	
行 政 法	4	4	5
刑　　　　法	4	4	5
民　　　　法		6	6
裁判所構成法		1	2
国 際 公 法		3	4
理 財 学		3	4
財 政 学	3	3	4
世 界 近 代 史	4	2	
地 理 略 説	4	2	
合 計 （時）	36	36	36

出所：「奏定京師法政学堂章程」第29条，多賀秋五郎『近代中国教育史資料・清末編』pp. 455-456所収

世凱顧問）・松井石根大将（当時大尉）なども時々見えられた。後に名を成した人々が斯くの如く多数に北京に集まって居られた事は実に奇縁と謂うべきで………」とある。当時の懸案事項である六法改正に従事した日本人教習に注目してみても，上記の岡田朝太郎が刑法，志田鉀太郎が商法，小河滋次郎が監獄学の領域で協力したと記されている[12]。京師法政学堂の教育に岡田や志田らが関わりをもったかどうか確実な証拠は見当らないが，北京在住の学者たちが学校間交流をなしたであろうことは充分予想されるところである。井上翠自身非常勤で京師法律学堂に出校していた。法学の松岡義正，国際公法の岩井尊文，監獄学の中村襄らとの交流もおそらく繁くなされたであろう。京師法政学堂の学科課程を誰が，どのように担当したのか，その辺りの確実な資料はまだ無い。日本語教育は小林・井上・松本らが分担したと予想されるが，専門科目は多い

だけに，巖谷・杉・矢野のほか中国人教師が担当するとしても，さらに前記北京在住の諸氏の協力がなされたことは十分考えられる。

3 日本人教習の活躍

　日本法制を模範にしながら，清朝再建の具として機能せしめるために設けられたのが京師法政学堂であった。巖谷・杉・矢野・小林・井上・松本・高橋・石橋といった日本人教習は清末法政の近代化のため尽力するわけだが，前述のとおり，その全体像を伝える記録は無いに等しい。以下，わずかな資料をもとに彼らの活躍ぶりを各人の全生涯のなかで位置づける努力を試みつつ概観してゆく。資料の制約上，矢野・井上・松本に焦点を合わせることを予めお断りせねばならない。

(1) 矢野仁一の場合
〈略　歴〉

　1872年5月13日山形県米沢生まれ。同32年東京帝国大学文科大学史学科を卒業，早稲田大・日本大で教え，東大助教授のとき渡清，革命後帰国，京都帝国大学に奉職(昭和7年退官，京大名誉教授となる)，東北大，山口高商，高野山大学等でも教鞭をとる。この間東蒙古遊歴，アメリカ・イギリス・フランス等へ留学，ソ連・琉球・台湾・南中国への視察旅行，関東軍臨時顧問嘱託，満洲国外務局嘱託，ソ連国境調査，台湾総督府委嘱——総督府講演のため渡台の際には，総督府員の案内で蕃社を見学している。東亜同文書院委嘱で上海でも講演した。1945年1月18日には宮中御講書始めに進講を仰せつかった。1970年に死去，享年98歳であった。

　以上が，矢野の略歴である[13]。日本帝国主義のなかによく順応して生きた人生が予想される。著作は多数にのぼるので項を改めて説明したい。

〈著　作〉
- 近代蒙古史研究（弘文堂）……1925 年
- 現代支那研究（弘文堂）……1926 年
- 近代支那の政治及文化（イデア書院）……1926 年
- 支那の帝政と共和政（啓明会講演集第 21 回の内）……1927 年
- 満洲における我が特殊権益（弘文堂）……1928 年
- 近世支那外交史（弘文堂）……1930 年
- 満洲国支那領土説の批判と満洲国の建国（啓明会講演集第 50 回の内）……1933 年
- 満洲国歴史（目黒書店）……1933 年
- 朝鮮・満洲史〈世界歴史大系 11 巻〉（平凡社）……稲葉岩吉と共著，1935 年
- 現代支那概論・動かざる支那（目黒書店），同・動く支那（同）……共に 1936 年
- 日清沿後支那外交史（東方文化学院京都研究所報告第 9 冊）……1937 年
- アヘン戦争と香港〈支那外交史とイギリス其 1〉（弘文堂）……1939 年
- アロー戦争と圓明園〈同其 2〉……1939 年
- 支那近代・外国関係研究——ポルトガルを中心とせる明清外交貿易（弘文堂）……1939 年
- 近代支那論（弘文堂）……1940 年
- 近代支那史（弘文堂）……1940 年
- 満洲近代史（弘文堂）……1941 年
- 支那の歴史と文化〈アジア歴史叢書　Ⅰ〉（目黒書店）……内藤雋輔と共著，1941 年
- 支那の社会と経済〈アジア歴史叢書　Ⅱ〉（目黒書店）……西山栄久と共著，1942 年
- 満洲の今昔〈アジア歴史叢書　Ⅲ〉（目黒書店）……鴛渕一・園田一亀らと共著，1941 年

○大東亜史の構想（目黒書店）……1944年
○清朝末史研究（大和書院）……1944年
○清朝史（早稲田大学出版部）……年代不祥
○古中国と新中国──歴史学者の中国鳥瞰図──〈カルピス文化叢書　4〉（三島学術財団）……1965年
○中国人民革命史論（三島学術財団）……1966年

　矢野仁一の著作活動は大正末から昭和前期にかけてもっとも盛んだったようだが，上記の書名をみてもわかるように，近代中国の諸相を歴史的側面から鳥瞰しており，日本帝国主義の理論的ブレーンとなっている観を免がれない。ちなみに，アジア歴史叢書（全10巻）の「発刊の辞」を引用してみると，「真に支那を知らうとしても知るべき便宜はほとんどない。東亜新秩序の建設，大東亜共栄圏の建設が国民運動の目標……八紘一宇の精神の顕現を翼賛し奉る……」といった言辞が出てくる。10巻中3巻を担当し，率先して叢書編纂に当たった矢野の歴史観をこれよりみることができよう。日本敗戦の時点で70余歳に達しており，戦後は社会の表面に立つ機会はほとんど無かったと予想されるが，晩年の著『古中国と新中国』を手にしてみると，副題「歴史学者の中国鳥瞰図」にふさわしく，清朝時代の外国関係に始まり，宗教・政治・文化・社会・思想を論じつつ新中国への期待を述べている。

〈京師法政学堂との関係〉

　矢野仁一が北京に着任したのは1905年4月であった。東京帝国大学文科大学助教授から渡清したわけで，司掌事項は「政治，地理，歴史教授」とある。俸給は360元で安い方ではなかった。はじめ仕学館の教師として招聘されたわけだが，学制改革により京師法政学堂が発足し，そこで教壇に立つ。予科の歴史・地理，正科の歴史（政治史・法制史等），別科の歴史・地理等々はおそらく矢野の担当科目だったのではあるまいか。この方面の造詣が深かったからこそ，中国の新大学ともいうべき京師法政学堂で教鞭をとれたわけであるが，在職時代に集め，研究した結果を持ち帰り，大正・昭和の激動期に著作に次ぐ著作を

まとめ，世に出すことができたのであろう。

(2) 井上翠の場合
〈略　歴〉

1875年3月10日，兵庫県・姫路藩の書家井上松香の次男として誕生。5歳で母親を，姫路中学4年生のとき父親を失う。19歳から小学校の準教員となるが，24歳のとき（1898年）上京，小学校に勤務しながら師範学校中学校の教員免許状（国語漢文科・習字科）を取得，さらに夜学・国民英学校で英語を勉強している。その頃，国語学では比較文法の研究が注目されるようになった。そこで郷友春山作樹の勧めもあり，独逸協会学校に入学し研鑽を重ねている。一旦帰郷し兵庫県龍野中で教壇に立ったが，わずか1年で再び上京し，東京府立一中の教諭となる。辰野隆や谷崎潤一郎はそこでの教え子である。

井上が「支那語」に転向する決意を固めたのは府立一中時代であった。同校は全国の模範中学と目されるだけあって，「日支親善」の気運に乗って来日する中国の要人たちがこぞって教育視察にきた。その際の意見交換は若い井上に次代への夢を育てる。もともと彼が中国への関心を抱いた背景には，叔母（父の妹）の娘2人が長崎通事（吉島俊明と中山繁松）に嫁いでいて，幼い頃から家に出入りしていたという事情がある。吉島には『日台小辞典』『日支商業用尺牘』等の著作があり，日清戦争出征後，台湾国語学校の教授を勤めていたし，中山はその先祖が福建省から明末に長崎に来て帰化し，代々大唐通事で勤めた家柄であった。1902年9月から2か年間，井上は府立一中在職の傍ら外国語学校清語科別科で勉強した。東京神田一ツ橋の高等商業学校の構内にあった同校では，日本人教師のほかに松雲程の如き中国人教師が教えていた。井上は次のように回想している[14]。

「外国語学校の2年間は得るところあまり多くありませんでしたが，しかし，松雲程先生の家庭で教授を受け，一方では留学生の世話をやりましたので，大に進境を見ました。そのうちに支那語をやるためにはどうしても清国に渡

らねばならないと考えるようになりました。」

　1903年，29歳で結婚，同37年別科修了，さらに翌38年一中も退職した井上であるが，幸い，嘉納治五郎率いる宏文学院に就職できた。明治39年である。丁度その頃，井上は生活の一助にと『日華語学辞林』（A5判約600頁）を編纂，友人の親友・坪谷水哉を介し博文館より出版した。外国語学校教授岡本正文の手ほどきをうけたようである。周知の如く，宏文学院[15]は当時における日本語研究のメッカ，後述の松本亀次郎も『言文対照漢訳日本文典』（明治37年刊）を同校で編纂している。井上は30代，松本は40代にそれぞれ入ったばかりの頃である。魯迅も在学したという宏文学院で，多くの留学生を相手に『日華辞典』の実証が行われたと解するべきだろう。井上はいっている。「日語教授の際愈々難解の点は支那語で説明しましたので，留学生に喜ばれ，自分のクラスには80人ほどの学生が集まって来ました[16]。」

　中国人留学生のなかには，当時，夫婦で来日した者もあり，また女子学生も混じっていた。清国の上流婦人たちによびかけて日中両国女流同志の親善が提唱されるのも当然の成り行きであった。鍋島侯夫人，小笠原伯夫人らの主唱の下に成立した東洋婦人会では，1906（明治39）年に教員養成所を附設。高等女学校卒業程度を入学資格とする1カ年の速成教育を開始した。清藤秋子校長の下，棚橋絢子や松雲程，そして井上翠らが教壇に立つことになる。入学者は10数名だったが，近き将来，清国に渡って教育事業に従事する責任を自覚した学生たちであったから，わずか1カ年でも語学の進歩いちじるしいものがあったという。井上は，宏文学院では中国人に日本語を，養成所では日本人に中国語を教授した。教学半の言葉どおり，井上の実力は恵まれた条件の下，頓に向上していったわけである。

　時あたかも，京師法政学堂で日本語教師を求めているため推薦してほしい旨，中国の学部から東京の清国公使館に直接依頼があった。かねて渡清への道を模索していた井上に絶好の機会が訪れたのである。彼を推薦したのは巖智怡といって当時東京高等工業学校の留学生であった。ちなみに，東京一中の同僚小木

第8章 京師法政学堂の日本人教習　129

植の友人である中島半次郎が，その頃天津優級師範学校教習の要職にあり，中島に情報を提供したのが学部侍郎・嚴修（智怡の父）であったというわけである。交渉は着々進行し，井上は，明治40年9月，見事渡清に成功する。

　京師法政学堂在職時代の井上については後で述べることにして，爾来約5カ年，清末中国で日本語教育に専念した後，彼は任期満了で帰国した。明治44年12月のことである。宏文学院はすでに閉鎖され，母校東京外国語学校には受入れられず，彼は，その後，広島中学校，山口高等商業学校，大阪外国語学校と渡り歩く，没年は昭和32年，82歳であった。この間に十指にあまる著書を世に出すのである。以下，その著作活動についてふれてみよう。

〈著　作〉
　　○日華語学辞林（博文館・東亜公司）……………1906年
　　○支那時文教本（文求堂）………………………1921年
　　○最新支那尺牘（文求堂）………………………1922年
　　○支那現代文教本（文求堂）……………………1924年
　　○標註最新支那尺牘（文求堂）…………………1925年
　　○井上支那語辞典（文求堂）……………………1928年
　　○井上日華新辞典（文求堂）……………………1931年
　　○初等支那時文読本・同教授用参考書（同文社）……1935年2月
　　○井上ポケット支那語辞典（文求堂）…………1935年4月
　　○井上支那語中辞典（文求堂）…………………1941年
　　○井上ポケット日華辞典（龍文書局）…………1944年
　　　→同（江南書院）………………………………1953年
　　○松濤自述（大阪外国語大学中国研究会）……1950年
　　○井上中国語新辞典（江南書院）………………1954年

　著作の大部分は辞典・教科書（教本・尺牘等）で，伝記たる『松濤自述』が弟子たちの手によりまとめられている[17]。

〈京師法政学堂との関係〉

　井上翠の北京入りについては前掲書『松濤自述』に精しく述べられているわけだが，先述のとおり，学部から直接公使館に委嘱した形で実現したため，巌谷や杉のような，すでに現地で教育の掌に当たっている日本人教習にとって，事前の相談もなしに人事が進行することは不愉快であったに違いない。「……今回君の任命に関しては，監督より一言の相談もうけなかった。そして，君が突然赴任したので，われわれ（法政学堂日本教習）は君に反対の態度を取っていた。今は，君の人柄も分ったし，学部も今後日本教習を採用するばあいには，従前どおり必ずわたしの手を経ることになった。……[18]」とは，総教習巌谷孫蔵の談話である。この件は，留学生間にも信望のあった井上翠の実力も幸いして円満に解決したようだが，別の見方をすれば，京師法政学堂をめぐる日中両国関係者の主導権争いの一端であると解することもできよう。「一部始終が判明してみると，わたしの北京入りは実にあぶない芸当で，今将に絶えなんとする一縷の細い糸によって操られていた……巌谷博士の手を待っていたならば，わたしのごとき学歴のないものは，百年河清を待つのと同じ結果であった……[19]」と井上は回想する。

　語学研修のため渡清したいという熱望が見事叶えられて，水を得た魚のように，教育と研究に励んだ井上であるが，当時の模様を彼自身の言葉で再現してみる[20]。

　「宏文学院で留学生に日本語を教えるに当って，必要上日華辞典の編纂を思い立ち，（大槻の）言海を参考本として仕事に取り掛っている最中召聘を受けたので，その稿本を携えて北京に行きましたが，『百聞不如一見』で，内地で苦心惨憺の末やっと訳出したことばも，事実に当面すると簡単に解決がつき，清国にはこの物はないと思って数十言を費して説明を附したことばも，眼前に実物を発見しては，唖然としたこともありました。何でも宝の山に入り手を空しくしてはならぬと，歓喜に満ちた努力は着々掠取って行きました。」
在燕中に仕上げたいという気持ちもあり，井上は日華辞典の編集に力を傾注

したようである。「歓喜に満ちた努力」は実り，原稿がほぼ出来上がった際には，巖谷孫蔵が始めから終りまで眼を通したという。井上の研究熱心は当時現地でも評判になったほどで、「北京で長春亭に遊ばぬものは、商法の某博士と井上だという噂が立った[21]」と述べている。日華辞典の原稿は今山口大学経済学部（旧山口高等商業学校）の図書館にあるという。この仕事に附随して進めたのが支那語辞典の材料蒐集である。彼の回想を続けよう。「俗語の方面だけでも日華語学辞林にかたっぱしから書き入れたのが三巻ありました。文法の方も着手しましたが、これはまだ語法研究の範囲を脱しない位のもので、わたしが大体の骨組を編んで、宗蔭氏と二人で用例を書きあげ、それがノートに四五冊ありました。……染色なども手を焼いたものですが、ボーイを大棚欄に走らせて絹糸の色糸をかき集めさせ、阿媽と家内とで双方の名を対照させ両辞典（日華辞典と支那語辞典）に挿入しました。学校が法政学堂であった関係上、法制経済に関する語も相当入れました[22]。」

　辞典編さんを研究の主務としながら、井上は京師法政学堂の教育に腐心するわけだが、自叙伝には、残念ながら、その授業風景を示す記述は見当たらない。先述のとおり、同校は当時にあっては最高の学府であり、学科課程をみてもなかなか進歩したものであった。学生には相当の年輩の者もいて、「年始には大礼服を着用し拝年に来る学生もあり、いずれも一跪三叩頭の敬礼を致します。……[23]」と井上の記録にある。京師法政学堂在職時代の功績といえば、着任まもなく行われた教員人事で、井上推薦により松本亀次郎が着任したことである。宏文学院の同僚であり、井上とほぼ同じ道を歩いていたのが松本である。両人の関係については松本の紹介の折にふれることとする。

(3) 松本亀次郎の場合

〈略　歴〉

1866年（慶応2年2月18日），静岡県小笠郡土方村上土方嶺向（現掛川市）に、父市郎平，母みわの長男として生まれた。寺子屋で漢学の手ほどきをうけ，新

学制の第1期生である。11歳で授業生にあげられ，約7年間小学校に勤務の傍ら受験勉強に励み，1884年静岡師範学校に入学，1888年卒業後，静岡高等小学校訓導となるが，勉強を続け，翌年，東京高等師範学校の試験生に合格した。しかし，過労と病気のため入学後3カ月にして退学，小学校訓導に戻り，26歳で校長となる。31歳の時，中等教員免許状（国語科）をうけ，1897年，母校静岡師範を皮切りに，三重師範，さらに佐賀師範に転じつつ教壇に立つ。特記すべきは『佐賀県方言辞典』の編纂・刊行であった。これがもとで，上田萬年の推挙をうけ嘉納治五郎に見出されて上京，宏文学院に入る。曰く「老生の初めて支那留学生に日本語を教授したのは，明治36年すなわち老生が38歳の時，嘉納治五郎先生の宏文学院に雇われた時である[24]」松本の教え子に魯迅がいた。彼らを教えるなかで，本場の中国人と共に研究することの大切さを学んだ松本は，文法教案をもとに，『言文対照漢訳日本文典』を編纂，この出版は40版を重ねたベストセラーとなるのである。序ながら，文典の漢訳修正には，学生側から高歩瀛・陳宝泉・王振尭・崔瑾・王章祐・経亭頤等，のちに中国の文化人として活躍する逸材連が参画していた。松本は，張之洞が東京に設立した湖北路鉱学堂や清国留学生会館主催の日本語講習会でも頼まれて日本語を教えている。

　宏文学院での同僚井上翠の推薦が効を奏して渡清，京師法政学堂の教師として，1908年4月から4年間，中国人に日本語を教えることとなる。（北京時代については後述）

　辛亥革命後，帰国，服部宇之吉の推薦で東京府立一中に就職していたところへ，宏文学院で教えた留学生曽横海（湖南省出身）から，日本語講習会の講師依頼があった。1913年夏のことである。革命後も中国人留学生は続々と来日して，孫文・黄興らの部下将士も官費派遣されている。同講習会は，日本大学の教室を借りて発足したが，クラスが際限なく広がるため，松本は府立中を辞職し，自ら講習会に専念する。さらに，東洋商業学校の教場も借りたが，収容しきれないため，1914年1月，神田神保町に「日華同人共立・東亜高等予備学校」

を創設する。校名に「日華同人共立」の6文字を冠したわけは「曽横海氏の精神的協力と学生の希望によって成り立った学校である事を意味する[25]。」この一事をもってしても「日中友好を旗印とした良心的な学校[26]」をめざしていたことがわかるのである。爾来常時 1,000 名に及ぶ留学生が在学し、日本語の勉強に励むわけである。1915 年 7 月には、東亜高等予備学校賛助会を発足、資金を集め、土地を買収し、校舎を増築、1920 年 2 月には財団法人に組織を改めた。

松本らの善意とは裏腹に、日中関係は急転、さらに、関東大震災による打撃で、同校は日華学会の傘下に入り、予算の大半が国家から支給されるようになる。昭和 10 年東亜学校と改称された。この間の経緯については別稿に譲りたい[27]。

1945 年 9 月 12 日、松本は、疎開先の郷里土方村の生家で 80 歳の生涯を閉じるわけであるが、死の直前に至るまで学究的態度を貫いたといわれる。と同時に、「誠に当代得がたい学徳共に秀いでた方[28]」であり、「教育に魂を打込んだ全生涯……敬服嘆称の人格者[29]」だった、と評価されている。

〈著　作〉
- 『佐賀県方言辞典』（清水平一郎と共同執筆）、1902 年 6 月——1975 年 2 月に国書刊行会より覆刻
- 『言文対照　漢訳日本文典』〈宏文学院叢書〉（国文堂→日本堂）……1904 年
- 『漢訳師範科講義録・日文篇』……1906 年ごろ
- 『改訂・日本語教科書』（全 3 巻）……1906 年ごろ
- 『漢訳・日本口語文法教科書』……1914 年 6 月（『漢訳・日本語会話教科書』と同類か）
- 『中華五十日遊記・中華教育視察紀要・中華留学生教育小史』（東亜書房）……1931 年 7 日
- 『訳解日語肯綮大全』……1934 年 7 月
- 「隣邦留学生教育の回顧と将来」（岩波書店『教育』第 7 巻第 4 号……1939 年 4 月号　pp. 537-548 に所収）

○『華訳日本語会話教典』……1940 年 8 月

　以上が松本亀次郎の筆になる文献として検索できた分であるが、生家近くの大東町北公民館には「松本コーナー」があり、生家に保存されていた松本の蔵書、書簡、手書き等々約 4,000 点が、一部陳列、一部未整理のままではあるが大切に保管されている。生家跡に建立された顕彰碑と共に永久の記念であろう。なお、松本亀次郎に関する研究者は数多く、その代表としては、中国の汪向栄氏、実藤恵秀氏（故人）、増田実氏（故人）、平野日出雄雄氏および筆者らがあげられる。松本の郷里・静岡県を中心に、松本研究は今後盛んになるであろうと予想される。

〈京師法政学堂との関係〉

　宏文学院での同僚井上翠の推挙もあって、1908 年 3 月着任した松本亀次郎であるが、その 4 年前（1904 年）、嘉納治五郎指導の下に『言文対照漢訳日本文典』を出版したので、中国人たちの間でも松本を知る者は増えつつあった。井上の場合と異なり、巌谷孫蔵正教習の下、京師法政学堂の日本人教習の間で充分な審査をうけて就任したわけであるから爾来 5 年間、松本はよき環境を得、研究の面も大きな進歩をみる。以下、彼の全生涯のなかで、北京時代がいかなる意義を有するのか、私見を加えることとする[30]。

　その第 1 は、松本の本領とする日本語教育の内容や方法を中国本土において実地検証することができた点である。同僚は勿論のこと日本留学を体験した中国人教授陣と連携をとりながら、有能な中国人学生を相手に日本語教育に専念したわけだが、宏文学院で中国人学生から摂取した日本語文法への注文は、渡清を契機に本格的な調査研究への意欲をよびおこした。こと日本語研究となれば、中国人に如何にわかり易く教材を整えてゆくかというテーマに即して、まさに外国留学に匹敵する機会であった。皮肉にも、宏文学院は中国滞在中に閉鎖されたわけで、もしそのまま日本に留まっていたら、松本や井上の日本語教育も一頓座を来たしたことであろう。1911 年春、清国政府としては留日学生予備学校を北京に設置するための奏議が裁可され、松本もそこに聘用される内

約であったという。彼の力量は熱心な教壇での態度と相まって，中国本土においても高く評価されていたのである。

意義の第2は，松本の交際範囲がいちじるしく拡大したことである。300人を越すといわれる日本人教習のなかには彼に影響を与えた人が多い。後年，帰国し東亜高等予備学校を創設するに当たっては，同僚の1人・杉栄三郎を筆頭に北京時代に知遇をえた有力者たちが，物心両面に亘って松本を援助しているのである。

第3の意義は，この教習時代を通じて松本の中国観が形成されたことである。同僚のなかには，たとえば矢野のように，後年，学問と政治を混同し，日本帝国主義の指南役を勤めた人も居るわけだが，松本の場合，中国文化に対する尊敬の念が強く，晩年に至るまで，その態度を貫いている。彼の人徳は時代や国境を越えていたと思われるからである。松本は，終生，萬を越える教え子たちの母国である中国に真実好意を寄せていた。教え子の1人・汪向栄氏の回想を少し引用してみよう[31]。

「……中国に招聘された時には，もう一つ考える事があったと言う。それは中国と日本は儒教の教えをもって国を治めること千年以上の長きにわたるが，日本は西欧文明の伝来後，それを急速にとり入れたために強くなり，一方中国は一敗地にまみれた形になった。これはまさか儒教が無用になったということではあるまい。先生は幼いときから儒教の薫陶を受けて育って来たので，この点をはっきりさせたかった。それゆえ中国へ渡って教鞭をとる機会があったならば，儒教の生命力を観察してみたいと思った，とおっしゃるのである。つまり，一般の人たちが口先だけで唱える中日両国の友好のためにとか，両大民族の永遠の利益のためにとかというものではなかったというこの先生のお話に，私は真実と率直さを感じた。『その後，仕事をする中で絶えず観察と思考を繰り返すうちに，中日両大民族は友好共存していかなければゆきづまってしまうと考えるようになった。友好といっても口先，表面上ではなく，心と心を通じあえるものでなくてはならない。自分の利益のた

めに人を損うような自分本位の行動は相反する結果を招くだけである。』先生が生涯をささげて中国留学生の教育に従事したのは、この信念からである。先生自身も語っているように、これは宏文学院から京師法政学堂に渡った幾年かの経験の中で得たものである。……」

同文同種の兄弟国に対する正しい道を体得していたと評価されている松本、彼の信念を確固たるものにしたのが京師法政学堂在職の5年間だったのではないだろうか。汪向栄氏は、松本の口から「政治家は将来の見通しを持たない[32]」という主張を何度も耳にしたそうである。

むすび

京師法政学堂に招聘された日本人教習の群像について、矢野仁一、井上翠[33]、松本亀次郎を中心に吟味してきた。正教習であった巌谷孫蔵、副教習杉栄三郎[34]ほかの教習たちに関する研究をこれに加え、再度、総合的に検討する時期をつくりたいと思うが、現時点においてもいくつかの視点は出てきたようである。

注

1) 阿部洋編『日中教育文化交流と摩擦——戦前日本の在華教育事業——』1983年に所収の諸論文を参照。
2) 井上翠『松濤自述』1950年, p.12 以下
3) 多賀秋五郎『近代中国教育史資料・清末編』p.31
4) 外務省政務局編纂『清国傭聘本邦人名表』による。
5) 井上前掲書, p.13
6) 多賀前掲書, pp.79-80
7) 松本亀次郎「隣邦留学生教育の回顧と将来」『教育』7-4 岩波書店, 1939年, p.542
8) 同上書
9) 外務省政務局編纂『清国傭聘本邦人名表』(各年次)による。
10) 中島半次郎『日清間の教育関係』(1910年3月24日記録一部受) p.16

11)　松本前掲書，p.543
12)　井上前掲書，p.14
13)　矢野仁一については，国立国会図書館および鹿児島県立図書館に所蔵されている著書20数冊を通覧し，略歴をまとめてみた。
14)　井上前掲書，p.14
15)　蔭山雅博「宏文学院における中国人留学生教育——清末期留日教育の一端——」教育史学会紀要『日本の教育史学』第23集，1980年，pp.58-79所収を参照。
16)　井上前掲書，p.14
17)　井上翠については，国立国会図書館，大阪外国語大学図書館，鹿児島県立図書館に所蔵されている著書10数冊を通覧すると共に，そのなかの『松濤自述』を精読して，略歴等をまとめてみた。
18)　井上前掲書，p.11
19)　同上書
20)　井上前掲書，p.17
21)　同上書，p.18
22)　同上書
23)　同上書，p.14
24)　松本前掲書，p.538
25)　同上書，p.545
26)　拙稿「日中文化交流に関する一考察——松本亀次郎を中心として——」『日本比較教育学会紀要』第11号，1985年，p.76
27)　拙稿「戦前日本における中国人留学生教育——東亜高等予備学校を中心として——」阿部洋編『日中関係と文化摩擦』1982年，pp.160-207所収を参照。
28)　元土方村小学校長・日向島吉の言——拙稿「教育者松本亀次郎に関する一考察」鹿児島女子大学『研究紀要』第3巻第1号，1982年3月，pp.111-128所収を参照。
29)　増田実『松本亀次郎先生伝』1951年，p.23
30)　拙稿「京師法政学堂と松本亀次郎」阿部洋編『日中教育文化交流と摩擦——戦前日本の在華教育事業——』第一書房，1983年，p.92以下
31)　汪向栄「回想の松本先生」平野日出雄『日中教育のかけ橋——松本亀次郎伝』静岡教育出版社，1982年，p.284以下より再引
32)　同上書，p.286
33)　拙稿「京師法政学堂と井上翠」『鹿児島女子大学研究紀要』第9巻，第1号1988年，pp.201-220所収を参照。

34) 杉栄三郎「清国ニ於ケル二大提案」(『国家学会雑誌』19巻, 2号, pp. 80-86 および同 19巻, 4号, pp. 104-118 1905年所収)を参照。

〔解説〕 本稿作成に先立ち, 教育史学会第31回大会(於北海道大学・1987年10月2日)では「京師法政学堂と井上翠」と題し, また, 九州教育学会第39回大会(於宮崎大学・昭和62年11月29日)では「清末中国の近代化と日本人教習――京師法政学堂を中心として――」と題し, それぞれ口頭発表を行った。

『国立教育研究所紀要』第115集, 1988年3月

〔英文要約〕

Japanese Educators at Beijing Academy of Political Science

The aim of this paper is first to broadly relate the circumstances surrounding the establishment in 1906 of the Beijing Academy of Political Science (Beijing Fazheng Xuetang), and then give a picture of the Japanese educators who taught there.

The modern educational system of China is said to have begun with the School Regulations of 1902. However, the implementation of these rules was marked by a strong Japanese influence: the Japanese educational system was taken as a model, and Japanese educators were invited to take part in its introduction. At Beijing Academy of Political Science, which was founded to give training to government officials versed in law and politics, Magozô Iwaya was appointed the principal, while the teaching staff included Eizaburô Sugi, Jin'ichi Yano, Yoshito Kobayashi, Midori Inoue, Kamejirô Matsumoto and Kenzô Takahashi. In addition, there were Chinese personnel, most of whom, however, had themselves studied in Japan.

At Beijing Academy of Political Science the course of study extended over five years (two year preliminary course, three year main course), with main course students divided between the politics department and law department. There was also a department for separate subjects (three years) and a short training course (11/2 years). To enter the preliminary course students had to be aged 20-25. The annual intake of 200 came from all over the country. During the preliminary course, which consisted of general subjects, 14-17 of 36 class hours per week were conducted in Japanese. Students advancing to the main course, in addition to their special subjects, also took English. As a last trump card, the Qing government placed great expectations upon the Academy.

Among the Japanese teachers, let us briefly comment on Yano, Inoue and Matsumoto. All three were the authors of a number of books, and after returning to Japan were prominently active. While we cannot escape the feeling that Yano was a theorist for Japanese imperialism, Inoue and Matsumoto, who carried out a great deal of research into Japanese language education, seem to have been motivated by genuine concern for the relationship of the two countries. The Japanese-Chinese dictionary compiled by Inoue and the Tōa Higher Preparatory School established by Matsumoto mark noteworthy pages in Sino-Japanese cultural history.

In the field of politics and ideology, Japan and China went through an unfortunate period, but with the restoration of diplomatic ties the inheritance of the past is presently being examined. Despite the short time (late Qing and early Republican China) that they were active in China some of the Japanese educators developed a great intimacy with its languages and culture.

Taking Kamejirô Matsumoto as one example, we can note the following points. Firstly, in China he was able to conduct firsthand investigations into the content and methodology of Japanese language education. Secondly, he was able to conspicuously expand his contacts. In fact, when, after returning to Japan, he was engaged in establishing Tôa Higher Preparatory School, the powerful acquaintances that he made during his time in Beijing offered him both moral and material support. Thirdly, Matsumoto's teaching experiences gave him a definite feeling for China. His deep respect for the country matured into a warm friendship. According to Zhu Xiangrong, one of Matsumoto's students, he often made the remark, 'The politicians have no ability to see into the future'.

Research Bulletin of the National Institute for Educatinal Research, No. 26, 1989.3.

〔**解説**〕 本章は,1988年10月25日中国中日関係史研究会国際学術討論会(於北京)において発表した「京師法政学堂時代的松本亀次郎(通訳徐建新)」の原本(関連論文)となっている。

第9章

京師法政学堂と松本亀次郎

1 京師法政学堂と日本人教習

　清末期日中文化交流を特色づける出来事のひとつは，多数の日本人が教習として中国に招聘されたことである。日露戦争以後にわかに展開される日本留学ブームの方は「良から質へ[1]」と転換してゆく。そして，これを補うべく外国人教習[2]の招聘という現象が生じたのであろう。ここで取り上げる京師法政学堂の場合もそうした情勢のなかで考察せねばならない。

　そもそも，清国政府が教育制度の刷新にのり出したのは1899年の義和団事件後だといわれている。事件中は閉鎖していた京師大学堂へ管学大臣張百熙が派遣され，彼の尽力により教育の刷新，ひいては清朝政治改革への方向づけが模索されはじめた[3]。1901（光緒27・明治34）年の上諭で明らかにされたところによると，彼の構想する近代的な大学は国子監――京師大学堂――同文館を一本化することによって実現可能だとされていた。彼の手に成る新しい学制案「欽定学堂章程」は，中国に初めて近代教育制度を発足させたことで画期的な意味をもっている。そこには欧米や日本の成法をとり入れ，学理の応用，国家の富強，人材の要求，学校の改革といった維新派の思想が据えられていた。京師法政学堂が誕生するのはそれより5年後であるが，この章程を契機に時代は急速に変化し，模索が繰りひろげられたことを示している。

　この章程は，日本の「学制」（1872）に匹敵する[4]，画期的な内容を有してい

たが，張百熙の声望に対する満蒙官僚の不満や複雑な政治情況の故にほとんど実施をみずに廃止された。そして，形式上は「改訂」という名目で新しい学堂章程が奏定される。奏摺するのは張百熙と栄慶と張乃洞の3名であった。蒙古正黄旗人出身の栄慶は後年その伝記のなかで「百熙一意更新，栄慶時以旧学調済之[5]」と述べているように，百熙の進歩主義に対して保守主義の立場からこれに臨んだようだが，直接案文の起草にあたったのは洋務派官僚張之洞であった。全体的に日本の学校制度に範を採り，中国の習俗や礼教を考慮し，国民教育の普及と高等教育の充実を期して立案されている。張之洞が『勧学篇』を世に出したのは1898年であり，京師と各省に大学堂，道府に中学堂，州県に小学堂を設置して十分な基礎教育を施した学生を外国にも派遣するという主張だったが，洋務派の場合，中体西用思想の濃い人材主義教育が根本にあり，小中学堂に対しては大学堂の予備校的発想によっていた。1903年5月，上諭をうけて重訂起草にあたり，稿を七たびもあらためた上，数カ月もの討論を重ねて頒布される。この「奏定学堂章程」には，したがって，張百熙の打ち出した国民教育の普及を基底とする考え方が，張之洞の人材主義を是正させた上で盛りこまれたと思われる。

　この間の経緯を分析することは本題からはずれるのでこの程度にとどめるが，1906（光緒32・明治39）年，学部によって設置が認められ，全49条にわたる章程[6]頒布により発足した京師法政学堂，そこに招聘された日本人教習たちが，活躍した頃の中国は，いかなる時代であったのかを知ることは重要な課題である。ちなみに，前年の1905年は科挙制度が廃止され，学部が設立されたことで，従来の教育体系がその機能を失うことになった年でもあった。京師法政学堂には新時代への期待が寄せられていたのである。

　上に述べたごとく，京師法政学堂は中国近代化の動きのなかで誕生した。成立の頃の事情を調べてみると次のようになる[7]。1905年3月20日，伍廷芳・沈家本らが司法のための人材養成をすすめる必要から京師に法律学堂を設置すべきであると奏請した。これをうけて，同年7月3日，学務大臣が法律学堂設

第 9 章　京師法政学堂と松本亀次郎　143

置を覆奏した。そして，嘉納裁可・実行と決まったのが 7 月 15 日である。法律学堂の目的は，法律実務の研修を通じて司法官を養成することにあり[8]，奏定大学堂章程の規定する政法科大学の法律部門に準ずる機関を期して修訂法律館に直属することになった。翌年 5 月 5 日，政務処の議覆のなかに給事中陳慶桂の游学を推広する奏請があり，法政学堂の設立建議について述べられている。これがもとで，次には法政学堂設置の要望が高まり，7 月 17 日，学部は進士館弁法を変える摺のなかで京師法政学堂の設置を明らかにした。かくして，12 月 20 日，「京師法政学堂章程」が頒布され，進士館の建物を用いて 1907 年春の開学となったわけである。

　京師法政学堂は行政官養成を目的としていた。章程第 1 章「立学総義」によれば，本学堂の宗旨は「造就完全法政通才」とある。修業年限 5 年（予科 2・正科 3）で，正科はさらに政治門・法律門にわかれており，この他に別科（3 年）と講習科（1 年半）が置かれた。定員は毎年予科 200 人，別科 100 人と規定されている（講習料については後に述べる）。予科の入学資格は年齢 20-25 歳で品行端正・体質堅実・中（国）学具有の者とある。予科学生の選抜推薦[9]については各省に通達を出しているが，原則として，大省 12 名・中省 10 名・小省 8 名を選送すること，京師に比較的遠い省でも 4 名は送ることになっている。別科の方は 35 歳以下で国文の力が確かな者と規定されている。

　学科課程（前章の**表 8-1** を参照のこと）をみると，まず，予科では表 8-1 に示すごとく，人倫道徳・中国文学・日本語・歴史・地理・算学・理化・体操を両年に配しており，この上に 2 年目は論理学・法学通論・理財原論を加えている。うち，日本語が 1 年で 17 時間，2 年で 14 時間の多きを占めている点が注目される。正科に進むと，政治門と法律門に分けられ，表 8-2 のような学科課程が組まれている。両門全学年に共通な学科は，人倫道徳・皇朝掌故・大清律例・民法・刑法・英語・体操であって，英語の比重は 35 時間中 6 時間を占めていた。後術のように，日本人教習が授業に関わるので，日本の法学教育が反映する度合いも大きなものがあったと思われる。

表8-3は別科の,表8-4は講習科の毎週課程表をそれぞれ示しているわけだが,ここで注目しなければならない点は,別科のカリキュラムが,発足時の2年後に早くも改訂されていることであろう。光緒32年段階では,日本文の学習が大幅に組まれていたのに,同34年になると姿を消してしまい随意科目（各年次とも週6時間）となった。また,大清律例をはじめ,歴史や地理の授業時数が大幅に増えており,算学や格致も加わっているのが注目される[10]。

講習料については「学員無定額均以咨送人数満200人以上即可開辦」「毎年額至多不得過400人」とあり[11],1年半の速成教育を目指していたことがわかる。

別科・講習科の卒業者に対する奨励に関しては,後日,情勢をみて改善することとなっていた。1908（光緒34）年の「奏定法政別科講習科奨励章程摺[12]」はその成果である。

次に,京師法政学堂の教職員組織にふれてみよう。監督,教務長の下に教員と職員が位置づけられていた。監督の職務は「統轄各員主持全堂一切并得妥定本堂詳細規則随時呈明学部辦理」とあり,教務長は「兼承於監督管理全堂課程稽核各教員教法及各学生学業勤惰優劣教員管課官掌書官皆属之」という職務内容を与えられていた[13]。職員には,管課官・掌書官・庶務長・文案官・会計官・雑務官・講習科辦事官がおかれ,教員の方は学生の人数に応じて多寡がありうるとしている。なお「除監督由学部奏派外其餘各員均由監督量材延聘委用過応聘外国教習悉由監督與訂合同[14]」とあり,外国人の教習を招聘して教育内容を充実することになっていた。

それでは,どのような顔ぶれの下で京師法政学堂の教育が行われていたのだろうか。1908（光緒34）年頃の記録によって再現してみよう[15]。監督は喬樹枏（学部左丞）で,教頭の林棨が彼を補佐している。林は早稲田の卒業生でのちの満州国最高法院長である。教員は曹汝霖・章宗祥・陸宗輿・汪栄宝・范源廉・江庸・張孝拰・姚震・汪犠芝・曹彝進・黄徳章・夏燝時・朱紹濂らで,日本の帝国大学,早稲田・慶応・中央・法政等の私学を卒業して隆々たる声望を有していた。この上に日本人の教習たちが加わったわけである。総教習に巖谷孫蔵,

副教習に杉栄三郎（共に法学博士）を置いて，矢野仁一・小林吉人・井上翠そして松本亀次郎が教習として招聘されていた。2年後の記録によれば[16]，上記6名の他に石橋哲爾の名前がみえている。日本教習たちの担任科目は，巌谷が法政学，杉が公法経済学，矢野が政治史・政治地理で残り4名は日本語である。清国側の教師たちは10余名であって「官途に就きながら教授或は通訳を兼ねて居られた[17]」というから，おそらく講義の相当部分は日本語でなされたと予測されるが，先に述べたようなカリキュラムを，どのような配当のもとで教授したのか詳細はわからない。今後，資料の補充にまつところが多いのである。なお，京師法律学堂に招聘されていた日本人教習の顔ぶれを付記すれば[18]，岡田朝太郎（法学及法典調査）・松岡義正（法学）・岩井尊文（国際公法）・志田鉀太郎（商法及法典調査）・小河滋次郎（監獄学）・中村襄（監獄学）らがおり，他所の法政学堂や法律学堂，師範学堂等にも多くの日本人が名前を連ねていた。複数の学堂を兼任していた教習も存在したのではあるまいか，今後の研究課題のひとつである。

　話は前後するが，京師法政学堂の前身とされる進士館について考察を加えておこう。これは，1904（光緒30）年開設された官吏養成学校で，科挙に合格した新進士のうち翰林部属中書に用いた者を入れて，新しい時代に即応するための教育を施していた。「進士館章程[19]」によれば，修業年限は3年，学科目は史学（世界史・泰西近時政治史・日本明治変法史）・地理（地理総論・中国地理・外国地理・界務地理・商業地理）・格致（博物学大要・物理大要・化学大要）・教育（教育史・教育学原理・教授法管理法大要・教育行政法）・法学（法学通論・各国憲法・各国民法・商法・各国刑法・各国訴訟法・警察学・監獄学・各国行政法・中国法制考大要）・理財（理財原論・国家財政学・銀行論・貨幣論・公債論・統計学）・交渉（国事交渉・民事交渉）・商政（商業理財学・商事規則附海陸運輸及郵政電信等規則・外国貿易論・世界商業史）・兵兵（軍制学附海軍陸軍学校制度・戦術学・兵器学・考求兵器用法・近世戦史略）・工政（工業理財学・工事規則）・農政（農業理財学・農事規則附山林水産蚕業等規則）を必修とし，随意科目に東文（日本文）・西文・算

学・体操を置いている。先述の京師法政学堂のカリキュラムに類似している点も多く，近代化への道を模索する清国の情況を如実に示している。進士館が開設された翌年には，先述のとおり，科挙制度が廃止されているわけであるから，上述のカリキュラムがどこまで実施されていたかは疑問であるが，筆者は，京師法政学堂との連関性という観点から注目してみたわけである。

2　松本亀次郎の日本語教育

　清末の中国が諸方面の近代化を進めるために外国人を教習として招聘したことは，かつて日本が明治維新にあたって西洋先進国から有能な学者や技術者を招き，彼らを通して近代的文化を習得していった状況と類似している。この際注目すべきことは，中国が隣国の日本を参考にしたことである。事実，外国人教習の約9割は日本人であり，各方面にわたって日本人教習が招かれているのである。京師法政学堂の場合も，経営権は清国側にあったわけだが，教授用語に日本語が多く用いられており，通訳つきで進められた講義風景が予想される。1908（明治41）年4月に招聘された松本亀次郎の述懐にも，「通訳を用ひずして成るべく日本語で直接に日本教習の講義を聴き得る様にしたいといふので，僕より先に小林・井上両氏が其の教授に当って居られたが，クラスが増えたので宏文学院で知合の井上氏が推薦して呉れた[20]」とあり，日本語の教育が当時重要視されている様子を知ることができる。

　さて，京師法政学堂に招請をうけた松本亀次郎とは如何なる人物であろうか，筆者は，先に，彼の教師像について若干の考察を加えたことがある[21]が，再度，日本語の研究と教育に従事した松本亀次郎について吟味しなおしてみることにする。幸い先行研究も少しずつ出はじめてはいるが，京師法政学堂在職時代の松本については，まだほとんど言及されていないのが実情である[22]。そもそも，革命前夜の清末期，京師法政学堂等に課せられていた時代の要請には，屈辱的な治外法権を撤廃し開明的な立憲君主国家への移行をなしとげようとする清国

政府の政治的意図があった。清朝のいわば切札として過大の期待が寄せられていたのが法律学堂や法政学堂である。松本自身の前記述懐にもあるように，宏文学院で磨かれていた彼の力量は，京師法政学堂という新しい研究・教育の場を与えられて，一段と光彩を放つこととなる。ここで，松本の日本語研究の前歴をたどってみよう。

松本の人生は小学訓導として始められた。静岡県師範学校を卒業したのは 1888（明治 21）年 4 月で，直ちに静岡高等小学校訓導に任ぜられている。しかし，翌年 1 月，高等師範学校の試験生に合格，4 月に上京するが病をえて 7 月退学帰郷，静岡高小の東部分校首席訓導に任ぜられた。明治 24 年 9 月，高師に再度推薦をうけたが断念。それ以後は小学校教育に専念する[23]。かつて「城東郡の三秀才」といわれた同郷の林文平や八木喜平とは終生交際を続けているが，松本もこうした同期生と同様なコースを辿ることになるはずであった。

ところが，高師進学の夢を実現できなかった松本にも中等学校教員へのチャンスが与えられた。すなわち，明治 30 年 7 月，彼は文部省検定による尋常師範学校尋常中学校高等女学校国語科教員免許状を取得したのち，同年 9 月より，母校静岡県尋常師範学校助教諭に任ぜられたのである。半年後の 31 年 4 月，三重県師範学校に教諭として任命され，同年 10 月からは同校舎監を兼任した。33 歳である。「第一線の少壮から中堅の幹部教員として学校管理の中核となり，また教壇における練達の教師として，教員社会で尊敬される自他ともに許すべテランとして働いていた[24]」と評されているように，小学校現場での諸体験を生かして，教師教育に精励していたと推察される。

1900 年 10 月 25 日，松本は佐賀県師範学校教諭に任ぜられた。校長江尻庸一郎は，かつて静岡師範・同中学に在職したことがあり，松本とは旧知の間柄であった。江尻は当時，佐賀県教育会会長の要職にあって，県レベルの教育問題に大きな関心を寄せると共に手腕を揮っていた。松本はここでも舎監を兼任し（明治 34 年 3 月以降）ており，教壇のみならず，生徒指導にも熱心であった。「覇気のある学生が大勢自宅におしかけ食事を共にし，談論風発徹宵したこと

もしばしばであった[25]。」という。彼の薫陶をうけた者は足かけ4年の間に約200人に及んでいる[26]。父母を郷里に残しての九州入りであったが，長男操一郎の幼少期にあたり，妻ひさの内助の功に扶けられて，教壇に立ち学究に精進できる日々の連続であったと思われる。

このような折，彼に持込まれた仕事が方言研究である。実は，佐賀県教育会で方言辞典を編纂することになって，県内各地の方言の収集が行われていたが，そのまとめ役として佐賀中学校の清水平一郎教諭と共に松本亀次郎が選ばれたのである。これには江尻校長の推挙もあろうかと思うが，松本の学究的性格にふさわしい仕事でもあり，事実この編纂事業がもとで，彼は国語学者として飛躍的成長をとげるわけである。

『佐賀県方言辞典』が刊行されたのは明治35年6月であったが，前年12月段階で脱稿している。江尻会長の序によれば，「今や本県方言辞書は已に成れり。方言矯正の方針は茲に立てり。而して之と同時に，尚方言の語典をも出版すべければ，言語と綴方との聯絡亦望むを得べし。任に教授の実務に当れる諸氏両々相俟ちてこれを津梁となし，これを羅針盤とせば県下の国語教授の刷新は勿論教育全体の効果も亦刮目して観るに至るべし[27]」と記されており，方言辞典にかけた教育界の意気込みが感じられる。

全国を見渡した場合，この種の企画で早いものは，島根県教育会『出雲言葉のかきよせ』（明治21年）・仲本政世『沖縄語典』（明治28年）・福岡県教育会本部『福岡県内方言集』（明治32年）・石川県教育会『石川県方言彙集』（明治34年）等がある[28]のみで，佐賀県は比較的早い時期に着手していることがわかる。

出版された辞典の冒頭には，東京帝国大学文科大学の上田萬年（国語国文学教授）の序言が掲載され，松本と清水の労をねぎらっている。

松本家の遺品[29]のなかには，明治35年頃の作と思われるつぎの意見書がある。題して「教授実験ノ結果国語教育完成上将来ノ尋常及高等小学校国語教科書ノ編纂ニ対スル希望」である。内容の要点は，次のようになる。「1. 文字文章，仮名遣い，句読法等に関する希望事項 ㋑ 文字は仮名を主とし大に漢字を節減

する，㊁句読法及仮名記載法を一定して仮名綴り文の発達を図る。㊅表音的仮名遣いに改める。㊂耳遠き漢語・古語および生硬なる新熟語を教科書に用いない，㊄文体は口語体を主とする，㊆書簡文その他日用慣行の特殊文体は口語体を主とする。2. 国語科万能主義を廃し地理歴史理科等の実科教授は国語科より時間を分立する。3. 教科書は各府県において編纂する」。といった事項をあげた上で，希望3項目を列挙している。(1)国語は形式教授を主とし内容教授を副とする。(2)小学校の各教科の連絡をよくとる。(3)各師範に教科書編纂部を付設する。

周知のように，1902年とは教科書疑獄事件がおきた年であり，翌年は国定教科書制度が定められて，教育の国家的統一が進んだ年代にあたる。かかる時期に松本は上記のような意見書をまとめているわけで，われわれはここに彼の先見性をみることができる。とくに方言研究を契機とした考え方であろう，地域に根ざした教科書編纂を主張していることは注目に値する。

松本家の遺品のなかには『佐賀県方言辞典』の原稿もそのまま保存されていた。清水と松本が辞典のなかで提案している「方言改良の方案」の原文によれば，「学問上よりみるも，方言の撲滅は古跡の破壊に同じく」とか「方言には一の愛郷心ともなうものなり」といった松本の原文を清水が訂正して「方言の滅却は古文書，旧跡等の残欠と同じく」「方言は必しも悪言なりといふべからず」に改められているという[30]。方言研究にかけた松本の意気ごみが伝わってくるようだ。辞典の編纂は松本らに自信を与えたと同時に，上田萬年に代表される斯界の識者に彼らの実力が認められる機会ともなった。ちなみに，わが国で言語学会が設立されたのは1898年5月であり，その時会長には上田萬年が就任している[31]。また，国字改良会が設立されたのも同年7月であり，これには上田萬年のほか加藤弘之・井上哲次郎・嘉納治五郎・矢田部良吉らが名前を連ねている。国字改良会は翌1899年10月，帝国教育会に合併され，国字改良部に衣更えをする[32]わけで，明治30年代の言文一致運動へ発展してゆくが，ここで大切なことは，上田と嘉納が同席で論じあえる機会がつくられていた点

である。この間に日本語研究の方も急速に進歩しているといえよう。

　1903（明治36）年5月，松本亀次郎は宏文学院に招聘された。ここは，嘉納治五郎が中国人留学生のために開いた学校で，松本が上京したこの年には学生数が1,000名に達している。松本の回顧談を引用してみよう。「老生の初めて支那留学生に日本語を教授したのは明治三十六年即ち老生が三八歳の時，嘉納治五郎先生の宏文学院に雇はれた時である。当時宏文学院には，速成師範科，速成警務科及び普通科の諸班があって，速成科は八九箇月修了，普通科は三年卒業で，班名は団結して来た地名の名を冠したのである。当初に僕の教授した班は普通科は浙江班，速成科は四川班と直隷であった[33]」。師範学校教諭を退いて私立学校に転身させた動機が何であったか，についてはまだ定説はない。宏文学院には国語学の人材が揃っていたこと，公立学校での恩給がついたので新しい道に転じたかったこと，老父母に孝養するため上京の機会をねらっていたこと，「ことによると彼は公立学校の教員生活に行きづまりを感じていたのかもしれない[34]」という説もある。これらは互いに関連しあっていると思う。筆者は，東京転勤の年8月31日には父市郎平が他界していることから，郷里静岡に近い所へ戻りたいという希望が強かったからだと考える。なお，佐賀師範学校時代の遺品[35]のなかには，渡辺龍聖の講演を速記したものも保存されている。嘉納治五郎の訪中は1902年7月—10月であり，宏文学院の教授陣を強化する必要が関係者に認識せられてきた時期でもある。松本をして中国へ目を向けさせた動機が確かに存在するわけである。

　ともかくも，松本は嘉納の要請をうけて勇躍上京，宏文学院で中国人留学生を相手に日本語を講じることになった。宏文学院の全体像については他稿に譲り[36]，松本の回顧録を中心に当時の上京を考察してみたい。

　そこで，まず，中国文学界の第一人者魯迅（周樹人）の若き日を再現してみる。「普通班は卒業後高等学校或は専門学校に入学して日本の学生と同じく教授の講義を聴かねばならぬから日本語の学習には熱心であった。学生中には先年死んだ有名な魯迅すなわち周樹人氏や，昨秋国民政府外交部次長から駐独大使

として赴任し……た陳介氏や曾て日華医師聯合会の催された時支那側の団長として来朝された厲家福氏其の他秀才揃ひであった。僕は他の講師が去った後を引継いだので彼等の日本語は既に相当程度に達してをった。最早漢訳して教へなくても大体は日本語で同意語に言ひ換へて説明すればわかる程度に進んで居たが，或日助詞のにに漢字を充てる必要が生じには漢字の于または於に当ると黒板に書いた処が，厲家福氏が于於と二字書くには及ばぬ。于でも於でも一字書けば同じだから宜しいと言ひ出した。処が僕にしてみるとその時分はまだ支那語で于於の二字が同音で有ることは全然知らないし，『操觚字訣』や『助字審詳』などで面倒な使ひ分けを習って居たのでそれが無区別だ，一字で用が足りる，と言はれて些か面喰った恰好であったが，その時魯迅が言を挿んで于於が何処でも全く同じだと言ふのではない。にに当る場合が同音同義だからどちらでも一字書けば宜しいと言うのですと説明した。それを聴いて僕は漢文字の使用法は本場の支那人と共に研究する必要の有る事をつくづく感じさせられた[37)]。」

　これは，松本の授業風景を描いている貴重な記録である。魯迅の訳文は穏当且つ流暢で「魯訳」とよばれていたというから，松本にとっても，彼らから学ぶ点が少なくなかったであろう。「教授者被教授者双方共彼此の会話に通じない者が文法を教へるのは難儀であったが，短時間に日本語文を最も効果的に教へるにはどうしても文法を教へねばならぬ必要が起ってきた[38)]」と松本はいう。そこで，宏文学院の教務長三沢力太郎の支援や学生たちの要求をうけて，松本はひとつの教案を試みる。教授者は，助詞や助動詞，動詞等の語尾変化や，主語客語補足語説明語修飾語等の位置構成について日漢両文の異同を比較対照して品詞論からも文章論からもくわしく教授せねばならぬ，極端にいうと，速成科は文法と国字（留学生たちは奇字とよんだ）を教授するだけで間に合うわけであるが，先にみた普通科の授業風景から推測されるように，漢訳には色々の困難がともなっていた。それ故，松本はまず教案づくりに精励する。佐賀師範時代の方言調査によって，日本語に関する研究が大いに進んだ松本であるが，中

国人相手にそれをわかりやすく教授するためには工夫が必要であった。教案づくりの努力は積み重ねられて，明治37年7月刊行の『言文対照漢訳日本文典』にその結実をみるわけである。皮肉なことに，その刊行を動機づけた事件が教科書国定化であった。すなわち従来の教科書会社はつぎつぎに身売りをした。普及社も中外図書局に合併させられ，新しい事業拡張に向けたのである。取締役の鈴木充美は中国の実況視察に出かけることになったが，その際何か見本を持参したいというわけで親友関係の嘉納治五郎に相談した。嘉納としては突然の指命とて，松本に相談し，急拠文法書をまとめることになり，ルビ付漢訳付46版460頁から成る見本刷が出来た。最終段階で出版社は日本堂に落着いたが，嘉納の序文を巻頭に掲げ，文語と口語とを対照し，比較的穏妥な訳文に好評を博することとなる。巻末には，訳文の修正に協力した高歩瀛や崔瑾，王振祜らが漢語で跋文を寄せている。陳宝泉や王章頣，経亨頣らも協力したという。

松本自身「この向の書では僕が先鞭を着けた[39]」と述べているとおり，文典刊行は彼を日本語教育の第一人者におしあげる原動力となった。来日する中国人留学生は必ずといってよい位買い求めてくれるし，中国内地では各所で翻刻や謄写版にして教科書に使われた。まさに「洛陽の紙価を貴からしめた[40]」のである。ちなみに，1906年6月段階では改訂12版を閲しており，さらに1929年11月段階に至ると訂正増補35版となり，他の類書も遠く及ばない売行きを示している。

松本亀次郎はこの宏文学院で1908年3月までの足かけ6年を過ごすわけだが，当時，日本語の教授者としては，三矢重松・松下大三郎・井上翠・難波常雄・佐村八郎・柿村重松・峯間信吉・門馬常次・江口辰太郎・臼田寿恵吉・小山左文二・菊池金正・唐木歌吉・芝野六助・金田仁策等20名ばかりが在職していた。学院長嘉納治五郎のよびかけで『日本語教科書（語法用例部）』(3巻)の編纂の議がおきた折，松本はその起草委員に推挙され，彼の提案する資料を中心に毎月1-2回の論議を1年余り重ねて，1906年6月，金港堂から出版された。編纂にあたっては，嘉納院長自ら会議を招集し議事を進めたという[41]。このほか，

『日本語会話教科書』の編纂事業にも院長委嘱で加わり，三矢・松下・小山・門馬・臼田のほか，立花頼重・乙骨三郎・館岡政次郎らの協力をえている。また，師範科講義録・日文篇の編集にも力を尽している。

このような編集事業が示すように，宏文学院は，日本語研究の有力な舞台であった。中国人留学生教育を契機としてこの方面の研究も一段と進んだわけである。のちに，日本文法の大家となる松下大三郎が三矢重松の推薦により宏文学院に28歳で招かれるのは1905年4月であるが[42]，松下も1906年1月には『漢訳日語階梯』を出版しており，上記井上翠の編になる『日華語学辞林』は同年10月出版，同氏の『東語会話大成』は1907年5月出版と続いている[43]。

宏文学院在職時代の松本は，中国人相手の教育と日本語文法の研究に努力を傾注したわけだが，ここで付記しておきたいことは，上京してすぐ英語を学ぶために正則英語学校に通ったこと，清国留学生会館で秋瑾女史らを教えたこと，張之洞の湖北路鉱学院にも出かけたこと等である。

宏文学院は松本渡清の翌年（1909）閉鎖されるが[44]，先述のように，この動きは，中国本土の新教育制度の変化に深くかかわっている。

3 松本北京時代の教育史的意義

松本亀次郎の生涯は，明治維新に始まり，1945（昭和20）年の敗戦の年で終わった。郷里大東町（現掛川市）の実家に保存されていた約4,000点に及ぶ原資料に目を通してゆくと，1人の足跡はその人をとり囲む多くの事象と深くかかわっていることを示している。松本の本舞台となる東亜高等予備学校関係の資料が，おそらくは関東大震災によるものであろう，その大半を消失してしまっていることは誠に残念だが，幼少期から晩年に至る数々の資料が残されていたため，松本に関する限り，多くの真実を引き出すことができそうである。

さて，彼の全生涯のなかで，北京時代がいかなる意義を有するのか，最後に考察を加えることにする。筆者はおよそ3つの点をあげられると思う。その第

1は，彼の本領とする日本語教育の内容・方法を中国本土において実地検証することができたという点である。すでに述べた如く，京師法政学堂の教育は中国近代化への意欲をもった教授陣のもとで始められたのである。遺憾ながら，章程に記載された資料と，松本自身の回顧録を繙くことができるのみで，本格的な実証資料はまだ出てこない。松本は，日本人教習として迎えられ日本留学を体験した中国人教授陣たちと連携をとって日本語教育に専念したわけである。宏文学院で中国人学生から摂取した日本語文法への注文は，中国本土に至って，さらに本格的な調査研究への意欲をよびおこした。こと日本語研究となれば，中国人に如何にわかりやすく漢訳してゆくか，というテーマに即して，彼自身が外国留学したことに匹敵する。皮肉にも，前の赴任校宏文学院は外地滞在中に閉鎖されて新しい動きがみえてきた。松本がもしそのまま日本に留まっていたら，彼の日本語教育も一頓挫を来たしたことであろう。明治44年春，中国（清）では留日学生予備学校を北京に設置するための奏議が裁可され，松本も日本語教習として聘用される内約であった。彼の力量は熱心な教壇での態度と相まって，中国本土においても高く評価されていたのである。

　意義の第2は，松本の交際範囲がいちじるしく拡大したことである。300人を越すといわれる日本人教習のなかには，彼に影響を与えた人も少なくないであろう。「北京に於ける日本教習」について，松本は次のように回顧している。「其の頃北京大学には服部宇之吉博士，法律学堂には岡田朝太郎・小河滋次郎・志田鉀太郎・松岡義正諸博士，財政学堂には小林丑太郎博士，巡警学堂には川島浪速氏・町野武馬氏，北京尋常師範学堂には北村沢吉博士，芸徒学堂には原田武雄，岩瀧多磨諸氏が居られた。又，公使館には公使として初め林権助男，後に伊集院彦吉男，書記官に本田熊太郎氏，松岡洋右氏・広田弘毅氏，公使館付武官に青木宣純中将・本庄繁大将などが居られ，坂西利八中将・松井石根大将なども時々見えられた。後に名を成した人々が斯くの如く多数に北京に集まって居られた事は実に奇縁と謂ふべきで碌々僕の如きも北京に居ったればこそ其等の人々の聲咳に接し一面の識を忝うするを得たのは責めてもの思出と

言はねばならぬ[45]。」上記の人たちに京師法政学堂の面々を加えたあたりが北京時代の交際範囲であったと推察されるが，後年，松本が東京神田に東亜高等予備学校を創設するに際しては，北京時代の知己が物心両面に亘って援助しているのである。1931年7月出版の『中華五十日游記』は松本の自伝とも称すべき著作であるが，その冒頭に「予が教場に於て相見えた中華学生は，優に萬を以て数へる程で[46]」と記されているように，多くの教え子に接した喜びと自信が彼に充満していたことを示してくれる。萬を数えるなかには弘文学院や東亜高等予備学校での学生たちが含まれるわけであるから，北京時代ということになれば，数も限定されるわけだが，「撫子の色取りどりに咲き匂ふ国懐かしみ旅立ちにけり[47]」という歌が詠まれる程に中国は彼にとってもっとも身近かな外国だったといえそうである。

而して，第3の意義は，松本の中国観がこの教習時代を通じて形成されたことである。彼の創設になる東亜高等予備学校の校名に「日華同人共立」の6文字を冠し，彼を支えた曽横海の好意に報いている一事をみても，松本が真実中国に好意を寄せていたことがわかる。ちなみに，曽は宏文学院時代に教えた湖南省出身の留学生で，1913年夏頃，同省から来ている留学生だけでも400人であるから，それを基礎に日本大学を教場に借りて日本語の講習会を開くので講師に頼みたい，という要求をもってきたことから，東亜高等予備学校が誕生したというわけである。松本の人徳は時代に国境を越えていたのである。外国人教習として過ごした松本の北京時代は，教育史的に意義深い何物かを遺しているのである。

以上，われわれは，「京師法政学堂と松本亀次郎」と題して，戦前日本の中国における教育事業の一例を検討してきた。松本亀次郎関係の資料が発掘され一般に公開された[48]のを機会に，中国人留学生教育に生涯を捧げた彼にとって，北京在住時代がどのような意味をもつか明らかにしてみたいというのが，研究の動機であった。

あらためて断わるまでもなく，京師法政学堂に関する資料は，同学堂章程以

外皆無に近いわけで、そこでの教育的営為についてはほとんど明らかにできないのが現状である。したがって、本研究において留意した点は、松本亀次郎に関する従来の研究を紹介しながら彼の後半世に及ぼした北京時代の意義を位置づけるという試みである。限られた紙数のなかで松本の全生涯を説明することはできない。今後、松本関係資料を活用しながら、本題の趣旨にそった研究内容を逐次整えてゆきたい所存である。

注

1) 拙稿「戦前日本における中国人留学生予備教育の成立と展開」(『国立教育研究所紀要』第94集・アジアにおける教育交流、1978年、pp.61-80所収) において、筆者は中国人留学生教育の「量から質へ」の転換を「五校特約」として論じている。
2) 中島半次郎『日清間の教育関係』1910年、p.14以下を参照。
3) 多賀秋五郎『近代中国教育史資料・清末編』日本学術振興会、1972年、p.31
4) 同上書、p.36には次の記述がある。
　「……西洋とはやくより接触していた中国が、なぜ、日本より30年もおくれなければ、近代的教育制度を実現しえなかったのであろうか。それには、日本の場合、明治維新という改革を断行して、近代国家への脱皮が比較的順調に行われたという点もさることながら、中国に、整然として旧学校体系が存在したことも、要因のひとつとして見のがせない。日本には、幕府の昌平黌や各藩の藩黌、それに、郷邑の郷学や市井の寺子屋が発達していたけれども、それは封建体制のなかで、個別に存在し、なんら統制されていなかった。この点、国子監を頂点として、府州県学にいたる教育体系を有していた中国では、それが科挙と密着し、伝統的な根強い勢力を有していた。それだけに、これを破壊して、近代学制を実施することには、つよい抵抗があった。……」
5) 『清史稿、列伝二二六・栄慶伝』多賀前掲書、p.41より再引
6) 多賀前掲書、p.449以下に収録。
7) 同上書、p.72
8) 島田正郎『清末における近代的法典の編纂』創文社、1980年、p.222
9) 多賀前掲書、pp.79-80、およびp.477
10) 同上書、p.85の解説では「あらたに刑法・国際公法・国際私法・財政学をくわえた。」としているが、これは誤りである (表8-3参照)。
11) 「京師法政学堂章程」第28条多賀前掲書、p.455所収
12) 同上書、p.503所収

13) 前掲，「章程」第39・40条，同上書，p.456所収
14) 同上書，第38条
15) 松本亀次郎「隣邦留学生教育の回顧と将来」『教育』第7巻，第4号，岩波書店，1939年，pp.537-548所収による。
16) 中島前掲書，pp.15-16
17) 松本前掲論文，p.542
18) 中島前掲書，p.16
19) 多賀前掲書，pp.372-377に所収。
20) 松本前掲論文，p.542
21) 拙稿「教育者松本亀次郎に関する一考察」『鹿児島女子大学研究紀要』第3巻，第1号，1982年を参照。
22) さねとうけいしゅう『中国留学生史談』の第Ⅹ談「松本先生と周恩来青年」同上書，pp.34-35および，平野日出雄『松本亀次郎伝』の第4章3「京師法政大学堂教習」同上書，pp.203-208を参照。
23) 筆者は前記論文において，松本の高師進学説を立証する史料が未発見であることを指摘したが，1981年秋，松本の実家に保存されていた史料を分析してまとめられた平野日出雄氏の努力により，松本の経歴が明確となった。松本関係史料は約4,000点にのぼり，郷里の静岡県大東町北公民館に一括保存されている。
24) 平野前掲書，p.163
25) 増田実『松本亀次郎先生伝』1951年，p.14
26) 『佐賀県師範学校創立三十年志』1915年，pp.221-223に記載の「卒業生名簿」によると，205名になるが，中途退学者もいるので，もう少し多い数になると思う。拙稿「松本亀次郎研究——佐賀師範在職時代を中心に——」『九州教育学会研究紀要』第10巻 1982年 pp.63-70所収を参照。
27) 『佐賀県方言辞典』p.4
28) 佐藤喜代治編『国語学研究事典』方言の項を参照。
29) 注(23)で付記した松本関係資料のなかに保管されている。
30) 平野前掲書，p.170の指摘による。
31) 『国語教育史資料』第6巻，年表 pp.143-144
32) 同上書，p.151
33) 松本前掲論文，同誌 p.538
34) 平野前掲書，p.174
35) 静岡県大東町北公民館所蔵の松本資料による。
36) 蔭山雅博「宏文学院における中国人留学生教育——清末期留日教育の一端——」教育史学会紀要『日本の教育史学』第23集 pp.58-79所収を参照。

37) 松本前掲論文，同誌　pp. 538-539
38) 同上書，p. 540
39) 同上書，p. 541
40) 拙稿「(研究ノート) 中国人日本留学育ての親・松本亀次郎」『朝日新聞』1981 (昭和56) 年11月18日付・文化欄所載を参照。
41) 宏文学院編纂 (代表者松本亀次郎)『日本語教科書』の「緒言」p. 1
42) 松下大三郎著『改撰標準日本文法』解説篇，徳田政信，p. 49 を参照。
43) 前掲『国語教育史資料』p. 217, p. 220, p. 227
44) 松本亀次郎『中華留学生教育小史』p. 25
45) 松本前掲論文，p. 534
46) 松本亀次郎『中華五十日遊記』東亜書房，1931年，p. 1
47) 同上書
48) 静岡県大東町北公民館 (増田実館長) に保管公開されている松本関係資料は，教育史研究上，全国でも稀有な価値を有するものである。目下，静岡県立中央図書館でも資料目録を作成中である。なお，北公民館は現在掛川市立大東図書館と改称している。

阿部洋編『日中教育文化交流と摩擦──戦前日本の在華教育事業──』1983年11月

第10章

東亜学校と松本亀次郎
――戦時下の動向を中心として――

序にかえて

　日本の対中国政策を考察するにあたり，本章では留学生教育の動向に注目してみたい。その事例として，松本亀次郎（1866-1945）を創設者とする東亜高等予備学校の変化にも留意しながら，日中戦争下における両国の対応を検討することは，時宜に適っている。

　そもそも，中国の近代化に対して，日本における留学生教育が果たした役割は想像以上に大きなものがあった。留学生・汪向栄（1920-）は最近の著作で次のように指摘している。

　「1896年…これ以後，1949年の中華人民共和国成立までの半世紀に，日本に留学した中国人学生の数は5万人から6万人前後と，実藤恵秀博士は…推計している。…20世紀の5，60年代になっても，一般の中国人の内心では，日本留学生に対する印象はよくない。これは，率直にいわなければならないことである。しかし，歴史上の事実は客観的に存在する。中国の近代化にさいしての啓蒙は彼らの力によるものであったことは，否定できない[1]。」

　汪向栄は自分自身の留学動機を述懐する。

　「私が生まれた年代は，中国と日本両国の関係は非常に緊張しており順調なものではなかった。私は物心ついたときから，日本は帝国主義者であり，東洋

小鬼であり，我々の土地を侵略し，同胞を殺害すると知った。…私達は『国恥記念日』を設け，日貨排斥によって抗日，排日を行った。…しかし，家庭では，曽祖父が雑談の中で，日本には悪人もいるが，良い人もいる，光緒の末，中国が新しく学校を設立しようとしたとき，多くの日本の先生が協力してくれたが，そのとき曽祖父は，北京で京師法政学堂総教習を代行しており，多くの日本の先生とともに過ごしたと，語ったのを私は聞いたことがあった。…[2]」

彼の曽祖父が「良い人」と評価していた人物のなかに松本亀次郎が含まれていたことは後に知るところである。彼の手記は続く。

「侵華戦争の当初は，日本帝国主義者は強大な武力で，疲弊した中国を相手にし，当然のことながら破竹の勢いで大勝利を得たが，中国人民の恨みも一層増した。しかし，ものには両面がある。日本人民の間では，中華民族は征服することが出来るものではなく，平和によってのみ共存することが出来ると考える人々が，日に日に増していった。中国人民の中にも，中日両大民族の関係は，戦争によって解決するものではなく，また日本人民も全ての人が悪いわけではないという考え方が，過去よりも多くなっていった[3]。」

以上の引用からも推察されるように，日中戦争下の留学生教育は，心ある人民の歴史認識に支えられ，「何とかしなければ」という強い意志により継続せられていった，とみなければならないだろう。汪向栄の手記を今少し加えてみる。

「中日両大民族がお互いに憎み合う局面から永遠に抜け出ることができないということについて，日本人民はどのように考え，どのように生きているのか。行ってこの眼で確かめてみなければならない。もし私が考えていたよりもましであったなら，又再びもどってきても遅くはないと…[4]。」

第二次世界大戦中，日本に留学した中国人留学生がどれ位いたかの問題は別にして，その多くは日本占領地区内の傀儡政権下の子弟と予想される状況のなかで，汪向栄のごとき，救国への道を模索しようとする「心ある」勇敢な学生が存在した史実はまことに貴重であり評価に価する。

多くの留学生がそうであったように，東京に着いた汪向栄は，まず東亜学校（東亜高等予備学校を改称）の日本語補習科に入学している。そこで，同校の創設者が松本亀次郎であることを知るのである。松本の著作は，日本留学のための入門書として洛陽の紙価を貴からしめていた。そのなかのひとつ『日語肯綮大全』に，中国語訳で少なからず疑問をもった個所を発見した汪向栄は，直接松本亀次郎に手紙を書いた。そのことが契機となり，両人は「語り，散歩し，食事をする」関係をもつこととなった。当時，松本は75歳の高齢だが，「歩き方がさっそうとしているばかりでなく速度も早く，全く老人臭さを感じさせなかった[5]」と汪はいう。話題の内容は，交際の深まりと共に真実のものとなり，留学生の心に日中友好を懇願している日本人教師が確実に存在していることを植えつけたわけで，その後，数10年を経て，松本亀次郎の名を国際的舞台に引出す源泉となる。

本研究においては，日中戦争さらに「大東亜戦争」と拡大した国際的危機のなかで，日本と中国の心ある人たちが，どのような文化交流を模索していたか，留学生教育の第一人者・松本亀次郎の主張に焦点をあて，史料を紹介しながら，実証的考察をすすめたい。

1 松本亀次郎の中国観

(1) 1910年代——学校創設の理念

「日華同人共立」の文字を冠して，辛亥革命直後の1913（大正2）年に創設された東亜高等予備学校，その詳細については他稿に譲るが[6]，ここで指摘しておきたいことのひとつは，創設者松本亀次郎の中国観である。上記冠頭文字が象徴するように，新中国に対する松本の歴史理解には確かなものがあった。すなわち，同校は，かつて松本が宏文学院で教えた湖南省出身の留学生曽横海の懇請により発足した日本語教室が源流となり，北京の京師法政学堂在任中の上司・杉栄三郎（後の東亜学校学監）や吉澤嘉寿之丞が松本に協力して設立された

のであるが，校長となった松本は，弟子曽横海の精神的尽力を功労する記念の意味で6文字を冠したのであった[7]。ちなみに，最初の校名は「東京高等預備学院ト仮称イタシ，…[8]」とあり，正式届出の際に「東亜高等預備学校」としたらしい。

筆者は「日華同人」という表現に思い至った松本亀次郎の歴史観・中国観が，いかなる経緯のなかで形成されたものであるか，という問題に着目したいのである。汪向栄の証言によれば，松本は，「宏文学院から京師法政学堂に渡った幾年かの経験の中で得た[9]」信念であると述べたらしい。

ここで，清末民初の中国に目を転じてみると，屈辱的な治外法権を撤廃し，開明的立憲君主国家への移行を意図して設置された京師法政学堂をはじめとする諸機関に日本人教習が招聘されたり，日本の官立学校5校に15年間の協定で官費留学生を派遣するなど，量から質への転換を図っていた。宏文学院にそのまま松本が留まっていたとしたら，彼の日本語教育は一頓座を来たしたことであろうし[10]，中国認識も深まることなく打過ぎたであろう。日本語教育における彼の力量は中国本土在職の4年間に磨かれ，交際範囲の拡大と相俟って，松本理論形成の基盤となっていることを強調しておきたい。

松本亀次郎にとって，終生最上の知己であった杉栄三郎は，後年，次のような人物評を残している。

「原来教育は，学問の深浅，教授法の巧拙のみによって，成果を決するものにあらず，人格が大いに関係を有するもので，殊に中国に於て然りである。(松本)君は資性温厚篤実の君子人であったので，其の人柄は，真に学生の胸裏に反映し，学生は，君を敬信し，忠実に其の教授を習受した[11]。」

宏文学院時代の余勢をもって研究に精進し著作を固めながら，日本語教育の第一人者に推されてきた松本亀次郎は，辛亥革命で帰国を早めたわけだが，東京では私立学校を創立し中国人留学生の教育に専心することとなる。東亜高等予備学校は，研究と教育の両面に卓抜せる能力を有つ松本亀次郎の手で，輝かしい一歩を踏出していた点にまず注目したい。

(2) 1930年代の松本亀次郎

　時代は降って，校名を「東亜学校」に変えるのが1935（昭和10）年6月1日である。改定案第1条によれば「本校ハ東亜支那ノ留学生ニ対シ，主トシテ日本語ヲ教授シ又諸種ノ学術ヲ修得セントスル者ノ為ニ其ノ予備教育ヲ施スヲ以テ目的トス[12]」とあり，満州国成立による新たな東亜友邦の概念をつくるべき時期の完備した日本語学校が意図されていた。ちなみに，同校の在籍者数は，この年だけで4,404名（男3,892　女512）となり過去最大であるが，日中戦争に突入する昭和12年以降は急速に減少している[13]。

　この校名改称の時期，松本亀次郎は同校の名誉教頭という肩書を与えられていた。日華学会の経営に移行した1925（大正14）年以降教頭職に甘んじていた松本は，時勢の赴くままに，校長（細川護立日華学会会長）・学監の下で，彼自ら現場の第一線に立ち，経営よりも教育に余年なき日月であったと想像されるが，1931（昭和6）年10月，教頭職を辞任し，自ら創設した東亜高等予備学校を外部から見守る位置に立たされるのである[14]。この間，学監は，松村伝（元台北高等学校長），三輪田輪三（元山形高等学校長）が就任し，昭和8～12年は杉栄三郎がその職にあった。杉学監の登場は，かつて京師法政学堂での上司というわけであるから，松本にとっては決して不本意とはいえないだろうが，時勢は大きなうねりをもって松本の頭上を越え，彼をすでに第一線から退かせていたのである。汪向栄は次のように分析している。

　「二十世紀の30年代，日本が中国侵略戦争を発動する前夜に，松本亀次郎先生は中国を熱愛し，理解する心情にもとづき，中日友好を堅持する立場から出発して，公然と反対意見を提出した。………先生には日本政府の進める狂気じみた侵略戦争をやめさせる力はなかったけれども，ある程度は影響を与えた。少なくとも，彼自身の態度を表明することによって，日本の民衆の正直な声なき声を代弁したのである[15]。」

　上記意見書の原文は残されていないが，松本の報告書『中華五十日游記＆中華教育視察紀要』(1931) の内容とほぼ同じであろうと推測されている。その「緒

言16)」のなかから、松本の中国観を眺めなおしてみたい。

「予は原来熱心な親善論者で、切情の迸る所、婉説するの遑無く、思はず露骨な直言と成ったものである…」

「中華の学校へ行って見れば、昔日と面目を一新し、教師も学生も能く呼吸が一致して、新興国たる気分が、十分に横溢して居る。それにも拘らず、我が国人が、依然として自己優越感を抱いて居るのは、我が国家の発展上大いに戒慎すべき事と思はれる。」

「最近十年は、米国崇拝熱が盛んであったが、今は再び日本研究も盛になって来た。と云って、親米が親日に変って来たのではない。中華自主自立の見地から、東西の長処を採用し、或は日本人の研究を、巧みに摂取して、自家の薬餌とするのに気がついて来たのである。」

「近頃日本留学生の勢力は、欧米留学生に圧倒され気味であるが、併し数に於いては、何倍あるか分らない。…予が游記及び教育視察紀要を一瞥されたら、如何に多くの日本留学生が、各地に散在し活動して居るかといふ事実が、歴然として証せられるであろうと思ふ。この後とも、留学生の教育には益々力を用ひて、欧米の其れよりも、優良の留学生造出に努められたいものである。」

「殊に予の日本朝野に対して、注意を喚起しておきたい事は、現在日本に来て居る留学生の大部分は、依然我に学んだ旧き留学生の子弟・縁故者・乃至知人の子弟であることの一事である。……日本に特別の親しみを持ちて、来てをるものである。之に対しては、出来得る限り、親切に取扱ひ、自国に学ぶよりも、欧米に留学するよりも、一層の効果を収めて、帰国せしめるでなければ、彼等の父兄が、折角日本に留学させた本旨に副はぬだらうと思ふ。」

「中華に親しみを持たぬ人の紀行や感想には、兎角酷評に類するものが多い。民国人が観たら、佗山の石で、一種の教訓に成るかも知れぬが、他を益せぬ前に、自己の徳を傷つけ、或は自国人の己惚心を助長せしめる虞はないかと思はれる。」

最後に、松本は次のような問題を提起して識者の関心を促している。

第10章　東亜学校と松本亀次郎

「茲に予が特に識者の教を請ひたい疑問が一つある。中華民国は，革命以後既に二十年に成るが，天が未だ中国の統一を好まぬのであるか。…予は一日も早く完全な統一が出来たなら，民国の文化促進上は勿論，世界の為にも，東亜諸国の為にも，此の上なく結構な事と思ふが，兎角日々の新聞を見ても，彼等の私争を面白がって，傍観して居る様で……反対の運動が起れば，待って居ましたと言はぬばかりに，囃し立てゝ居る様な傾きがある。」

「これを民国人に問へば，党人を除くの外，どちらが負けても勝っても風馬牛で，相関せずに澄まして居る。其処に民国人の物事に屈託せぬ偉大性もあるが，それでは折角帝政を倒して，共和政に為しても，一向其の甲斐が無いのである。他国の傍観者は兎に角，民国人は何を将来に期待して居るのであるか。」

「抑々民意を尊重し，国利民福を基調として起つ真の愛国憂世の大政治家の出現を待って居るのであるか。現在の時の人では，智に過ぎ，勇に余って独り融和互譲の徳に欠くる為，天下の信望を集めて，五人種を統轄するに足る鞏固なる政府を造りあげることは，到底望まれないのであるか。」

「予は新興民国の少壮年者に対しては，其の意気の壮なるに多大の望を属するものであるが，指導の地位に在る政界軍界の，何時迄も内乱私闘を繰返してをるのには，つくづく歎を抱くものである。是れ予が大いなる疑問として，切に中外識者の高教を仰ぐ所以である。」

40年余の歳月を中国人留学生教育のため捧げ尽した松本亀次郎の思想を，以上の言辞は見事に表現している。

松本は，関東大震災（1923）以後の経営難に加えて，中国人留学生教育振興全体の国策に協力するため，東亜高等予備学校を日華学会に譲渡し，自らは教頭職に甘んじながら，日本語の研究と教育に邁進したのであった。彼の信念は，教師としての実践活動を通して形成され，中国人留学生たちを介して教育観を確立していった。松本には，国境を越え，時代を越えて通用する「留学生教育の理想」が宿されていた。『中華留学生教育小史』の一節にそれを求めることができる。

「日華親善固より可であるが，予が理想としては，留学生教育は，何等の求める所も無く，為にする事も無く，至純の精神を以て，蕩々として能く名づくる無きの大自然的醇化教育を施し，学生は楽しみ有るを知って憂ひあるを知らざる楽地に在って，渾然陶化せられ，其の卒業して国に帰るや，悠揚迫らざるの大国民と成り，私を棄て公に殉ひ，協力一致して国内の文化を進め，統一を計り，内は多年の私争を熄め，外は国際道徳を重んじて，独り日本のみならず，世界各国に対しても睦誼を篤くし，厳然たる一大文化国たるの域に達せしめるのが主目的で，日華親善は，求めずして得られる副産物であらねばならぬと考へるのである[17]。」

政治や軍事の世界を超越して，若者の未来につなぐ教育に生き甲斐を求めた松本の信念がここに表明されており，1930(昭和5)年に書かれたという。この理想を実現すべく，彼の30年代は始まるわけだが，その意に反して，陰湿な迫害が加えられる。すなわち，彼は，前述のとおり，教頭職を辞任させられるのである。高齢者の域に達していたとはいえ，東亜学校は松本が創設した民間教育機関であった。しかし，政府の侵華政策に対し公然と反対することは，軍部統制下の政権が容認するところとはならなかったとみえる。汪向栄は「退職要求はあきらかに，意見書を出したことに対する日本政府の反応であり，侵略政策に公然と反対した実直な老教育家に対する懲罰であった[18]」と解説し，大きな代価を支払わねばならなかった松本に同情している。

2 戦時下の松本亀次郎

(1) 興亜教育についての意見

日華学会並びに東亜学校の戦列から外されたとはいっても，松本亀次郎に対する関係者の配慮にはみるべきものが多かった。岩波書店発行の『教育』で「興亜政策と教育」と題する特輯を組んだ折に，松本は，求められて「隣邦留学生教育の回顧と将来」なる一文を綴っている。彼は，中国人留学生教育に関し

「前後一貫して其の沿革の大体を知る者は，予の外にほとんどあるまい[19]」という自負をもっていた。ちなみに，「中華民国留学生教育の沿革」と題する論文を『日華学報』に連載しはじめたのは，昭和2年からであり，彼が自らの実践を同じ分野で活躍した人びとのそれに絡ませながら，留学生教育全般を視野に入れて発言していった様子をうかがうことができる。

換言すれば，松本亀次郎の中国観・留学生教育の理想なるものは，東亜高等予備学校の創設・経営・教育・研究のなかから実践的にえられたものであり，身分は一介の教師でありながら，その理論は，日中両国双方から注目されていたとみなければなるまい。ここでは，戦時下の1939(昭和14)年の発言を紹介する形で考察を加えたい。

「僕が朝野に対して率直に卑見を述べれば，日本の朝野は(過去)単に自国民教育に熱中し隣邦人の教育には余りに無関心であったと言はねばならぬ[20]。」

松本は，このように前置きし，5点に分け興亜教育についての希望を出している。

① 大学に対して

数年前から，第一高等学校と東京高等工業学校内に「満支」留学生の特設予科が設けられ，卒業生は帝大及び官立大に無試験で入学できる約束で留学生を養成しているが，帝大なり官大で取ってくれなければ遣り場がない。「自国の学生すら収容し切らぬのをどうして外国の学生など容れる余地があるものか」という了見では困ったものである。日本で予備教育をして大学で入れてくれないから欧米の大学へ走るのである。これまでは兎角として興亜の指導者を以て任ずる以上，将来は留学生のため何とか門戸を開いてもらいたい。将来は相当の留学生を各大学に収容し，彼等を日本依存に転向させてもらいたいものだ。

② 持てる人(富豪)に対して

富豪が多額の資金を寄付し，学校名に寄付者の姓を冠したものがあるが，そ

の美挙を推し広めて，将来は興亜教育にも及ぼしていただきたい。中国には，ロックフェラーやカーネギーらの寄付で建てられた校舎や講堂があり，教会で建てた学校や病院は無数にある。内地に来る隣邦留学生のためにでもあるが，将来は中国の内地にも興亜教育のための学校が建てられねばならぬ。

③ 留学生教育従事者の保証を確立する

外国に招聘された場合，契約期間中も原大学に籍だけは残されるようにしたい。将来もし興亜教育というものが具体化した場合は，退職給与規則，あるいは恩給制度位は何らかの形で定めて置く必要がある。

④ 国家予算を興亜教育に計上する

「最早今日では武装の援護下でなければ政治的協調も経済的連結も其の他文化的或は教育的提携でも出来ない形勢である[21]」けれども，興亜教育というからには相応の国家予算を計上しなければ空論に終わる。

⑤ 民心を把握するには恩威

恩は「温平たる同情」，威は「厳然たる武力」となるようだが，松本のいわんとするところは，「彼等の生活を助成し，彼等の安全を保護し彼等の祖先以来最も好きな学問教育をさせる様に導く[22]」ことが大切とされたようである。興亜教育の一部をなす日本語教授にしても，生活上有利な場合のみ持続性が出てくるので，学習者の用途にそって，会話本位と学術研究とは別にし，模範的良書の出現を期待している。

松本亀次郎の思想を分析すれば，アジア，とくに隣邦中国への理解と愛国心とが同居した感が強い。「大東亜新設惹イテハ世界萬邦四海一家協和楽ノ道義的世界ヲ生成化育ス可キモノ[23]」といった表現のなかに，同時代の日本人として新しい国際社会の創出に期するものがうかがえるわけだが，時局は，彼の真

の意図に反して進行する。そのジレンマのなかで留学生たちに寄せる教育的熱情，中国文化に対する信頼の念がいよいよ高まりをみせるのであろう。汪向栄に対する親身の指導助言がその典型を示してくれる。

(2) 苦悩のなかでの顕彰・研究

　1940 (昭和45) 年12月，松本亀次郎は日本外務省から表彰状と木杯を授与された。皇紀2600年記念の一環である。しかし，その顕彰理由をみると，単に日本語を海外に普及させたことのみであり，彼の本領とすべき留学生教育や日中親善・文化交流等については一切触れられていないとされている。この頃，東亜学校には杉栄三郎が学監として再任されており，亀次郎の甥横山豊三郎は外交官であった。彼等の存在も幸いして表彰にあずかったものと解釈できるわけだが，日華親善とは程遠い時代であり，「亀次郎は，顕彰そのものより，戦況が悪化し，事態はどろ沼に入りつゝあることを心配していた模様で[24)]」あったという。したがって，家庭内や親戚の間では祝賀会を行うような雰囲気でなかったが，彼の遺品のなかには，同年12月21日，日比谷の山水楼で日華学会（常務理事・砂田実）と東亜学校（学監・杉栄三郎）合同の小宴が開かれるという亀次郎あて案内状があり，「貴台多年隣邦留学生教育の為尽瘁せられたる御功績」の文字が刻まれているから，関係者の間では相応の社会的評価を与えていたと解することはできよう。

　しかし，一方，1940年代の松本亀次郎にとっては，全般に暗い日々が続き，とくに，長男で一人息子だった操一郎が昭和16年死去，翌年には妻ひさにも先立たれ，亀次郎の晩年は大きな悲しみに包まれていく。

　幸い，亀次郎の交際範囲は広く，内外の指導者から尊敬されており，家庭的にも甥にあたる神谷孝平一家が彼の身辺を温く見守っていた。孝平の長男・洋一郎が養嗣子となるのは操一郎死去の翌17年であるが，大正10年の頃から同居していた孝平氏の証言によれば，亀次郎は，一家を散歩に連れ出したり観光地や研究会等に案内した。たとえば，『華訳日本語会話教典』を起稿した伊豆

修善寺の水月屋という旅館には,「家族揃って投宿し,2人の孫(洋一郎・日出男)は亀次郎に名所古蹟へ連れて行ってもらい,詳しすぎる程説明して貰った[25]」という。

　東亜学校の常勤から離れ,自由な時間が増えていた松本亀次郎にとって,孫の成長は生き甲斐ともなっていたであろう。上記『教典』の発行は昭和15年8月となっているから,研究面でも本領を発揮できた時期といえる。とにかく,教師としての力量は抜群で,洋一郎が質問にゆくと,国語や漢文はもとより,英文法でも,代数・幾何でも,即座に明確に教えてくれた。とくに,歴史などは,周辺や前後の説明まで懇切丁寧にしてくれるので,却って困るぐらいだったという。

(3) 留学生からみた松本亀次郎

　このような時期に,日本へ渡り「この眼で確かめてみなければ」という留学生・汪向栄が出現する。松本理論の真髄は,汪の手記を紹介していくなかで明らかになる面も少なくないであろう。以下,「回想の松本先生」のなかから抜萃してみたい[26]。

　「(松本)先生はどこまでも私(汪向栄)を弟として扱って下さり,異邦人だからといって他人扱いするようなことはなかった。それゆえ私も次第に先生にちよっとしたことを敢えて質問したり,自分の考えを話すようになっていた。しかし,当時の環境の下ではあからさまに時局を論じたりするようなことは断じてあり得なかった。けれども私は先生との何回かの会話の積み重ねの中で,先生の思想を理解できたと信じている。」

　「二十世紀初頭から1930年代まで,先生のように隣国留学生の教育の為に努力して来られた方として,はっきりしているのは先生と井上翠さんのお二人だけである。それゆえ,先生が孜孜として倦まず,中国留学生教育のために尽力した動機,目的について教えていただくということが,おのずから私の第一目標となっていた。」

汪向栄の専攻が日中関係史（主として教育）となる背景に，松本理論への傾倒が存在したと考えるのも無理はない。松本家遺品のなかには「汪向栄君近頃一書ヲ著シ名ツケテ留日中華学生教育史ト謂ヒ序ヲ予ニ求ム，予欣然トシテ受諾シ…[27]」という長文のメモがある。日中文化交流史の素材が，汪向栄と松本亀次郎との邂逅そのもののなかから見出され，研究の進展をみたという事実は注目に値するエピソードである。彼の手記を続けよう。

「中国と日本は儒教の教えをもって国を治めること千年以上の長きにわたるが，日本は西欧文明の伝来後，それを急速にとり入れたために強くなり，一方，中国は一敗地にまみれた形になった。……先生は幼いときから儒教の薫陶を受けて育って来たので，この点（儒教の効用）をはっきりさせたかった。それゆえ中国へ渡って教鞭をとる機会があったならば，儒教の生命力を観察してみたいと思った，とおっしゃる……つまり，一般の人たちが口先だけで唱える中日両国の友好のためにとか，両大民族の永遠の利益のためにとかというものではなかったという，この先生のお話に，私は真実と卒直さを感じた[28]。」

これは，渡清の動機を質した折の松本の所見である。この問題意識は，1988年10月北京で開催された「中国中日関係史研究会第1回国際学術討論会」での汪向栄報告の基調に相通ずるものがある。すなわち「なぜ日本が弱国から強国に転化したのか，その原因を探る必要がある。その際，日本の教育に注目したい」という指摘である[29]。日中両国は友好共存して進まなければ早晩ゆきづまる，という松本の信念が，留学生の心を動かしたのであろう。汪向栄の手記は続く。

「もし政客の口から出たものであるなら，高調子でしかも外交辞令にすぎないが，松本先生は行動をもって自分の言った事を証明された……それゆえ，私は少しずつ彼がわかってきだしてから，先生のことを真に偉大であり貴い人だと思うようになった。特に歴史的な観点からみれば，松本先生は新中国建設に身を投じた沢山の留学生を直接に教育したばかりでなく，その著作を通じて中国が近代化するために必要な知識の吸収に助力したという点でも間接的に人材

を養成されたといえる。この事は中国の近代化に大きな作用をもたらした。彼は一介の普通の教師にすぎなかったが，彼の功績は偉大であり，不朽である。……中国人民は先生のような素晴らしい友人を永遠に忘れることが出来ない。松本先生の，中国の近代化や中日両国人民の世々代々の友好事業の中での没我の貢献に対し，中国人民が尊敬し，記念するのは当然のことである[30]。」

「松本先生の，政治家は将来の見通しを持たないという主張を，私は何度も耳にしたことがある。二十世紀初め清朝政府が大量の日本人教師を招聘したときの事に話が及ぶと，もし日本の政治家に先見の明があって，日清戦争以来のいきがかりを捨てて，刷新出来るこの良い機会をとらえ，第一級の教師を選んで中国に送り，中国の建設を助けていたならば，歴史は現在のようになっていなかったであろうとおっしゃっていた。先生はまた，一再ならず日本政府の中国留学生に対する目先のきかない政策を指摘した。先生は中国留日学生が帰国後抗日に走るのを責めるばかりで，どのように学生に対して来たかを自問しないのは，木に縁って魚を求むと同じであると考えていた。今日，日本は国力を増し，列強の一つに数えられているが，中国の支持がなければ，国力を増したといってもそれは長く続くものではない，中日両国が相互理解を深め，長短相補いあうことによって，初めて弱肉強食の世界の中で，不敗の地位につくことができると先生は語っていた。私は，松本先生が中国の学生の教育に長いこと従事しておられたので，当時の政治の動向と中日関係の前途に対し，体系だった見方をもつことが出来たのだと信じている[31]。」

汪向栄の手記は1982年2月の回想である。ここでは，その一部を紹介したわけだが，1942年頃という戦争直下の日本を舞台に語りあい，学びとった内容は，現在そのまま通用する思潮であり，歴史的所産といえる。

汪向栄が明石のペンネームで「中国留日教育問題（松本亀次郎氏的功績）」を『華文大阪毎日』（第7巻　第11期　第75・76号）に連載したのも1942年であった[32]。この年は，松本亀次郎喜寿の年にあたり，戦時下とはいえ，祝典が行われた。南京政府外交部長褚民誼からの祝電も届けられている。

しかし、この年の松本亀次郎は、愛妻ひさを先立たせ、悲しみの極に在ったのである。

3 戦争の激化と亀次郎の終焉

(1) 亀次郎の郷里疎開

　松本亀次郎の晩年については、詳述すべき事項が多く、史料も比較的よく保存されているが、本章では紙数の都合で、郷里疎開前後の状況を概観するにとどめたい。

　静岡県小笠郡土方村（現掛川市）の生家は、亀次郎が不在地主であった関係から、長年貸家として提供され、親戚筋の管理に委ねられていた。愛郷心旺盛なる亀次郎は、郷里との人間関係を大切にし、展墓の機会も多かった。本家筋の松本敏夫の証言によれば、村の青年団の団報にも原稿を送っている[33]。東京では杉並区で静岡県人会を組織し、後藤守一明治大学教授のあとを承けて2代目会長に就任したこともある。

　戦争の激化にともない、東京でも、空襲による焼夷弾被害等が出はじめた。昭和19年に入ると、老人は疎開するようにという国の方針を承け、亀次郎は単身、郷里静岡県に疎開することとなった。神谷孝平から「大叔父（亀次郎）疎開」の連絡が神谷寛一郎（孝平の父）に出されたのは8月16日、荷物はトラックで17日発送された。亀次郎にとっては、60年ぶりの帰還であった。妻子と死別し、般若心経を読む毎日がその後続くわけだが、高い人徳のいたすところ、周囲の人たちの理解に支えられ、遠縁の人に日常の世話をしてもらいながら、生家での生活が始められた。約1カ年の単身疎開となるわけだが、その間、神谷孝平から東京の様子が刻々と伝えられている。洋一郎大学合格の知らせもそのひとつだった。松本家遺品として保存[34]されている手紙類を手にすると、実の子も及ばぬ孝養ぶりの片面に亀次郎の家族愛・人間性が感じとられる。その内容は本題と直接関係無きため割愛するが、激戦直下の東京情報が映し出さ

れている点に注目しておきたい。他日，亀次郎の疎開生活を辿る機会に再度繙くこともあろう。ここでは，昭和19年11月15日，村の敬老会に招待された亀次郎が，集まった村人たちに九拝しつつ賦した漢詩を掲げておく。

疎開還到故山辺　　偶爾得陪敬老筵
方識我郷風教渥　　蒙招翁媼楽延年

疎開後，亀次郎は，戦争激化のなか，東京に出る機会をついに与えられなかった。しかし，その1年間に，生家へ持ち帰った資料をもとに精進を続けた努力もまた多としなければならない。

(2) 戦時下の東亜学校

東亜学校の沿革については，別項[35]に記述しているが，戦時下，とくに日中戦争突入後の内容は正確に把握できていない部分が多く，今後修正の余地を残している。本章においても松本亀次郎との関わりに留意しながら，若干の考察をすることにとどめたい。幸い，東亜学校の英語教師高仲善二が疎開先の松本亀次郎に送り続けた書簡[36]が遺されていたので，そのなかから関係記事を抽出する形で，1944～'45年の同校の実情を再現する。ちなみに，戦時下の東亜学校は，官制改正により，外務省から興亜院，大東亜省へと所管が変わり，1944年5月には大東亜省並文部省の共管（文部省主査）となっていた。戦局はいよいよ激化し，留学生教育の分野も一種の合理化が進行しつつあった頃である。

「留学生関係諸団体の統合問題が一時停頓してをりましたが，最近再び実現の機運に向ひ急速に具体化することゝなりました。十月初旬には創立の運びに成る予定であるとの事ですが，実際は仲々さう早くは出来ないと存じます。」（昭和19.9.17書簡）

「日華協会創立の問題も日々実現途上にあります。今月中或は来月早々発足

される事にならうと存じます。東亜学校も日華学院と改称される訳です。」(昭和20.2.2書簡)

「帝都も愈々頻繁な敵の空襲を受ける様になりました。……東亜の附近も大分罹災して東京堂裏一帯は一瞬に収められる様になりました。東亜自体も明日をも期せられぬ状況下にあります。……日華協会も愈々創立され，学会学校共に吸収された訳です。尤もすぐ公然とその内容は発表されてはをりません。時局の為，学生は新来する者少く，滞邦中の者も帰国する者多き見込です。来る十二日には正科の卒業式を挙行する筈です。卒業生約七八十名……。」(昭和20.3.8書簡)

各書簡には，叔父亀次郎を意識して，松本家の様子なども詳しく報告されているが，ここでは論外とする。

筆者は，別稿のなかで下記のように説明した。すなわち，「1944年12月26日付大東亜省より次官通牒があり，日華学会は『日華関係ノ新情勢ニ鑑ミ，国家的要請トシテ新タニ設立セラルベキ財団法人日華協会へ本会解散合同措置方ニ関シ依命』された。翌年2月15日，財団法人日華協会設立により解散手続を終えたが，これにより，東亜学校も事実上消滅したことになる[37]」がそれである。上記高仲書簡の日付と照合してみる必要がありそうである。また，東亜学校は日華学院と改称され，一応存続している点をこの論文において修正しておきたい。

1945年度に入り，日華協会の組織と陣容を告げる書簡が届けられた。その内容をもとに図示しなおしてみると次のようになる。

以下は書簡の原文である。

「日華協会，東亜学校等の統合問題も昨年2月来懸案となって居りましたが，今度遂に実現しました。日華協会々長近衛公爵，理事長に大東亜次官（竹内氏），総務・輔導・文化3局あり，会長直属として日華学院あり，輔導局長津田中将（輔導局に，庶務，輔導，施設の3部あり，砂田氏は庶務部長，輔導部長は笹森順三氏（元青山学院院長で，大東亜省輔導室嘱託なりし人），施設部長は東亜振興会より

の人)、杉先生は審議室顧問（会長の最高顧問？)、日華学院は高等部（前東亜高等科)、中等部（成城留学生部を改造し、中国より子弟を迎へて中学教育を施すもの)、専修部（前東亜正科）の3部とし、院長は鈴木孝雄大将、高等・専修両部長を近澤氏兼任、中等部長は成城の岡少将と決定、去る10日、杉・近澤両先生交代の挨拶がありました。官庁方面の認可は正式に出ては居らないが、4月1日より新団体

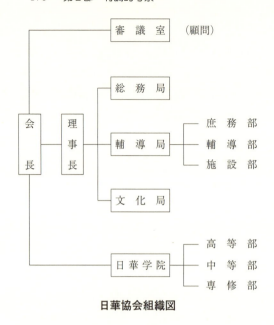

日華協会組織図

として活動しても可いといふ諒解はあった由です。創立事務は進行中ですが、時局柄新渡来の留学生は殆ど無く、新学期開始以来一人の新入生も無く、開店休業の状況です。教職員は勿論全部新しい組織に引継がれてそのままです。解散手当も既に支給されて思出深い旧東亜学校は名儀上完全に解消した訳で、実に感慨無量です。」(1945.4.12 書簡)

東亜学校が日華学院に改組されてまもない1945年4月13日夜の空襲で旧東亜学校は罹災したが、旧日華学会の方は「周囲が建物疎開をしてあった為奇蹟的に助かり」(1945.4.19 書簡)、高仲らは「取りあえず焼け残った学会に足溜りをつくって此処を拠点として復興を策」(1945.5.3 書簡)することになった。日華学院は発足したものの、新来の学生もなく「開店休業状態」に近かったが、在籍者のために、同校では疎開を計画している。「(旧東亜の) 高等科の方が20数名の学生を収容してゐるので、これを先づ疎開させんとしてゐます。正科の方も今は学生が居ないので焦眉の問題といふ訳ではないが、何れ之も疎開する

筈です」(同)との予定を立てていたらしい。

　松本家遺品として保存されている資料のなかには，杉栄三郎や砂田実をはじめとする東亜学校関係者からの書簡も含まれているが，高仲善二のような具体的報告は少ない。「日華学会28回年報」(『外務省文書・日華学会干係雑件』第2巻所収　1945年)の記事内容[38]とは異なる「欠落部分」として，高仲書簡の果たす役割には大きなものがある，と筆者は評価している。

　松本亀次郎は，東亜学校については高仲善二から，家庭については神谷孝平から，詳細な情報をうけとりながら，疎開先で敗戦を迎えた。そして，1945年9月12日，数え年80歳で永眠する。

結　び

　本研究は，松本亀次郎の晩年に焦点をあて，生家に眠っていた書簡や原稿・著作等の原資料を収集，それを繙きながら，彼の真骨頂というべき日中親善の理念を明らかにしたい意図のもとに，若干の考察を行ったものである。

　原文に忠実ならむとしたため，史料の引用部分が比較的に多く，説明に終始した感じを払拭できないが，20年余に及ぶ日月のなかで温めてきた筆者の問題意識を強化する反面，新史料の発見により修正した部分も生じた。

　松本理論の正確さは，時代や国境を超越している。救国の念やみがたき，中国人留学生の心を引きつけ，日華同人共立の精神で，両国の共存共栄を図ろうと努力させる，そのような留学教育の理想を，松本の言行から学びとることこそが本研究のねらいである。

注
1)　汪向栄著，竹内実監訳『清国お雇い日本人』朝日新聞社，1991年，p.219
2)　汪向栄「回想の松本先生」平野日出雄『日中教育のかけ橋・松本亀次郎伝』静岡教育出版社，1982年，p.276
3)　同上書，p.277

4) 同上書, p. 279
5) 同上書, p. 281
6) 『日華学会二十年史』(1939年) および拙稿「戦前日本における中国人留学生教育——東亜高等予備学校を中心として——」阿部洋編著『日中関係と文化摩擦』巌南堂書店, 1982年ほか。
7) 松本亀次郎『中華留学生教育小史』の「東亜高等預備学校の創設」の項には次のように説明されている。「校名に『日華同人共立』の6文字を冠らせたのは, 経済上の責任は無いが, 前記の曽横海氏が精神的に尽力して呉れた功労を記念する意味であった。」
8) 松本家遺品——母みわあて大正2年3月22日書簡による。
9) 平野前掲書, p. 285
10) 拙稿「教育者松本亀次郎に関する一考察」『鹿児島女子大学研究紀要』第3巻, 1982年, p. 123
11) 増田実『松本亀次郎先生伝』1951年, pp. 1-2
12) 外務省記録文書『東亜学校干係雑件』第1巻所収「校名改称案」による。
13) 『日華学会二十年史』附録による。
14) 拙稿 (阿部前掲書, p. 196) 参照。
15) 汪向栄前掲書, p. 252
16) 松本亀次郎『中華五十日游記』緒言 (pp. 1-12) より抜萃。
17) 平野前掲書, p. 237 より再引。
18) 汪向栄前掲書, p. 253
19) 松本前掲書, 緒言
20) 『教育』第7巻 第4号, 岩波書店, 1939年, pp. 60-61。なお, カッコの文字は成稿に松本が挿入した部分で, 朱入りの訂正稿が彼の書庫に遺されている。
21) 同上書, p. 62
22) 同上書
23) 汪向栄著『(仮称)留日中華学生教育史』に対する序文の草稿メモ (松本家遺品——大東町北公民館所蔵) による。
24) 松本洋一郎氏 (亀次郎の養嗣子) から筆者あて, 1991年9月22日付書簡。
25) 同上
26) 平野前掲書, pp. 283-284
27) 松本家遺品……メモの全容については拙稿「(研究ノート) 松本亀次郎の中国認識」(『鹿児島女子大学研究紀要』第13巻, 1992年) に収録したので割愛した。
28) 平野前掲書, p. 284
29) 拙稿「日中交流余話」(『教育新世界』28号, 1989年, pp. 76-79所収) を参照。

30) 平野前掲書，p. 285
31) 同上書，pp. 286-287
32) ちなみに，明石論文（華文）は，東亜学校教員・椎木真一によって日訳されているほか，最近では，静岡県近代史研究会でも日訳されている。
33) 松本亀次郎「日光の今昔」（土方村青年団『団報』第20号（発刊20周年記念号）1933年度　pp. 10-24所収）には，東亜高等予備学校在学の中華留学生の日光山見学に同行した折の様子が詳細に書かれている。
34) 静岡県大東町の北公民館所蔵。
35) 阿部前掲書，pp. 159-207所収。
36) 同北公民館所蔵。
37) 阿部前掲書，pp. 202-203
38) 同上書，p. 203以下を参照。

〔解説〕　本研究は，1990～'91年度文部省科学研究費による総合研究(A)「戦前日本のアジアへの教育関与」（代表者　国立教育研究所国際研究・協力部長阿部洋氏）の分担に端を発している。内容を固めるにあたり，第43回九州教育学会（1991.12.1　於琉球大学）において，「日中文化交流史研究――松本亀次郎の中国観を中心として――」をテーマに研究発表をした。

なお，本稿を草するための資料探索については，松本家を訪問（神谷孝平氏と面談）のあと，松本洋一郎氏と共に静岡県小笠郡大東町北公民館を訪れ，松本文庫を検索させてもらったほか，松本敏夫・明石克郎氏らから多くの示唆をいただいた。記して謝意を表したい。

『国立教育研究所紀要』第121集，1992年3月

第11章

戦前日本における中国人留学生教育
――東亜高等予備学校を中心として――

序　留学生教育と文化摩擦

　本研究は，中国人の日本留学を制度史的に検討することを通して，両国の近代化過程における「文化摩擦」の実態を描くことを目的としている。筆者は先に特設予科制度に関する論稿をまとめたが[1]，留学生の一般的予備教育機関たる東亜高等予備学校についてはまだ充分な論及をなしえていない[2]。そこで，本章においては東亜高等予備学校を素材に考察をすすめる。
　東亜高等予備学校は，1914（大正3・民国3）年3月，松本亀次郎によって設立され，10年後，日華学会の経営下に入り，第二次大戦終了の1945年まで存続した。その30年間を便宜上3期に分けて論及する。
　　第1期　1914（大正3・民国3）――23（大正14・民国14）年　設立より日華学会に譲渡されるまで
　　第2期　1925（大正14・民国14）――35（昭和10・民国34）年　日華学会の経営下で東亜学校と改称するまで
　　第3期　1935（昭和10・民国24）――45（昭和30・民国34）年　改称後，高等科設置を経て閉鎖するまで
　なお，日華学会そのものは，終戦後も，紆余曲折を経ながら最近まで実在しており，かつての面影こそないが，日中文化交流の足場となって機能していた。

第11章　戦前日本における中国人留学生教育　181

　東亜高等予備学校の存在した約30年間は、日中両国をとりまく国際情勢がきわめて険悪な状態におかれていた時期である。留学に関していえば、中国人の対アメリカ留学が盛行したことに刺激されて、日本が大東亜共栄圏の確立を旗印に一種の文化的巻き返しを試みたわけで、「対支文化事業[3]」の推進はその一環であった。こうした政治上の変化が留学生教育にいかなる波紋を投げかけたのか、具体的事実に即して検討したい。一体、中国人が日本留学に期待したものは何であったのか、日中交流の歴史的重層性を把握した上で従来の留学思想を両国が反省し、留学生教育の足跡を謙虚に問い直してみることは今日的課題であるといわねばならない。

　東亜高等予備学校の研究は、このような日中両国の文化摩擦の動態を察知するための具体的な事例のひとつとして注目に値する。創設初期の理想が充分に生かされていない面も存するが、日華学会の経営のなかで高等科設置を行っている点や教職員が六年半の年月を閲して編纂した『東亜日本語辞典』の完成など従来ほとんど看過されていた事実もあり、東亜高等予備学校の研究には未開拓な分野がきわめて多い。

1　東亜高等予備学校の設立

(1)　明治期の留学生教育

　本論に先立って、まず、中国人留学生に対する日本側の受け入れ体制が明治以降どのような経過のもとに整えられてきたかを素描してみよう。

　中国から留学生が来日した最初は、1896（明治29・光緒22）年であった。清国公使裕庚（祐庚？[4]）が、日本政府（当時の文相兼外相西園寺公望）を介して高等師範学校長嘉納治五郎に官派留学生13名の教育方を依頼した。嘉納は之を了承し、同校教授本田増太郎を主任とし教師数名を聘して日語・日文および普通科の教授を始めた。塾同然のものであったという。留学生のなかには、唐宝鍔、戢翼翬、胡宗瀛の如き、専門を修め、帰国後殿試に及第、進士となった者

もいる。

　日本留学の起爆剤となったのは，湖広総督張之洞の『勧学篇』(1898) だといわれる[5]。

　「遊学の国に至りては西洋は東洋（日本）に如かず，一．路近くして費を省き，多く遣すべし。一．華を去ること近くして考察し易し。一．東文（日文）は中文に近くして，通暁し易し。一．西学甚だ繁，凡そ西学の切要ならざるものは，東人己に刪節して之を酌改す。中，東，の情勢風俗相近く，彷行し易し。事半にして功倍すること，此に過ぐるものなし。」（遊学）

　梁啓超もまた『大同訳書局叙例』のなかで「同志を聯合して，創めて此の局を為る。東文を以て主となし，輔くるに西文を以てす。政学を以て先となし。次ぐに芸学を以てす」と述べている[6]。当時の指導者たちが日本留学および日本書の翻訳をいかに重視したかがわかるのである。

　華僑の多い横浜に大同学校なるものが誕生し，校長犬養毅，柏原文太郎らがこれに関係したのは1897年である。康有為の門人徐勤の手になるものだが，犬養ら政界の第一人者が関係している意義は大きい。近衛篤麿の東京同文書院，川上操六の成城学校留学生部，福島安正の振武学校，寺尾亨の東斌学堂等々陸続として中国人留学生のための学校が設けられた。法政大学の速成科，東洋大学の警監速成科，警視庁の警察速成科のような，通訳を用いて教授する速成的な施設もあった。統計によれば[7]，1906（明治39・光緒32）年5月末現在の学生数は直轄学校262，公私立学校7,021，計7,283人にのぼり，その大半は東京に集中していた。

　日清・日露両戦役を介在したこの時期は中国人の日本留学勃興期と称すべきであるが，中国の近代教育制度整備期でもあった。しかも，制度の基礎とされる「奏定学堂章程」(1903) は，日本の学校体系をモデルにしており，後述の外国教習とも相俟って，日本への依存度を高めていたのである。科挙制度の廃止 (1905)，義務教育の試行 (1907) といった具体的政策がとられた時期でもあった。施設と人材の不足により，一般人民大衆の就学にはまだ程遠い状況下におかれ

てはいたが，近代化への試みが行われたのである。

　1906年2月，清国政府は「選送留日学生制限辯法」を定め，日本留学の基準を中学卒業程度としたが，これは，留学方針の転換を示したものといえる。黄紹箕（張之洞の女婿）を団長格とする提学使が来日し，約3カ月に亘って日本を視察したのは同年夏のことであった。提学使とは同年学政（布政使と並ぶ官職）に代わって設立された提学使司の職務を管弁するもので，中華内地の教育振興にあたり各国の教育視察を試み，その第一着を日本としたのである。日露戦争に勝ち成金時代の渦中に在った日本は，留学生教育に大きな期待をかけ朝野をあげて歓迎したわけである。

　提学使が帰国後打出した方針は，しかし，官費留学生派遣の漸次縮小という，日本側の期待とは逆のものであった。「可憫教育頼他邦」と慨歎した憂邦詩人があり，「日本に留学するのは，同文の関係上速成の便は有るが，浅嚙りである。科学の本家は欧米であるから欧米の留学生を多くした方が国家の利益である」という主張があった[8]。速成科や中学未卒業者の日本留学を廃止し，人材養成の質的向上を企図した中国側の立場を理解した上で，新しい留学制度が樹立されるべき時期に来ていたといえよう。

　1907（明治40・光緒33）年に成立した「五校特約」，すなわち，文部省直轄5校に清国留学生を入学せしめる協定は，「量から質へ」の政策転換を明らかにしたものである。それまでの留学生は，法政・師範・巡警・理科・音楽等々の速成科留学生が大多数を占め，進士・挙人・貢生・附生等の資格をもち且つ現職に在る者が講習的に派遣される場合も多かった[9]。しかるに，中国内地でも小中学や師範学校・専門学校等各種の学校が設置されるようになり，速成的教育をうけた留学生が各地に充満してくると，より高い水準の教育を日本留学に期待するのは当然の方向である。

　中国の学部と日本の文部省との間に締結された特約とはおよそ次のような内容であった。

　　① 1908年以降15年間，毎年165名の清国留学生を官立五校に入学させる。

② 5校165名の定員内訳は、第一高等学校65名、東京高等師範学校25名、東京高等工業学校40名、山口高等商業学校25名、千葉医学専門学校10名とする。
③ 教育費は清国負担で、年間1人200〜250円とする。
④ 165名のうち、大省は9名宛、小省は6名宛とし、それぞれ経費を分担する。
⑤ 各校の競争入学試験に及第した者がこの官費生として採用される。
⑥ 学生の教育費と学費とは年間1人平均650円とする。

「五校特約」が留学制度史上注目される理由はつぎのように要約できるであろう。

① 日中両国政府間の本格的契約であること。
② 中国全土を対象に計画していること。
③ 当時各省にいた外国人教師に代わって、中国人みずからの手で高等教育を行うための準備であること。
④ 15年間という期限つきであること。

その後の歴史が示すように、政局不定のなかで当初の計画どおりに進捗してはいないが、特約校に指定された官立学校には、留学生受け入れへの努力を継承したことが少なくない。とくに、帝国大学進入の窓口となった第一高等学校特設予科と、後年大学に昇格し中国全土に多くの卒業生を送りこんだ東京高等工業学校特設予科とは注目に値する存在である[10]。
かつて全盛を極めた宏文学院をはじめ、経緯学堂、東斌学堂、法政速成科、巡警速成科等が相次いで閉鎖されるなかで[11]、特約校の入学試験に合格し官費留学生になろうとする者のために存続した学校もあることをここで明記しておかねばならない。いわゆる特約校への予備教育を施す学校が要望せられていた

のであり，成城学校，東京同文書院等はその代表といえる[12]。

(2) 東亜高等予備学校の創設

　武昌で第一革命が勃発したのは 1911（明治44）年 10 月であった。この事件は留学生教育の在り方に少なからぬ影響を与えている。日本在留の中国人留学生はほとんど全員帰国するし，清国各地に招聘されていた日本教習は応聘期間中にも拘らず帰国のやむなきに至る。当時北京では，北京大学堂をはじめ主要な学校等に日本の教習が居り，日本帰りの留学生が通訳となって重用せられていた。数においても活動力においても欧米帰りの者を圧倒する勢いで，宣武門内には留日学生会館が設立されており，清華学校に対抗して留日学生予備学校を設置する奏議が裁可された直後であった。東亜高等予備学校の創設者松本亀次郎も日本教習として杉栄三郎らと共に京師法政学堂に招聘され，留日学生予備学校が実現すればその日本語教習として引続き聘用される内約であったといわれる[13]。革命の余波は人間の運命を変えたわけである。

　ここで，松本亀次郎について述べよう[14]。彼は慶応 2 年生まれ，静岡師範を卒業，小学校の訓導兼校長を経て，静岡・三重・佐賀の師範学校で教壇に立った後，明治 36 年 5 月，東京の宏文学院で日本語の教授および日本語教科書の編纂を嘱託されていた。この間，湖北路鉱学堂および駐日清国公使所管の留学生会館で日本語の教授を依頼されたこともある。そして，明治 41 年 3 月から大正元年 4 月まで京師法政学堂で日本語および日本文の教習に任ぜられていた。帰国後は東京府立第一中学校の教諭をつとめた。

　1913 年 8 月，湖南省からきた留学生曽横海の懇請をうけて，留学生のための教育に松本みずから関与することとなった。第一革命以後，論功賞与的に派遣される多数の留学生を収容するため，はじめ日本大学および東洋商業学校の教場を借りて[15]，三矢重松・植木直一郎・高橋龍雄・山根藤七・吉沢嘉寿之丞らを講師に教育が開始された。

　翌年 1 月，借教室にては不便多きにより松本自身が設立者兼校長となって自

費を投じ，杉栄三郎，吉沢嘉寿之丞の設立者加名をえて神田区中猿楽町に2階建110余坪の校舎を新築，日華同人共立東亜高等予備学校と命名，12月25日付で私立学校の設立認可をうけた。校名のなかに「日華同人共立」を冠した理由は曽横海の精神的功労を記念するためという。

　当初の学科目は，日本語・英語・数学・物理・化学・用器画等である。教授陣は上記（日本語）の三矢・植木・高橋・山根・吉沢に加えて，英語に山田厳（学習院教授）・内山常治（日進英語講師），物理化学に笠原留七（東京高等工業学校教授）・野田市太郎（同上）・佐藤常吉（電機学校講師）・飯島与市，図画に平井富夫（一高講師），日本語に堀江秀雄（国学院教授）・佐藤仁之助（早稲田大教授）・数納兵治（北京新民学院教授）・元田修三（文部省国語調査課嘱託）・平野彦次郎（陸軍教授）・有田国助（国学院卒）・岡部健介（同上）らを増聘し，松本校長自身も校務を処理しながら1日8時間宛の授業を担任した。ここでは，学年制をとらず，講座式にして，一分科ごとに1日2時間とし2～3カ月で修了するように配慮した。その際，学科（講座）兼修を許し，入学者の増えるごとに組を加増していった。東京は水道橋付近で交通の要地に位置することも学生蝟集の原因となった。

　翌1915年7月，東亜高等予備学校賛助会を設け，資金を募集することとなる。これには，伊集院公使や渋沢子爵の斡旋があり，三井・三菱・正金・満鉄・台銀・郵船・古河・東亜興業等の諸会社，個人では門野重九郎・加藤定吉・高木陸郎・厳谷孫蔵・飯田邦彦・服部宇之吉・三矢重松・杉栄三郎らの寄付を仰ぐことができた。金額はおよそ1万6,000円にのぼる。

　1919年5月，神田区中猿楽町6番地に約190坪の土地を買収し校舎を増築したがこれには上記の資金に加えて門野重九郎の特別援助がなされている。翌9年2月，よりよき発展を図るため，時価2万円におよぶ校舎建物一切を資金として財団法人に組織を改めることになった。寄付行為の設置者には松本・吉沢・杉がなり，理事は設置者3人に厳谷・服部・飯田・三矢の4人を加え，3月25日付けで文部省より財団法人設置の許可をえた。増築工事も進められ，

校舎の総延坪は500余坪になる。かくして，1,000名前後の留学生がここに集まり，上級の学校に入る者の成績も良好で，内外の信用を博するようになった。経費は主として学生の授業料によっていたほか，校舎の貸出利用もなされている。たとえば，佐川春水が日進英語学校を創設経営するについては，東亜高等予備学校の一部を借用し，直接留学生を教育しながら間接には経済的援助を与えたのである[16]。

(3) 国際情勢の変化と留学生

東亜高等予備学校は「日華同人共立」の6文字に象徴されるごとく，日本教習帰りの松本亀次郎と留学生曽横海の友情を中心としたきわめて教育者的な配慮のもとに成立した機関であった。辛亥革命後のあわただしい政情の下で日中友好を旗印とした良心的な人びとの集まりだったようである。そうでなければ常時1,000名に及ぶ留学生を集めることはできなかったであろう。

ところで，1914（大正3）年といえば，7月に第一次世界大戦がヨーロッパで勃発した年であり，民国から為替を送ることさえ困難で学費の杜絶した留学生も出てくる始末であった。さらに翌年出された二十一カ条要求は対日感情に溝渠を生ずるに到った。血気にはやる留学生は，学校を休み，救国団を組織し，総帰国を決議したのである。

当時の模様を松本はつぎのように述べている。「……学生間に流布された伝単をみるに，嘗て二十一箇条当時，無期延期に附した条項以上，更に領土・礦山・鉄道・港湾・島嶼・武器鋳造等を含有し，中華を以て朝鮮台湾の如くならしめると言ったやうな条項の列挙して有るのを見，政治には全く無関係な素人でも，我が政府が勧めて連合国に参加せしめて置きながら，左様な苛酷な条件を強ひる道理の有る可き筈なく，全く，為にする者の宣伝であることを察知し，斯かる訛伝の為に，学生が誤まられるのは，甚だ気の毒で，且つ国交の為にも惜む可き事であるから，何とか学生の誤解を解く様，当局に進言したい者だと考へ……[17]。」

「訛伝」であったかどうかはその後の歴史が教えるところであるが,「政治には全く無関係な素人」を自認する松本がとらえたひとつの文化摩擦観であろう。彼は,この打解策をまず寺尾亨に図り,松本・寺尾連名で官立学校を除き,早稲田・慶応・明治・日本・中央・法政さらに成城・同文書院等,多くの留学生を収容している学校長の同意を求め,代表者と打合せた上で,文部・外務両省に陳情した。時の文相は岡田良平,外相は後藤新平である。陳情委員には松本・寺尾のほか柏原文太郎が名を連ねている。「近時坊間に流布せる日支共同軍事協約条文として列挙せる条項中,一,二の条項を除く外,他は悉皆事実に非ざる事を声明す……18)」という趣旨の声明書が発表され,各学校長の連名をもって留学生一般に告示したことにより,小康をえたといわれる。

留学生監督に江庸が任ぜられたのは1918(大正7)年5月である。江はかつて早稲田に学び,黎淵・鶱念益・張孝拶らと「維持留学同志会」を組織し,「留学生取締規則」に反対する帰国同盟を鎮静した経験の持主であった。翌12月まで在任したが,この間,後述の日華学会で創立の企画に参与し,両国の関係を調整するための努力をした。

望月軍四郎が成城学校に50万円にのぼる寄付を申出たのも大正8年である。彼はかつてアメリカ視察の折,米国が中華留学生を大変優遇しているため中米両国の国際関係ひいては国民交際が常に円満であることを悟り,留学生教育改善の資として大金を捐棄した。成城学校(校長沢柳政太郎)への紹介役をしたのは東京府立青山師範学校長滝沢菊之丞である。東亜高等予備学校と並んで成城学校中華学生部が中国人留学生予備教育に重要な役割を演じた背景には,望月の如き篤志家が存在していたのである。彼は慶応に対しても後に10万円を寄付し中華研究の資として役立てられている。

これより先,辛亥革命に際し,日本では実業界の有志が相図り「留学生同情会」を発足させていた。10数万円の寄付金を募り,日本の文部省および中国公使館を経て,帰国者に旅費を貸与したわけである。1918年5月に発足した日華学会は,同情会の残金をもとにしている。この間の経緯は後に述べるであ

ろう。ちなみに，第一革命後政情の小康にともない，留学生が再び渡来するようになった。革命により閉鎖されていた東京同文書院や成城学校中華学生部が授業を再開し，松下大三郎（前宏文学院教授）の手で日華学院が創設された。長沢吉享の高等日語学校も辛うじて存続していた。

1914年2月に設立された寺尾亨の政法学校は，第二革命に失敗して日本に亡命した孫文や黄興らの輩下にある政客を対象としており，経費は，初め国民党が負担し，後には駐日民国公使館の斡旋苦心により，不足額を日本の実業界の寄付に仰いだ。講義は帝大の諸博士が通訳を用いて行った。同校は大学組織に改編する計画で50万円の基本金を募集して財団法人にする予定であったが，事情により1920年閉鎖のやむなきに至る。

中国本土における政情不安定に加えて日中関係の諸問題が山積していた当時，留学生のための教育機関が存続していくのは容易なことではなかった。官立学校に特設された予科の場合，中国からの納入金で教育をする協約になっていたが，欧米にはみられない制度ゆえ，その改善が要望されてきた。文部省の予算内に留学生教育費を計上するようになったのは1919年以降のことといわれる。

帝国議会において留学生の優遇問題が論じられたのはこの頃である。衆議院では清水留三郎・高橋本一・一宮房次郎・山本条太郎・加藤定吉，貴族院では八条子爵・島津男爵等が建議案や質問等の形式で政府の注意を促している。東亜高等予備学校長松本亀次郎は成城学校中華留学生部主任服部操，横浜志成学校の越石乙次郎・丸山伝太郎らと共に両院に働きかけた。まず，貴族院に対しては江原素六の紹介により請願書を提出，次に衆議院に対しては一宮房次郎議員の建議案として訴えた。その趣旨は3項目に要約されうる[19]。

① 特約五校協定の継続方
② 優良留学生への学費補給
③ 留学生予備教育機関への補助

松本の了見によれば，「予備学校に於ては日本語の初歩より教授す可きに拠り，特別に多数のクラスを設け，教員を雇用せざるを得ず，且つ留学生教育の効果

を完全ならしむるには，其の基礎を予備学校に置かねばならぬ[20]」というわけであった。松本は請願書の趣旨を説明するため，近衛公爵をはじめ前田利定・小松謙次郎・船越光之丞・鎌田栄一・福原鐐二郎・荒川義太郎らを歴訪している。

1923（大正12）年3月30日，法律第36号として公布された「対支文化事業特別会計法」は，当時の諸要求に対する回答であり，これにより，留学生教育の財政面は大幅に改善された。外務省内に設けられた対支文化事業部が，爾来，大きな発言力をもってくるわけである。留学生教育は国際競争の渦中におかれつつあったといえよう。

2　日華学会経営下の東亜高等予備学校

(1)　日華学会の発足と財政援助

辛亥革命の副産物として出現した留学生同情会を母体に，1918（大正7）年5月，日華学会が誕生したことは前に概略述べたところであるが，ここで，同情会醵金譲受の模様に遡及しつつ，日華学会の経緯を一瞥しておかねばならない。

1911（明治44）年12月25日，「支那留学生同情会」が設立された。その目的は「這回支那擾乱ノ結果本邦在留ノ同国学生中学資杜絶シ廃学ノ已ムヘカラサル者尠ナカラズ，寔ニ同情ニ堪ヘサルモノアルニヨリ，茲ニ有志相謀リ，資金ヲ醵出シ学資ヲ貸与シ，留学生ヲシテ安ンシテ，修学ノ目的ノ達セシメントスルニアリ」と書かれている[21]。

主唱者は，山本条太郎（三井物産）・白岩龍平（日清汽船）らで，中国関係の会社銀行等がこれに協力している。発起人は渋沢栄一・高橋是清・近藤廉平・大倉喜八郎・古市公威ら12名である。翌大正元年9月迄に学資の貸与をうけた者344人，官公私立あわせて47校を算している。ちなみに，出身省別内訳は湖南省42，四川省42，江西省36，湖北省33，直隷省32人以下21省に及びほとんど中国全省に亘っていた。貸費額は1名につき12月分を金10円，その後

は月額20円と定め差当り6カ月以内とした。学資貸付は大正元年9月で一旦中止することにしていたが，その後もやむをえざる事情により若干名に救済の手がさし述べられた。大正4年には東亜高等予備学校にも補給されている。資金は支那公使館を経て留学生に貸与した。1912（民国元）年6月には中華民国政府教育部総長蔡元培から謝意を表明する文書がよせられている。

1918（大正7）年4月，支那留学生同情会では，所期の目的を達し回収金も一段落との認識を深め，醵金残額の処分方を協議した。総勘定によると，基金総額は4万6,000円に達しているが，この期に至ると返戻金も3万3,540円に上り，受払差引残額は，3万7,000余円に及んでいた。この残額処分に関し同情会では「略ホ同様ノ目的ヲ以テ，新タニ日華学会組織ノ計画モ有之趣承リ及候ニ付，御協儀ノ模様ニ由リテハ，残額金全部ヲ之ニ引継クコトモ一方法」という方向を打出したのである。

日華学会趣意書にはつぎのように書かれている[22]。「日華両国ハ，古来修交尋盟相互ニ関聯セル歴史ヲ有シ，特ニ封疆近接シ，自然ノ形情，唇歯輔車，相依ラサルヲ得サルモノアリ」「方今中華民国ノ人，学術技芸ヲ研修センカ為，来東スル者多シ。是等負笈遠遊ノ人ハ，概ネ言語ノ不熟，住食ノ不便等諸般ノ事情ニ因リ，其ノ目的ヲ達スルニ於テ，障碍少カラサルカ如シ。然ルニ之ニ対シ紹介斡旋ヲ為スヘキ，施設ノ備ハサルハ，吾人ノ常ニ遺憾トスル所ナリ。茲ニ聊其ノ闕漏ヲ補ハンカ為，日華学会ヲ設置シ，本会規程ニ列記スル事項ノ遂行ヲ期セントス。惟フニ東亜ニ於ケル，文化ノ発達ハ，育英ノ道ニ依ラサルヲ得ス。本会ノ事業ニシテ，日華両国共同ノ福利ヲ増進シ，輔車相依ルノ一助トナルコトヲ得ハ，洵ニ幸甚トスル所ナリ。」この趣旨にそって，つぎのような「常務」が掲げられた。

　①学生の入学退学の紹介に関する事。
　②学生の実地練習及見学等の紹介に関する事。
　③学生のために研究上必要なる図書を蒐集し，閲覧に供する事。
　④学生のために体育の便宜を図る事。

⑤学生の在学せる各学校並に教育者間の聯絡を図るに努むる事。

⑥学生宿舎の選定に関し便宜を図る事。

⑦見学のために来東する者に対し便宜を図る事。

　日華学会は，会長に小松原英太郎，理事に内藤久寛・山本条太郎・白岩龍平・浜野虎吉，計5名を設立者として創立されたが，なかでも内藤の活躍は注目に値する。つぎのような記録が残されている[23]。「……内藤久寛氏は，大正六年秋季日置益氏と同行して，支那主要各地を視察し，日本よりの帰国留学生諸氏にも会見して，其の感想を聴くことに努められ，大部分の意向を確むる事を得た。帰来種々考慮の末，留学生取扱方に関し，従来のまま放置して顧みざるが如きは，之を遇するの所以にあらず，将来何等施設する処なくんば日支国交上にも策の得たるものに非ずと認め，故子爵渋沢栄一氏に謀りて其の賛同を得，また東洋協会長たる枢密顧問官故小松原英太郎氏に進言したるに，同氏は予て其の昵懇の間柄なる白岩龍平氏と共に，留学生に対する措置方の忽緒に附すべからざる事由を以て，改善の方法を講究すべく努力されつつあった際とて，直に共鳴せられ，加ふるに日支両国間に深き関心をもたるる故山本条太郎氏にも謀られた結果，茲に各自の意見一致したので，渋沢，小松原，内藤，白岩及び山本の五氏が数回の会合を重ね熟議の末，本会創立の具体工作を進められたのである。そこで小松原氏を会長とし，内藤，白岩，山本の三氏及び大正五年留学生監督処創設に際し，文部省より支那公使陸宗輿氏に推挙して，同処の理事となられ居たる元東京府事務官にして学務課長たりし，浜野虎吉の4氏を理事として，愈々本会の事務を開始するに至ったのである」と。なお，渋沢は全体を通じて顧問の地位にあり，一時会長もつとめることとなる。

　日華学会の成立を促した要因は，1910年代国際社会における留学生教育の動向と深くかかわっていた。関係者の認識によれば，「欧米諸国に留学せし者に就て観察せんか，彼等は全体と謂わざるも大概親欧，親米家と為り，帰国後も永く思慕憧憬するの状態なるに反し，独り本邦留学生の或る一部を除き大部分の者は，不平不満を抱き好感を有する者少きは抑も如何なる動機に基因する

ものなるか，世の有識者の大に考慮を要する問題である。然るに此の状態が従来のままにして顧みざらんか，遂に彼等を駆りて，欧米に陶酔せしむるの結果を招来するに至らん[24)]」という危機感があった。第一次世界大戦による一時的経済好況に酔っていた日本に対し国際的な風当りが強くなってきた頃である。そして，大正7年といえば，日本が対支二十一カ条要求を発した3年後にあたり，片や中国では五・四運動のおきる前年である。

日華学会は創立と同時に下記10名を顧問に推薦した。すなわち，清浦奎吾・岡部長職・渋沢栄一・山川健次郎・近藤廉平・益田孝・豊川良平・沢柳政太郎・田所美治そして中国人代表として江庸である。続いて，評議員36人を留学生関係者で教育の経験者から選んでいるが，そこには嘉納治五郎・谷山初七郎・柏原文太郎・寺尾亨らに混って松本亀次郎の名前もみえる。事務所は最初麴町区内山下町東洋協会内におかれた。

1921年6月，財団法人を組織することとなり，「日華学会寄付行為」が文部大臣並外務大臣より許可された。事務所は神田区中猿楽町15番地に置き，工費約1万2,000円をかけて応急修繕を加えた建物に同年11月移転した。学生集会所兼宿泊所も設けている。

ここで，日華学会の資金について述べておかねばならない。同情会残金の譲渡をうけたとはいえ，会の基礎を確立し事業の発展を図るためには相当の資金が要求された。小松原会長は就任以来関係当局に対し国庫の補助を熱心に運動したが，大正八年宿願を達成することなく他界，後任会長徳川慶久の手で国庫補助願書が文部大臣に提出された。願書は小松原会長在世中に起稿したものという。当時の留学生教育の一般状況が示されているので以下抜萃引用しておく[25)]。提出日は1920年9月18日となっている。「……従来留日学生ニシテ種々不穏ノ動作ヲナシ，甚シキハ排日ノ行動ヲナス者少カラズ，是レ一面ヨリ観察スルトキハ本邦ニ於ケル該留学生ノ教育ハ多数ノ危激不平者ヲ養成スル憾ミアルノ情況ヲ呈シ居ルモ，退イテ其ノ基因ヲ熟察スルトキハ積年ノ馴致セル所，実ニ意想ノ外ニ出ヅルモノアリ，即チ日華両国国際関係ノ罅隙ヨリ誤解ヲ招キ，

或ハ風俗習慣ノ差違ヨリ情意ノ疎通ヲ欠ケルニ由ルモノ少カラザルベシト雖, 就中彼等学生ニ対スル宿所ノ不備不全ヨリ生ズル悪感ハ其ノ不平ヲ誘起スル有力ノ一要素ニシテ, 予備教育機関ノ不完ハ其ノ心情ニ多大ノ影響ヲ与ヘ, 集会, 娯楽ニ属スル設備ノ闕如ハ不知不識ノ間ニ彼等ヲシテ慊焉ノ念ヲ懐カシムルニ至ルモノナルコトハ疑ヲ容レザル所ト確認致シ候」「前陳ノ欠漏ヲ補ヒ, 日華両国善隣ノ誼ヲ厚ウシ, 共同ノ利益ヲ享受スル一助ニ供センガ為ニハ寄宿舎, 予備教育機関及会館等ノ新設ヲ必要ト認メ候ヘトモ何分多大ノ費用ヲ要シ一私設学会ノ独力ヲ以テハ到底此ノ目的ヲ遂行シ能ハザル儀ニ付此ノ際国庫ノ支出ヲ仰ギ度, 尚時宜ニ依リテハ民間ノ拠出金募集ニモ尽力致スベク……」この出願に対し, 1921 年 5 月, 文部省より金 15 万円が補助せられ, 留学生寄宿舎設置に関する臨時費に充当することとなった。政府が民間事業に財政援助をしたのはこれが嚆矢であるといわれている[26]。当時の教育界はもとより政界, 財界の有力者が関与した半官半民的性格の強い団体であってみれば, 国庫補助は正当な道筋であろうが, これを契機に, 日華学会が体制側に傾斜していったことは否めない。前述の「対支文化事業特別会計」による外務省からの資金援助が開始されるのは 1924 年度以降であるが, さらに, 大正 15 年度からは一般事業費も国庫から算定されるようになった。

　日華学会の財源は, 国庫補助を軸に安定をみるが, 寄付金募集の方も順調に進んだのである。東京・大阪に所在の銀行や会社を対象に依頼状が送られた結果, 1919 年から 1937 年までに約 29 万円にのぼる寄付が集まっている。ちなみに, 同期間における国庫補助金総額は約 77 万円である。

　日華学会の事業のなかで寄宿舎の建設は重要な位置を占めていた。市井の下宿業を賃借したり, 建物を購入したり, あるいは寄付をうけて, 続々と施設を増やしていった。第一中華学舎(男子用・湯島天神)・第二中華学舎(男子用・駒込追分)・白山女子寄宿舎(白山御殿町)・翠末寮(山吹町)・大和町女子寄宿舎・中野学寮(女子用・高根町)等がそれである。毎年夏季休暇には, 中華留日青年会との共同で館山銷夏団が設けられ, 海水浴や運動遊戯・音楽演芸・遠足等を

含ませながら日語練習・修養講話・講演等を実施した。
　この他，見学・実習等の斡旋や各種団体への後援も行った。

(2) 東亜高等予備学校の再建

　先覚者松本亀次郎の献身的努力に共鳴して教育機関創設にあたり民間有志が協力したところに，東亜高等予備学校の文化史的意義を見出すことができる。中国人留学生の受け入れという国家的事業が民間の善意によって大きく前進したのが大正年間であるといえよう。

　ところで，この時期最大の難点は関東大震災であった。1923（大正12）年9月1日，東京市街の3分の2を焼き尽した火災により，東亜高等予備学校も日華学会も民国公使館もすべて烏有に帰したのである[27]。中国人留学生の焼死者は40余人に達し，大多数は居るに衣食なく，学ぶに学校なきため一時帰国を決意せざるをえない有様であった。日華学会は，文化事業部その他の後援をえて，帰国者への旅費を支給しているし，その船費は郵船会社の義助に依るなどの便宜が図られた。中国からは前留学生監督江庸を代表とする慰問使を派遣している。大震災善後会も組織された。

　東亜高等予備学校の復興については，松本亀次郎がつぎのように記録している[28]。「……我が東亜高等予備学校の焼跡を訪へば，校地の外は唯鉄柵と石門が残って居るのみで，さしも宏壮を誇った3階建530余坪の校舎及住宅は全部白灰と成り，……」「踵を旋して富士見町四丁目に日進英語学校長の佐川春水氏宅を訪へば，我が東亜の事務員小使等の翹首して予の帰り来るのを待ち詫びて居り，孰れも著の身著の儘で……」「其処で事務員小使等の東京に留め置くべき者は留め置き其の他は一時帰郷させて，仮事務所を府下瀧の川町西ケ原に置き，復興の第一着手として，事務所兼教場を中猿楽町の焼跡に建てる事に決した。其の焼瓦や灰燼は人手を借りず，牧野事務員，栗原小使等自身，畚に載せて校外に運び出し，校地の周囲には杭を打ち鉄条を張りて境界を正し，十月五日には早くも仮校舎が出来上ったから，予は此処に移住し，十日から授業を

開始した。震災後僅に40日で,小規模ながら自力で建てた校舎で,授業を開始し復興の産声を揚げたのは痛快であった。復興の第一日に集り来た学生は僅十人ばかりであったが,十日・十五日・一月・二月と立つ内に二,三十人から四,五十人乃至百名位に達し,翌十三年六月迄,此の小教室兼事務室で事務も執り,寝食もし,授業も継続した……」松本は震災の4,5日前外務省に赴き,東亜高等予備学校の臨時費並びに経常費補助に関する申請書等を提出後郷里静岡県に帰省していたところで震災の報に接し,県派遣の救護団の船に便乗して海路東上,芝浦に着いたのである。前記の記録は中国人留学生の教育にかける当事者の意気込みを如実に示している。翌1924年度には,学校復興資金3万円が下りたので,5月起工7月20日落成で木造スレートぶき総延坪330余坪の校舎ができた[29]。外務省文化事業部の配慮によるものである。日華学会にも別途支援がなされた。

次に,日華学会と東亜高等予備学校の合併問題に移ろう[30]。日華学会は創立当初から留学生予備教育機関設置の必要を認めていた。しかし,資金の調達が進まないこともあってそのままになっていた。1922年頃東亜高等予備学校を日華学会に合併してはどうかという話が出てきた。そこへ前記の大震災である。この件は中断のやむなきに至った。1924年両者合併の話が再燃し双方当事者の意見も合併案に傾いたのである。共に政府の補助をうけており,日華学会の所望している留学生予備教育機関の典型がすでに実在していたわけであるから,東亜高等予備学校の資産負債・事業の全部を日華学会に譲渡することは教育上経済上もっとも得策と考えるのが当然である。東亜高等予備学校では寄付行為の定款に従い評議員会の同意をえて財団法人を解散,その校名や教職員も大略引継ぐことで意見の一致をみた。引継契約書が交換されたのは1925年4月22日であり,経営者変更の申請が東京府より許可されたのは同年5月25日である。

合併(譲受)当時における東亜高等予備学校の資産は概略下記のとおりである[31]。

資産　○校地　278坪7合3勺

内訳　所有地　189坪5合1勺　　神田区中猿楽町六番地
　　　　　　見積価格金　4万7,377円50銭（坪当　250円）
　　　　　借　地　89坪2合2勺　　神田区中猿楽町五番地
　　　　　　借地権見積敷金　6,691円50銭（坪当　75円）
○校舎　金3万3,057円40銭
　　　内訳　建物総坪数　298坪4合5勺
○地下工事金　7,325円（146坪5合×50円）
○器械器具　539点（4,928円50銭）
○図書　41点（247円74銭）
○電話　1箇（2,000円）
　合計　金9万4,902円64銭也

　一方，債務は，12万3,850円で，内訳は，借入金9万円，同利息1万7,250円，学校創立以来借入金の未償還高1万6,600円となっているが，その償還方については，5万円の国庫補助を交付されたので，日華学会資金3,000円を加えて債権者に5万3,000円を支払い，残額は元金を年賦・利息を月賦で償還することとなった。

　1925年4月1日の授業開始にあたり，東亜高等予備学校の職員および生徒は日華学会にそのまま引継がれることになった。当面，学級編成・学科目・教授要旨・学課程度・学科の受持方法・教科書等々はすべて従来どおりである。ちなみに，学級は日本語専科・予科・書取作文専科・文法専修科の4つである。生徒数は各科あわせて126人であった。

　同年5月25日付けで校名は財団法人東亜高等予備学校のうち冠首4字を削除してそのまま継続することとなったが，教員組織は校長・学監・教頭・幹事の下に教員が動くこととなり，日華学会会長細川護立が設立者兼校長として君臨し，学監には文部省の推薦で松村伝（元台北高等学校長）が就任，東亜高等予備学校育ての親である松本亀次郎は教頭として位置づけられた。幹事には山口定太郎が日華学会と兼任で就いている。

ここで特記すべきは評議員会の設置である。文部・外務両省の高等官，東京高師・一高・東京高工等の各学校の教官，および日華学会理事で組織されたこの評議員会は学校運営の重要事項を決定する権限を有し，爾来，日華学会直営の留学生予備教育機関としての性格づけをなす拠り所となった。ちなみに当初のメンバーはつぎの11名である。外務省より木村惇，文部省より赤間信義・山内雄太郎・菊池豊三郎・矢野寛城，東京高等師範学校の馬上幸太郎，第一高等学校の斎藤阿具，東京高等工業学校の奥田寛太郎，日華学会から服部宇之吉・江口定条・山井格太郎が就任している。「東亜高等予備学校ノ教務ノ改善及経営上ノ刷新ヲ図ル為」「財団法人日華学会長ノ諮問ニ応ジ調査審議」し，「会長ニ建議スル」という役割を課せられたこの評議会により，新しい方向づけがなされることとなったわけである。第1回評議員会は1926年3月に行われ，学則が決定された。

東亜高等予備学校学則（全43条）にしたがって，以下，教育の内容を吟味しておくこととする[32]。修業年限は本科1年予科6カ月の計1年6カ月とし，毎年4月から9月または10月から3月に2分されたいずれかの学期からも入学が許可された。学科目は予科が修身・日本語，本科が修身・日本語・英語・歴史・地理・数学・博物・物理・化学・図画で，学科課程には次のような説明がなされている。すなわち修身は「道徳ノ要領ヲ授ケ実践躬行ヲ勧奨スル」，日本語は「発音，読方，解釈，書取，話方，文法，作文ヲ授ケ普通ノ口語及文語ニ習熟セシムル」，英語以下については「中学校ノ課程ニ準シテ之ヲ授ケ中学校卒業者ト同等以上ノ学力ヲ付与スル」ものとあり，毎週教授時数を表11-1のように組んでいた。

予科または本科同期の生徒をもって学級（50人以下）を編成し授業を行うが，日本語，英語以外については学級の異なる生徒を合せて一斉教授をすることもあるとされた。

入学資格は，予科の場合，中華民国の中学校もしくは之と同等以上の学校の卒業者または同等以上の学力を有する者とされ，英語と数学の学力がとくに検

定の対象になった。本科の場合，予科修了者または「予科ニ入学スルコトヲ得ル者ニシテ日本語ニ関シ之ト同等以上ノ学力ヲ有スル者」とされた。

予科・本科あわせて生徒数は500人以下と規定したが，この定員外に修業年限1年の専修科が置かれ，本科所定の学科目についてその一科目を専修する場合，それを修むるに必要な程度で日本語・英語・数学の試験を経て入学が許可された。

表11-1 東亜高等予備学校学科課程

	予 科	本　科	
		第一期	第二期
修　身		1	1
日本語	前半期　24 後半期　30	14	8
英　語		8	8
歴　史 地　理		2	3
数　学		7	7
博　物		2	3
物　理 化　学		2	4
図　画			2
計（時）	前半期　24 後半期　30	36	36

出所：『日華学会二十年史』p.111より作成。

入学料は1円であり，授業料は予科25円，本科毎期33円とされ，専修科は1学科目の場合毎期20円，2学科目が28円，3学科目以上が33円であった。なお，専修科の授業料については，日本語・英語・数学は各1科目としその他は1科目ないし全科目を1科目とみなすことにした。

東亜高等予備学校の経営が日華学会に移行したことにともない教員組織の方にも変化を生じた。そのひとつが前述の学監である。前台北高校長松村伝の初代学監就任は1925年12月で，彼の努力により教授内容は数歩改善されたと評されるが，翌年9月には水戸高校長に任官し，後任として前山形高校長の三輪田輪三が選任されている。三輪田の就任により，さらに改良が施され面目を一新した。とくに教科書の改訂・教授法の研究，上級学校との連絡に関しては相当の努力が払われたのである。学監に高等学校の校長クラスをもってきたことは東亜高等予備学校の社会的重要度を示すものといえよう[33]。三輪田学監を主軸とした活動については節を改めて論ずることにする。

(3) 中国学制の変化と特設予科制度の改編

1920年代から30年代,すなわち,大正中葉から昭和の初めにかけては留学生教育制度の変革期であったといえる。

ちなみに,中国では,この時期,教育制度の全面的改正を行い6・3制を採

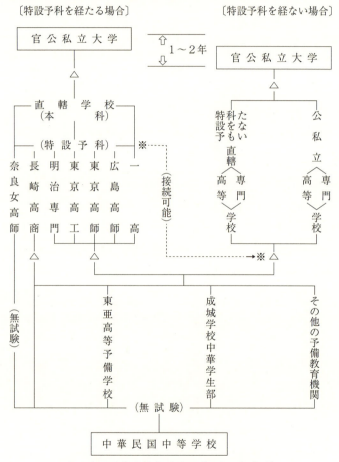

留日中国人学生教育系統図 (昭和3年当時)

出所:「日華学報」第4号 p.32 (高橋君平論文) より作成。
△印は試験入学。

用している。1922年の壬戌学制・1928年の戊辰学制の制定がそれであって，小・中・大の3段階を基本とする学校系統に改められた。そして，留学資格は小学校（初級4年・高級2年）・中学校（初級3年・高級3年）を終えた段階以上と規定されるのである。それまで日本の制度をモデルに教育の近代化を推進してきた中国が，6・3制の採用に表現されるごとく，この時期から模倣の対象をアメリカに移し，プラグマティズム思想を軸に近代教育の再編成を図ろうとしていたわけである。中国の教育水準は，1930年当時で，学齢児童の就学率全国平均22.07％という数字が示すように[34]，国民一般に広く普及したものとは言い難かった。しかし，いち早く，6・3制のような単線型教育制度を採用し，男女共学をすすめたりしている点は，日本との比較において今日注目に値することである。

　中国における一連の教育近代化の動きは，日本にとって中国人留学生受け入れ体制の改善をうながす契機として重要な意味をもっている。日中両国の文化交流を維持し推進するため新たな方策が考えられたのである。日華学会の設立や「対支文化事業」の開始は，日本側の積極的対応の表現であろう。もとよりこの時期は二十一カ条要求に端を発する抗日運動が表面化しつつあったわけで，留日学生数は漸次減少の傾向を示していた。「支那留学生の教育に関し政府は相当の施設を為す必要あること一般に唱導するところなり依て支那共和国留学生教育費を予算に計上し，且支那共和国留学生教育に関し改善的施設ありたし」という主張は，1922（大正11）年3月第45回帝国議会で採択された松本亀次郎らの「支那共和国留学生教育に関する請願」のなかの一節である[35]。

　文部省専門学務局が「直轄学校に於ケル支那人予備教育施設計画案」を示したのは1925年2月である。これには外務省文化事業部が強力な勧告をしたといわれる。予備教育施設[36]すなわち特設予科の増設案に基づいて，明治以来存続している第一高等学校と東京高等工業学校の特設予科に加えて，東京と広島の両高等師範学校，長崎高等商業学校，明治専門学校，少しおくれて奈良女子高等師範学校の計5校に特設予科が復活ないし新設をされ合計7校となった。

ここに，中国人留学生の教育は新たな段階を迎えるのである。

特設予科相互の連絡・調整に関しては，年1回東京で特設予科会議を開催し協議した。文部省と外務省の共催である。会議の主要議題等を検討してみると[37]，各校の予備教育状況が毎回報告され，予科修了者の取扱方，経理問題，教育方法，内容等々，多岐に亘る案件が審議され，次第に特設予科全体としての統一性が生じてきつつあったことがわかる。東亜高等予備学校代表も第2回目（1927）から出席している。別掲の「留日中国人学生教育系統図」はこの時期の進学ルートを示す資料である。中国の教育制度と日本のそれとを直結できないところに「特設予科」の存在理由があったわけだが，とくに，日本語の修得という問題をどのように解決したらよいか，大いに検討を要するところであった。東亜高等予備学校のごとき一般予備教育機関の必要性もこの点に起因していたことはいうまでもない。

特設予科の増設が実現してまもない頃，中国の新しい教育制度との対応を図るため，日本の特設予科制度を全体的に改善することが要望せられた。この問題については別稿において論じたことがあるが[38]，東亜高等予備学校を中心にここで再度検討を加えたい。同校学監三輪田輪三の「学制改正案経過[39]」を引用することから始めよう。

「従来民国ニ於テハ海外ヘ留学スル学生ノ資格ヲ中学校卒業（三年又ハ四年終了）トセシモ三年以前ヨリ高級中学卒業（初級中学三年高級中学三年）ヲ以テ其ノ資格トナセリ然ルニ我国ニ於テハ民国ノ政変常ナラザルノ故ヲ以テ其ノ新資格ヲ認メズ僅カニ本校ニ於テ高級中学卒業者ノ為ニ日本語専修科ヲ設置シタルノミナリシガ再来渡日スル留学生ハ高級中学卒業以上ノモノ七割ヲ占メ殊ニ留学生ノ多数欧米ニ遊学スルノ傾向ヲ生ズルニ到リタルヲ以テ昨年五月『留学生ノ激減ノ虞アル理由』並ニ民国留学生教育私案ヲ印刷シテ外務，文部両省ニ提出シタリ然ルニ山井理事ハ蹶然起ツテ之ガ処置ヲ講スベキ機ナリトシ学会ガ昨年九月評議員会ヲ開催シ会長，服部博士，外務省文化事業部長文部省専門学務局長，其ノ他之ニ関スル事務官評議員全部出席シ特設高等

学校設立ノ趣旨ヲ論ジタルニ全会其ノ必要ヲ認メ之ガ対策ヲ考慮スルコトヲ約シタリ，然ルニ十月ニ到ツテ之ガ対策ヲ見出ス能ハザルニヨリ山井理事ノ諒解ヲ得テ文部省督学官，斎藤一高教授，奥田工大教授及東亜学校学監ヲ委員トシテ民国ノ教育実況ヲ視察セシメ其ノ報告ヲ俟ツテ対策ヲ講究スベキコトヲ建議シ本年（昭和六年）一月二日龍山督学官奥田教授及三輪田学監ハ（椎木講師ヲ同行）奉天，北平，天津，済南，青島，南京，上海等ヲ視察二月八日帰朝シ越ヘテ十二日文部，外務両省関係者一同ノ臨席シタル報告会席上ニ於テ報告シ即日対策ノ委員ヲ委嘱セラレ三月十五日別記特設大学予科案ヲ作成報告シタリ……」

これまでの特設予科制度を全国的視野に立って改編し，大学進学へのルートとして特設大学予科ないし特設高等学校を新設・整備してゆきたい，というのが留学生教育担当者の意向であった。然るに，その方法論は決して単一のものではなかった模様である。「特設大学予科案」にしても，その具体案は3通り用意されていた。すなわち，第1案は本科2年制，第2案は本科2年制および予科1年，第3案は本科3年制である。

三輪田学監は，先述の「経過」のなかでさらに解説を加えている。「……第二案以下ヲ施行セラルルトキハ本校ノ不便甚シク従テ本校ノ制度モ亦改革ヲ断行スルコトヲ余儀ナクセラルルヲ以テ『私見』ヲ印刷シテ右報告書ト共ニ当局ニ提出シタリ然ルニ本月ニ到リ外務文部両省共ニ本案第二案ヲ採用（多少修正ヲ加ヘ）スルノ確報ヲ得タルニ依リ本校モ亦明年度ニ於テ別案ニヨル改革ヲ企図スルニ至リタリ」。以下，三輪田の別案なるものを掲げてみよう[40]。

1. 東亜高等予備学校ヲ改メテ東亜高等学校トス
1. 東亜高等学校ニハ本科（三箇年）及専修ノ二科ヲ設ケ，本科ニハ文科，理科，専修科ニハ日本語，英語，数学ノ各学科ヲ置ク
   又選科ヲ設ケ物理化学博物地理歴史ノ各学科ヲ適宜学修セシム
1. 本科三箇年ニアリテハ第一高等学校又ハ工業大学ニ設置セラルル2箇年ノ大学予科及一箇年ノ予備科ト同一ノ学科目ヲ授ク

1. 本校卒業生ハ官公私立大学ノ本科ニ入学スルノ資格ヲ具ヘシム
1. 本校本科第一学年以上ヲ修了シタル者ハ其ノ履修シタル学科ニ応ジテ各専門学校本科又ハ第一高等学校特設予科，東京工業大学予科１年ニ入学スルノ資格ヲ具ヘシム

備　考

　　高等学校設置ノ為メ積立金三十万円ヲ要スレドモ本校ハ外務省補助学校ナレバ必ズシモ其ノ要ナカルベシ

　　経常費ハ第一年度ハ増額ヲ要セズ第二年度ニ於テ経常費約一万円，設備費四万五千円，第三年度ニ於テ経常費約一万五千円ノ増額ヲ要スル見込ナリ

　　校舎ハ東亜高等予備学校校舎ヲ使用ス

　留学生の「初歩予備校」として当時名声を博していた東亜高等予備学校にとっては，特設予科の再編問題を坐視してはおられなかった。全国的視野から事態の解決に努力していた三輪田学監の場合，制度の改革と自校の存続とは密接なる関連のもとに考察せられたのである。以下，三輪田の「私見」のなかから主要な部分を抽出しておきたい[41]）。

　　　従来民国ノ各学校ハ毎年春秋二季生徒ヲ募集シ一月又ハ七月ニ卒業者ヲ出スコトトセルガ，近年ニ至リ学制ヲ改メテ学年ヲ九月ニ始メ翌年七月ニ終ルコトトシ全国之カ統一ニ努メツツアルノ状勢ナレバ，民国学生ノ本邦ニ渡来スル者ハ今後秋季ニ集中シ春季ニハ殆ト其ノ跡ヲ絶ツニ至ランコトハ当然ノ帰結ト謂ハザル可カラズ……

　日本では大正中期の改革で高等教育段階まで４月学年制に統一したわけであるが，逆に中国では欧米の制度にあわせて，この時期９月学年制を全面的に実施することとなった。その結果として，中国から日本に留学する学生は毎年９月以降，実際には10月，11月前後に渡来すると考えられるが，一方日本側では文部省直轄学校の入学試験期を翌年１月から３月としており，日本語教育を施すとしても正味はわずかに３～４カ月を残すのみである。彼はいう。

若シ……第二案（本科二年，予備科一年）ヲ実施セラルルトキハ特設大学予科トシテハ或ハ相当ノ成果ヲ収メ得ベシト雖モ本校ノ如キ専ラ民国留学生ノ初歩予備教育ニ従事スル者ハ其ノ本体ヲ失ヒ毎年四月ヨリ八月ニ至ル迄ハ在校生徒数甚ダ僅少ナル為学校経営上至大ノ困難ニ遭遇シテ遂ニハ廃校ノ非運ニ至ルヤモ計リ難シ

日本語習得を主内容とする「初歩予備教育」の重要性を意識している三輪田にとって，そのための教育期間が減少することは留学生に「多大ノ困難」を強いることになると思われた。彼は私学経営の立場からつぎのようにも述べている。

現下ノ不況時代ニ際シ各私立学校ハ経営上頗ル困難ヲ極ムルノ状態ニアルガ如シ従来私立学校ニ於テハ留学生ノ成績如何ニ係ハラズ其ノ入学ヲ許容スル弊有リシガ近来ハ種々ノ便法ヲ設ケテ之ガ吸収策ヲ講ズルモノ少ナカラザルヲ以テ第二案実施後ハ一層種々ナル施設ヲ試シ之ガ吸収ニ汲々努力スルニ至ルモ少ナカラザルベシ

私学一般の欠陥を指摘した上で，東亜高等予備学校の将来について，彼はつぎのように述べた。

留学生ノ多数ハ自己ノ素養如何ヲ顧ミズ一日モ早ク上級学校ニ入学セントスル傾向有ルヲ以テ本校ノ予科ヲ卒業スルヤ文部省直轄学校若ハ私立学校ノ予備科ニ入学シ得ルガ故ニ相率イテ其方ニ向ヒ本校ノ本科又ハ専修科ニ志望スル者絶無ト言ハザルモ極メテ少数ナルニ至ルベク 従ツテ本校ハ単ニ半ケ年間日本語ヲ課スルノ講習所ト化シ去リ毎年四月ヨリ九月ニ至ル上半期ハ経営困難ノ窮状ニ陥ルコトハ明瞭ノコトナリトス

留学生に対する初歩教育機関の経営維持を困難ならしめるという点が第2案に反対する理由であったわけだが，第3案（本科3年）に対して三輪田はつぎのような見解を述べている。

第三案ヲ実施セラルル暁ニハ現在ノ本邦高等学校トハ唯日本語ヲ主トシタル点ニ於テ異ナルノミニテ殆ド大差ナク 又東京工業大学ニ於テハ現ニ

民国高級中学校未卒業者ニ三年ノ課程ニ依リ教授ヲ施シ成果ヲ収メツツ有ルニ対シ　第三案ノ如キ制度ハ寧ロ退歩ノ施設トナリ本邦ニ於ケル修学年限ヲ長クスル虞アルノミナラズ全然民国ノ高級中学校ノ課程及其ノ教育ノ功果ヲ認メザルモノニシテ将来留学生ノ激減スルニ至ルハ疑ヲ容ルルノ余地ナカルベシ

中国内地における教育の効果を認めず，いたずらに修学年限を延長することは，留学生教育の制度改革上望ましくない点であるというのが第3案に関する三輪田の反対理由であった。

以上を要約して，三輪田の見解は第一案，つまり，特設大学予科は本科2年制を最上策とするものであった。先述の別案（筆者は東亜高等学校案と仮称する）は，この私見が採用されなかった結果に基づき，改めて対策を講じたことになる。

特設大学予科案（1931年3月提出）は龍山義亮・奥田寛太郎・斎藤阿具・三輪田輪三の4名連署であるが，この時期，すでに東京工業大学附属予備部が発足しており，翌年6月1日には第一高等学校特設予科が特設高等科に改編されている[42]ことを念頭におけば，委員の間で意見がわかれていくのは容易に想像しうる。原案作成過程における諸勢力の関係も考慮に入れておかねばなるまい。三輪田の独断も加わっていることだろう[43]。

三輪田は，その直後に，「留学生教育私案」と総称する詳細な意見書を別途提出している。その内容は，特設教育改革案・特設学校増設案・出身学校取扱規程案・（留学生教育費に関する）基礎案等から構成されており，その文面から，昭和7年6月以降作成したものと推察できる。紙数の関係でその　全容を解説するゆとりはないが，約15ページにおよぶ「私案」に盛りこまれた内容は，中国人留学生教育に対する理想と現実の間（はざま）に立っていた三輪田の苦悩を浮彫りにしている。とくに，満洲国の独立にともなう人材養成に積極的かかわりをもとうと努力している点が注目される。

3　東亜学校の成立と崩壊

(1)　満洲国の発足と留学生教育の対応

東亜高等予備学校の歴史は，日中関係に影響されて複雑な動きを展開する。本章では，校名を東亜学校と改称後第二次大戦終了時に至る時期を対象とする。まず，日華学会経営下の東亜高等予備学校を概観しつつ，問題点を抽出してみよう。

生徒数に関する統計資料によれば[44]，満洲国発足前に在学生770人をピークとした学期があり，同国発足後に1,980人をピークとする学期があったと記録されている（表11-2参照）。2つの学期は1929年秋と1935年第2学期であるが，その谷間，すなわち，在籍者15人にまで減少した1932年第1学期が何を意味しているか容易に想像がつくであろう。満洲国の発足は中国人留学生にとって重大な政治的事件であったのである。ちなみに，1931年9月の第10回卒業生76人のうち20人は欠試者とあり，本科に卒業者なく，その総数も前学期の37％に激減していた。（表11-3参照）。先述の三輪田案はかかる状況下に作成されたものであることを考慮に入れる必要がある。

表11-2　東亜高等予備学校年度別生徒数

	年　度	春学期	秋学期
満洲国発足以前	1925（大正14）	133	238
	1926（大正15）	155	239
	1927（昭和2）	150	323
	1928（昭和3）	355	481
	1929（昭和4）	350	770
	1930（昭和5）	333	377
	1931（昭和6）	148	104
	小　計		4,156

	年　度	第1学期	第2学期	第3学期
満洲国発足以後	1932（昭和7）	15	125	166
	1933（昭和8）	111	381	373
	1934（昭和9）	363	1,059	970
	1935（昭和10）	828	1,980	1,596
	1936（昭和11）	930	1,683	1,144
	1937（昭和12）	631	65	61
	1938（昭和13）	129	176	—
	小計			12,786
	生徒数累計〔人〕			16,942

出所：『日華学会二十年史』附録による。

表 11-3 東亜高等予備学校卒業者数

回（卒業年月）昭和	本科	予科	専修科	その他	合計
一（2年3月）	7	67	1		75
二（2・9　）	12	58	0		70
三（3・3　）	14	166	0		180
四（3・9　）	33	138	1		172
五（4・3　）	42	217	1		260
六（4・9　）	29	133	17		179
七（5・3　）	24	319	25		368
八（5・9　）	8	96	19(1)		123
九（6・3　）	11	163	23(2)	18(3)	215
十（6・9　）	0	37	19	20(4)	76
合計（人）	180	1,394	106	38	1,718

注 1 : (1)は日語班 17, 英語班 2, (2)は日語班 20, 英語班 3 から成る。
　2 : (3)は女子高等受験班, (4)は欠試者である。
出所:『日華学報』第 28 号, 第 29 号記載の卒業生名簿より作成。

満洲国発足以後生徒数が次第に回復してきたことは表 11-2 に明らかであるが, 東亜高等予備学校にとって 1931 年当時は苦難の時期であった。同年 4 月現在の留学生上級学校進学状況をみるに[45], 総数 543 人中東亜高等予備学校卒業者が 315 人で全体の 58％弱を占めている。その内訳をみると, 帝国大学は大学院および聴講生を含めて 21 人中 12 人となり, 特設予科では東京工業大学が 25 人中 18 人, 東京高等師範学校が 22 人中 16 人, 広島高師は 13 人中 12 人, 奈良女高師が 7 人中 6 人, 長崎高等商業学校は 11 人中 7 人, 第一高等学校が 29 人中 17 人, 明治専門学校が 12 人中 10 人となっていた。一般予備教育機関として東亜高等予備学校に要請されている社会的責任は甚大なものがあったといえよう。上級学校 40 余校に分配されたわけだが, 3 校[46]を除く大部分に必ず東亜高等予備学校出身学生が入学した事実をここで確認しておきたい。

なお, 東亜高等予備学校在籍者の学歴別構成を調べてみると, 1925 年以降 1938 年までの 14 年間を通して高級中学出身者がもっとも多いことがわかり, それ以上の高学歴保持者で大半を占められていることと相まって, 中国の学校制度が整備されてきた様相をみることができる（表 11-4 参照）。男女別構成では男子が全体の 88％強を占めているが, 毎年 1 割以上の女子学生が来日していた事実は注目に値することである（表 11-5 参照）。

次に，教職員について考察する。満洲国発足以前の職員表をみると[47]，1929（昭和4）年9月1日現在で21名である。その内訳は，校長細川護立（日華学会会長・侯爵）の下に，学監三輪田輪三・教頭松本亀次郎（国語）・幹事山口定太郎を置いて，国語科教員に山根藤七・三戸勝亮・松浦珪三・椎木真一・清水真澄・小谷野義方・岡本憲三・泉喜一郎・八島正雄・佐竹一三，数学および理化の担当として伊東茂松・吉沢嘉寿之丞，英語科に高仲善二，兵科に両角徹を配し，書記には牧野間喜治郎（会計）・数納義一郎（教務）・伊藤修平（庶務）が就いていた。翌5年7月末現在の記録では三戸・清水・岡本・泉らの名前が消え，中村太郎・有賀憲三が新たに就任している。ちなみに俸給は学監300円，教頭220円で，一般教員は190円以下となっていた[48]。

東亜高等予備学校では教職

表11-4　東亜高等予備学校在籍者の学歴別構成

学歴別	卒業	未卒	計
大　　　　学	3,871	1,162	5,033
専　門　学　校	1,776	127	1,903
師　範　学　校	1,022	83	1,105
高　級　中　学	4,865	856	5,721
旧　制　中　学	1,307	2	1,309
初　級　中　学	1,460	100	1,560
小　　　　学	—	—	62
そ　の　他	—	—	249
合　計（人）	—	—	16,942

出所：『日華学会二十年史』附録による。

表11-5　東亜高等予備学校在籍者の男女別構成

年　度	男	女	計
1925（大正14）	351	20	371
26（大正15）	371	23	394
27（昭和2）	447	26	473
28（昭和3）	762	74	836
29（昭和4）	1,008	112	1,120
30（昭和5）	650	60	710
31（昭和6）	232	20	252
32（昭和7）	275	31	306
33（昭和8）	722	143	865
34（昭和9）	2,043	349	2,392
35（昭和10）	3,892	512	4,404
36（昭和11）	3,259	498	3,757
37（昭和12）	632	125	757
38（昭和13）	225	80	305
合計（人）（百分率）	14,869（87.76％）	2,073（12.24％）	16,942（100％）

出所：『日華学会二十年史』附録による。

員全員で教材の選択や教授法等の調査研究につとめた[49]。当初は週1回だったが，昭和六年以降はさらに部会を組織し週2回以上の研究を重ねている。教科書編集には特別力を尽し，現地の教科書を参酌しつつ，日本語読本・文語文法課本・日語会話・日本国語文法「スターリーダー」・日本歴史・地理書を編纂し逐次改訂を加えた。

この間，昭和3年秋に椎木・泉，4年春に三戸・高仲，五年春に松本・吉沢・小谷野といった具合に教職員の現地視察に意を注いでいる。先述の三輪田・龍山・奥田らの視察もその一環に相当する。

また，日華学会が中国基督教青年会と協同して房州館山に開催する留学生銷夏団には毎年教員を交代で派遣している。満洲国より東京高等師範学校に送られた小学校長を対象に夏季日本語特別講習を開いたこともある。

なお，陸軍士官学校の入学準備に必要な学科を教授するため，軍関係の教科を新設，普通学科のほかに軍教・法制の2科目を加えたのは1929年10月である。

(2) 校名改称と高等科の新設

1930（昭和10）年4月19日，東亜高等予備学校は外務省あて「校名改称及学則改正ノ件」を申請した。改定を要する理由としては，第1に，満洲国成立による新たな東亜友邦の概念をつくるべき時期がきたこと，第2に，本校の使命である日本語教育の改善であった。

新校名としては，「東亜学校」「東亜高等語学校」「東亜語学校」等が提案されたが，結局「東亜学校」に落着いた。時に6月1日である。改定案第1条によれば，「本校ハ東亜友邦ノ留学生ニ対シ，主トシテ日本語ヲ教授シ又諸種ノ学術ヲ修得セントスル者ノ為ニ其ノ予備教育ヲ施スヲ以テ目的トス[50]」とあり，完備した日本語学校へ向けての抱負がうかがわれる。

校名改称は，第3代学監杉栄三郎，第2代教頭山根藤七らの下で行われたが，表11-2で明らかなように，生徒数激増の時期でありその対応策が吟味されて

いた頃と察せられる。ここで，人事面・制度面の経緯をふりかえってみよう。まず，昭和6年10月教頭松本亀次郎が辞任して名誉教頭となり，第2代学監三輪田輪三も1933年3月末で辞任し相談役に推薦されている。三輪田は在任中自ら「東亜学校学監」と署名していた程であり，後述の高等科については「東亜高等学校」への改組をいち早く提唱していた。制度面では[51]，日語専修科を昭和4年4月に置き，翌年には英語と数学を加えている。これは留学生の学歴および上級学校への進学関係を考慮しての結果だといわれる。昭和7年4月以降は専修初等班・中等班・高等班に分けた。1934～35年度に至ると入学者激増のため臨機の措置をとる。すなわち，1934年4月からは本科のほかに専修科23班，臨時班3班，夜間班まで設け，翌年4月からは本科の募集を中止し，日本語高級班・専修科昼間34班・同夜間7班・英数高級班および普通班・物理化学班・地理博物班・夜間講習班・専修科臨時2班を置いている。上級学校への入学準備と補習を兼ね，専修科第2期以上の生徒のために日語授業の時間外で英数・理科・地理・博物班を設けた点も注目されよう。

「東亜学校高級班設置案ト其ノ理由[52]」なる文書がまとめられたのは昭和10年7月であった。高級班とは「会話ニ講読ニ演説ニ作文ニアラユル方面ニ於テ完全ニ日本語ヲ習得シ其ノ実用ニ差支ナカラシムル」ことを目的とした制度で，東亜学校専修科第3期卒業程度を入学資格とし，学習年限は2カ年，授業は毎週23時間を目安とした。設置の理由を要約するとつぎのようになる。

1. 目下，臨時高級班在籍の学生は，ほとんどが他の大学・専門の学校に在るか，もしくは，研究・見学の本務を有して日本語学習に熱心な者のなかで本校の課業時に通学できる者のみである。
2. 東亜学校に在籍するだけでは各種の補給等もないため語学力未熟であっても専門の学校にやむなく籍を置いている事情の者もいる。
3. 東亜学校に居るだけでは学歴を高める資格をえられない。
4. 本国で既に一科の専門を修得した者が多い現状から，十分な日本語教育を東亜学校でうけた後研究や見学に従事すればよい。

当局者の要望を原文でみると、「我ガ東亜学校ヲ以テ……徹底的ニ日本語ヲ習得スル唯一ノ学校ナリトイフ念ヲ彼等留学生ノ頭脳ニ印セシムベク、其ノ第一着トシテ先ヅ本校ヲ完全ナル専門学校程度ニ引上ゲタル上、当分ノ間……少数ノ人員ニ限リ補給生トシテ高級班ヲ開始」したいとなっている。

高級班の具体的内容としては、①学生数を当分の間20人ずつで40人以内とする。②学費は1学期20円、③給費は1人毎月30円で毎学年20人を限度とする、という条件であった。

昭和10年度の実績について、第23回卒業式（昭和11年3月）の学事報告から生徒数等を調べてみよう[53]。

　　高級班1，専修科第3期3，同第2期12，同第1期11，同臨時班2，英数班2，理化班1，地理・博物班1
　　　計　33班　1,465名，此内兼修139名，延人員1,604名
　　内　高級班卒業5，専修科卒業122，計127名（在籍185名）
　　　高級班修了27，専修科第2期修了408，同第1期修了401，計836名（在籍1,165名）
　　　　外に専修科臨時班　在籍115名

また、上級学校入学調（1936年10月現在）によると[54]、官公私立高等教育機関全入学者合計2,321人のうち、1,028人が東亜学校出身者であって、東京帝大の75人中24人、京都帝大31人中12人、東北帝大40人中12人、九州帝大31人中17人、早稲田大218人中105人、明治大300人中133人、法政大370人中204人、日本大284人中104人といった割合になっていた。

このような実績をふまえて、東亜学校では高級班を一層完成させる目的で2年程度の高等科を新設することを決め、さらに1年後、その実績をもとに3年制の高等科を設置したのである。これは、「高等学校令ニ準拠シテ本校独自ノ特色権威アル教育ヲ施スコト[55]」をねらいとしたもので、生徒定員は240名（文科三学級　理科三学級〔一学級40名〕）となっていた。学科目や毎週授業時数等については割愛するが、日本語学習に相当な力点をおいたカリキュラムである

ことが特色である。

高等科の教員は下記のとおりである。修身担当に富田竹三郎・岩松正弥，日本語担当に山根藤七・椎木真一・有賀憲三・泉喜一郎・豊田逸郎・酒井森之介・鈴木正蔵・岩松正弥（兼担）・鷲見利久・安部清美・熊沢龍，英語担当に大塚高信・篠田錦策・湯浅初男，歴史担当に肥後和男・中川一男，地理担当に武見芳二，哲学概説は太田定康，心理論理は富田竹三郎（兼担），法制経済は佐々木三十郎，数学には馬杉肇と山田欽一，自然科学が稲荷山資生というわけである。23人中11人が専任となっている。

周知のように，1937年から日中戦争に突入したため，留学生の数は激減した。高等科は，文科のみで開始され，1937年度の在籍者数は1年5，2年2，3年2の計9名にすぎなかったのである。その後，1941年には高等科に理科を新設することとなり，学則の一部を変更した。また，「東亜新秩序建設ノ新段階ニ邁進シ新ニ留学シ来ル者漸次増加シツツアルノ状勢[56]」に鑑み，学則の規定条文を一部改訂している。ちなみに，第1条は「本校ハ東亜友邦ノ留学生ニ対シ日本語ヲ教授シ又精深ナル高等普通教育ヲ為シ興亜ノ精神ヲ体得セシメ有為ノ人物ヲ錬成スルヲ以テ目的トス」となっている。高等科については理科新設にともないカリキュラム面も文科理科2本立てとなっている。英語を外国語に変更したことも特色のひとつであろう。

東亜学校では各種の教科書を編纂しているが，留学生教育上もっとも注目すべきは，1938年9月に完成した『東亜日本語辞典』である[57]。これは，山根教頭が教職員全体の意見をまとめて三輪田学監に提案し，学監自ら編集監督となり，全教員が教務の余暇を利用して努力した結果である。完成までに杉から赤間信義へと学監も更迭したが，長年月を費して完成しただけに，教育上に稗益する所大であった。

(3) 日中戦争の進行と留学生教育の崩壊

東亜高等予備学校が存在した約30年間のうち，最後の10年間は日中戦争下

と重複するためもっとも扱いにくい時期となっている。東亜友邦の概念のなかに満洲国が入ってきた事実を今日如何に評価するか，の問題もまだ定かでない。本節においては，1930年代の東亜学校を素材にしながら，留学生教育が崩壊していく様子を描いてみたい。

はじめに，表11-6「省別学生数」に注目してみよう。昭和11年10月末で1,611人が在籍していたわけであるが，その割合をみると，中華民国882人で55％，満洲国の方は729人で45％，となっている。女子学生は234人にのぼり，14.52％を占めている。これを省別に分けた結果は中国全土から入学したことを如実に示してくれるのである。

表11-6　東亜学校学生の出身省別構成（1936.10.31現在）

省名	男	女	計	省名	男	女	計
（中華民国）				貴州	3	—	3
広東	131	38	169	甘粛	1	—	1
江蘇	114	20	134	小計	733	149	882
河北	97	21	118	（満洲国）			
浙江	81	19	100	奉天	249	38	287
安徽	40	6	46	吉林	117	17	134
山東	42	3	45	浜江	109	21	130
湖北	36	6	42	錦州	60	1	61
福建	32	6	38	安東	35	3	38
湖南	32	6	38	龍江	21	3	24
江西	32	4	36	熱河	16	1	17
四川	26	8	34	興安	9	—	9
山西	26	4	30	三江	9	—	9
河南	14	4	18	間島	8	—	8
雲南	9	—	9	黒龍江	4	1	5
陝西	8	1	9	関東州	4	—	4
広西	5	1	6	黒河	3	—	3
綏遠	4	2	6	小計	644	85	729
出所：『外務省文書』「東亜学校干係雑件」第一巻による。				合計	1,377	234	1,611

第11章　戦前日本における中国人留学生教育　215

次に，同年度の学歴別構成をみてみよう。

これによると，中華民国からの留学生は大学や専門学校出身の者が多いのに対し，満洲国からの留学生は師範学校や高級職業学校，初級中学出身の者が多い。また，両者とも高級中学出身者も多い，といったところに特色が見出せる[58]（表11-7参照）。

このように多数の留学生をかかえていた東亜学校では，高等科1班（20人）をはじめ，専修科は第3期2班，第2期7班，第1期18班のほか英数普通班・英数高級班・物理化学班・夜間班に分け1クラス45〜60名を対象に教育した。

学監が杉栄三郎から赤間信義に変ったのは1937年1月8日のことであるが，この年は日中戦争勃発という大事件が発生し，同年3月末日付けで新制高等科設置にともなう学則変更をしたのにも拘らず，学生数は激減し，その存在すら危ぶまれるに至った。1940年1月29日，赤間学監辞任により杉が再び後任を委嘱された。同年8月7日には，文部省令が公布され，「東亜学校高等科卒業者ハ大学入学ノ関係ニ付テハ之ヲ高等学校高等科卒業者ト看做ス」ことになった。

1941年4月末，官制改正により日華学会はそれまでの外務省所管を離れて興亜院に移り，さらに翌年11月1日には大東亜省の所管となった。1944年5月6日には大東亜省並文部省の共管（文部省主査）と転じている。

表11-7　東亜学校学生の学歴別構成（1936.10.31現在）

学　歴	中　華　民　国			満　洲　国		
	卒業	未卒	計	卒業	未卒	計
大学研究院			5			1
大　　　学	210	107	317	62	48	110
専科及学院	123	25	148	28	8	36
師　　　範	28	3	31	96	23	119
高級中学	255	30	285	231	36	267
高級職業	33	1	34	53	20	73
旧制中学	4	—	4	2	—	2
初級中学	28	4	32	93	14	107
職業学校	3	—	3	3	—	3
小　　　学	—	—	3	—	—	2
日本の中学			0			1
その他			16			5
不　　　明			4			3
計			882			729

出所：『外務省文書』『東亜学校干係雑件』第1巻による。

東亜学校の経営は，所管官庁の財政援助をうけて，校舎の増築，敷地買収などを繰返し日中戦時下をきりぬけている。戦争の苛烈化にともない「非常時下ノ集合教育ニ依ル学生ノ地方移動」等も行われた。最終段階と目される昭和19年度の日華学会決算書によれば[59]，収入総計30万2,978円17銭のうち，国庫補助金が29万163円に達し，その割合は実に，95.77％であるが，これを支出でみると東亜学校補助金15万1,801円が経常費として計上されており，臨時費として東亜学校高等科拡充費に6万5,440円，東亜学校校舎建築費償還金に4,262円31銭が加わり，計22万1,503円31銭は総支出額の73.11％に相当する。うち，建築費償還金は年度内不完成のため全額返納となったが，財団法人日華学会経営の私立学校として位置づけられていたにもかかわらず，東亜学校の経営は，国庫補助に完全に依存していたことがわかるのである。

1944年12月26日付大東亜省より次官通牒があり，日華学会は「日華関係ノ新情勢ニ鑑ミ，国家的要請トシテ新タニ設立セラルベキ財団法人日華協会ヘ本会解散合同措置方ニ関シ依命」された。翌年2月15日，財団法人日華協会設立により解散手続を終えたが，これにより，東亜学校も事実上消滅したことになる。1945年11月10日には，日華学会の名において「残余財産処分ニ関スル許可申請書」が外務大臣，文部大臣あて提出されている[60]。

最後に，解散時における東亜学校教職員の氏名をあげておこう[61]。校長細川護立，学監杉栄三郎，教頭（高等科教務課長）森川智徳，名誉教頭松本亀次郎を置いて，正科教員に奥田寛太郎・高仲善二・有賀憲三・豊田逸郎・太田定康・鈴木正蔵・岩松正弥・猪野清美・小川正一・北構保男（以上教授），小林隆助・関武次郎・福井私城（以上講師），同事務員に宮本晋・中村茂吉・鈴木恭太郎・本間喜一郎，高等科教員に小柳篤二・川口幹・中村祐吉・木村新・萩原文彦・鈴木斎一・酒井森之助・藤田重行・金田一春彦・佐久間重男（以上教授），湯浅明・中西義栄・小笠原慈瑛・児玉帯刀・山本毅・福本正人・鈴木大典・興地審英・関田保男・松田智雄・八木林太郎・大賀一郎（以上講師），同事務員に丹野寛・酒井百合子といった顔ぶれである。このなかには応召中の者も若干含まれ

ている。

注

1) 拙稿「戦前日本における中国人留学生の教育——特設予科制度の成立と改編——」『日本大学教育制度研究所紀要』第7集，pp. 69-123。同「戦前日本における中国人留学生予備教育の成立と展開」アジアにおける教育交流『国立教育研究所紀要』第94集，pp. 61-80。同「第一高等学校における中国人留学生教育」旧制高等学校に関する問題史的研究『国立教育研究所紀要』第95集，pp. 193-207。
2) 東亜高等予備学校に関しては以下の学会等で口頭発表を試みている。「日華学会の創立と東亜高等予備学校」関東教育学会第22回大会，1974年。「東亜高等予備学校について」教育史学会第20回大会，1976年。
3) 阿部洋「『対支文化事業』の研究——近代日中学術文化交流史の一断面——」アジア経済研究所「所内資料」を参照。
4) 裕庚は清史稿，中国教育年鑑本文，太陽3-1，3-2の表紙に記す所であり，近代中国留学史の本文，中華留学生教育小史には祐庚とある。また。近代中国留学史の年表，中国教育年鑑の教育大事記では嘉祐とある。実藤恵秀「中国人日本留学史稿（五）」「『日華学報』62号，p. 16を参照。
5) 以下の引用は『日華学報』62号，pp. 3-4による。なお，前掲実藤論文によれば，『勧学篇』は内篇9（同心・教忠・明網・知類・宗経・正権・循序・守約・去毒），外篇15（益智・遊学・設学・学制・広訳・閲報・変法・変科挙・農工商学・兵学・鉱学・鉄路・会通・非弭・非攻教）の24編から成るという。
6) 前掲実藤論文『日華学報』62号，p. 4による。
7) 「支那留学生収容学校数並員数調」外務省記録文書『在本邦支那留学生干係雑纂第一，陸軍学生・軍学生外ノ部』所収。なお，留学生関係の統計については，二見剛史・佐藤尚子作成「〈付〉中国人日本留学史関係統計」『国立教育研究所紀要』第94集，アジアにおける教育交流，pp. 99-118所収を参照。
8) 松本亀次郎『中華留学生教育小史』pp. 23-24
9) 同上書，p. 23
10) 前掲拙稿『国立教育研究所紀要』第94集・第95集所収を参照。
11) 松本前掲書，p. 25
12) 前掲「統計」によれば，1907年現在の中国人留学生数は，文部省直轄学校在籍者363人，在東京公私立学校在籍者6,030人，地方公私立学校在籍者43人とあり，そのなかに，宏文学院911人，経偉学堂542人，東斌学堂321人，東京同文書院145人，成城学校110人が示されている。宏文学院等の学校閉鎖がどのよ

うな経過のもとでなされたものか，いまこれを説明する資料がないのは残念である。
13) 松本前掲書，p.29 および『外務省記録――各国ニ於ケル学校関係雑件』(1909年) 所収の「本邦五高等学校ニ入学セシムヘキ清国学生予備校設立ニ関スル件」を参照。「予備学校章程」によれば，「漢文ニ通過シ普通学ヲ完備セル中学卒業生」を各省から試験選抜し，一高第1部・東京高師英語部地史部・山口高商に進むための文科と一高第2部第3部・東京高師数物化部博物部・東京商工・千葉医専に進むための実科に分けて1年間教育する予定であり，3学期をもって卒業としている。学科は国文・日本語文・英文・数学・体操のほか，文科では世界地理と世界史，実科では理化となっていた。
14) 「松本亀次郎氏経歴」『外務省文書』東亜学校干係雑件所収による。
15) 『日華学会二十年史』p.102 によれば，「……初めは日本大学次には大成館の教室を借り受け……」とある。
16) 松本前掲書，p.46
17) 同上書，p.37
18) 同上書，p.38 より再引。
19) 同上書，p.44 を参照。
20) 同上書，p.45
21) 『日華学会二十年史』p.12
22) 同上書，p.5
23) 同上書，pp.10-11
24) 同上書，p.10
25) 同上書，pp.38-39
26) 松本前掲書，p.43
27) 同上書，p.51 以下。
28) 同上書，pp.56-57
29) 『日華学会二十年史』pp.102-103 によれば，学校再興費国庫補助は大正13年3月に交付され，4月より建築に着手し，8月に至って竣工，延坪数は308坪4合5勺とある。
30) 日華学会の立場からいえば東亜高等予備学校を「譲受」したことになるであろう (前掲『日華学会二十年史』p.103 以下) が，松本亀次郎は「日華学会と東亜高等予備学校の合併」(松本前掲書 p.59 以下) という見解を立てており，筆者は松本の立場を尊重しつつ客観的な叙述をすることにした。
31) 『日華学会二十年史』日華学会，1939年，pp.104-105
32) 同上書，pp.110-117

33)　社会的重要度は，その内実において東亜高等予備学校の官学化であったことを忘れてはならない。
34)　杜佐周『近百年来之中国教育』p. 132 小林文男編『中国社会主義教育の発展』〔1975年・アジア経済研究所〕，p. 34 より再引
35)　実藤恵秀『中国人日本留学史稿』日華学会，1939年，p. 253 以下
36)　中国人留学生を対象にした予備教育機関の定義については明確な規定があるわけではない。ちなみに，外務省記録文書『在本邦清国留学干係雑纂』所収の「支那留学生予備教育ニ関スル調」によれば1921年12月現在，東京高等師範学校特別予備科・第一高等学校特設予科・東京高等工業学校特別予科・成城学校清国留学生部・慶応義塾特別予科・東亜同文書院・東亜高等予備学校・日華学院の8校が収容学校として調査の対象となっており，それによれば，在籍者数713人のうち450人が東亜高等予備学校である。
37)　拙稿「戦前日本における中国人留学生の教育——特設予科制度の成立と改編」『日本大学教育制度研究所紀要』第7集を参照。
38)　同上書，紀要第7集，p. 88 以下。
39)　外務省文書「在本邦留学生予備教育干係雑件・特設予科関係」第4巻（外交史料館蔵）に基づく。
40)　同上書，なお，この別案を筆者は「東亜高等学校案」と称し，前掲紀要論文のなかで一部を紹介している。
41)　同上書
42)　拙稿「第一高等学校における中国人留学生教育」『国立教育研究所紀要』第95集，p. 204 以下を参照。
43)　筆者は龍山義亮委員を生前訪問し，この間の事情を確かめたことがあるが，原案作成のまとめは三輪田の手になるとのことであった。
44)　『日華学報』所載の「卒業生名表」および『日華学会二十年史』附録等を参考にした。
45)　『日華学報』第29号，pp. 45-46
46)　3校とは神戸商業大学・大阪工業大学・山口高等商業学校を指すが，部科では東京商科大学本科・早稲田大学専門部法律科・第二早稲田高等学院には東亜高等予備学校の出身者は含まれていない。
47)　外務省文書「日華学会干係雑件」第1巻所収の「東亜高等予備学校職員表」による。
48)　同上書所収の「日華学会及東亜高等予備学校（俸給100円以上）教職員履歴書」による。
49)　『日華学会二十年史』p. 129 以下

50) 外務省文書「東亜学校干係雑件」第1巻所収「校名改称案」による。
51) 『日華学会二十年史』pp. 148-149
52) 外務省文書「東亜学校干係雑件」第1巻所収。
53) 同上書
54) 同上書
55) 同上書所収の「東亜学校高等科ニ関スル書類」による。
56) 同上書所収の「東亜学校在籍満洲国学生ノ取扱要領」(1941年) による。
57) 『日華学会二十年史』p. 150
58) 学歴別構成の表のなかに「その他」とあるのはつぎの各種学校を含んでいる。警官学校・蒙古指揮訓練所・満洲国協和会講習所・助産及産科学校・軍教幹部学校・培真書院・民衆教育実験学校・私立紡績学校・聖母院実文学校・大同学校。
59) 外務省文書「日華学会干係雑件」第2巻所収「日華学会二十八回年報」による。
60) 同上書
61) 同上書。このうち，応召（出征）中の者は鈴木正蔵・関武次郎・荻原文彦であるが，解散後応召された者も若干いた。なお，名誉教頭松本亀次郎は郷里静岡県に疎開し，敗戦1カ月後の昭和20年9月12日80歳で永眠している。松本については拙稿「教育者松本亀次郎に関する一考察」『鹿児島女子大学紀要』第3巻，第1号，1982年において言及している。

　　　　　　　　　　　阿部洋編『日中関係と文化摩擦』巖南堂書店，1982年1月

第12章

20世紀初頭の日中文化交流
―日本人教習の動きを中心として―

The Cultural Exchange between China and Japan at the Opening of the 20th Century—the Role of Japanese Educators

Abstract

The modern Chinese educational system is said to have begun at the opening of the 20th century. The Japanese educational system was taken as a model, and Japanese educators had ambitions to serve as a bridge between China and Japan.

The Beijing Academy of Political Science was founded in 1906 to give training to government officials who needed to be versed in law and politics. The course of study extended over five years (a two year preliminary course, plus a three year main course). To enter the preliminary course, students had to be aged 20-25. The annual intake of 200 came from all over the country.

During the preliminary course, which consisted of general subjects, 14-17 of the 36 class hours per week were conducted in Japanese. The teaching staff included Matsumoto Kamejiro and Inoue Midori, who taught Japanese to the students.

After the Chinese Revolution in 1911, they returned to Japan and carried out a great deal of research into Japanese language education. They seem to have been motivated by genuine concern for the relations between the two countries.

The Japanese-Chinese dictionary compiled by Inoue and the Toa Higher Preparatory School established by Matsumoto mark noteworthy pages in Sino-Japanese cultural history. Their deep respect for China matured into a warm affection.

【キーワード】日本人教習　松本亀次郎　井上翠　日本語教育　日中文化交流

はじめに

東アジアの盟友である中国に対して，日本は，この百年，いかなる関係を保ってきたのだろうか[1]。日中戦争という悲惨な場面もあったが，同文同種の文化的背景を自覚し，友好の志をもつ人たちの活躍もみられたのである。

中国の近代教育制度は日本をモデルにスタートしたといわれている。20世紀初頭のことである。その際に，日本人教習といわれる一団が日中文化交流の架け橋となっていた。日本から中国に渡り，直接中国の青年たちに近代的（西洋的）学問を伝達する役割を担ったのが日本人教習である。

数多い日本人教習のなかには，中国人に日本語教育を施す人たちもいた。京師法政学堂（Beijing Academy of Political Science）[2]では，井上翠（1875-1957）や松本亀次郎（1866-1945）らが日本語を教えている。本章では，彼等に焦点をあてながら日中文化交流の足跡を辿り，その現代的意味を問うてみたい（二見 1994：97-111, 236-282）。すなわち，彼等の果たした歴史的役割を中国滞在の前と後における活動内容にも目配りするなかで具体的に考察するのが研究の趣旨である。

1　清末の中国と京師法政学堂

　近代における日中教育文化交流は，1900年代，中国人の日本留学をもって開幕したともいえる。ところで，日露戦争以後，中国側に考え方の変化がみられる。すなわち，留学生対策の中心を「量から質へ」と改めたのである。

　中国全土から採用された優秀な中国人子弟を官費生として日本へ送り，本格的な予備教育を施した上で高等教育機関に進ませようとする「五校特約」制度（二見 1994：133-187）の発足が注目される。この現象に並行して導入されたのが「日本人教習」の招聘であったといえよう。

　そもそも，中国（清朝）は欽定学堂章程さらに奏定学堂章程に基づく新しい学制の実施にあたり，日本人教習の大量招聘という政策を講じた。教習の1人巌谷孫蔵は，日本と中国とが風俗習慣思想など共通点の多いことを念頭に置いて，日本法制を中核とする法政学堂の設立を主張して受け入れられた。1906年末頒布の「京師法政学堂章程」の制定がそれである。

　この学堂は，「造就完全法政通才」を宗旨とし，法政に通じた行政官の養成を目的としていた。修業年限は5年（予科2年／正科3年）で，正科は政治門と法律門とにわかれている。

　ここで，予科に注目してみると，入学資格は年齢20～25歳，定員は毎年200人である。貢進生制度の伝統によるものであろうか。中国全土から推薦をうけた若者によって編成された。品行端正・体質堅実・中（国）学具有の者が選ばれたのである。ちなみに，通達によれば，大省12名，中省10名，小省8名を選送することとし，京師に比較的遠い省でも4名は送ることになっていた。まさに全国的視野に立った募集方法といえよう。

　予科の学科課程をみると，人倫道徳（毎週　第1学年2／第2学年2時間）・中国文化（3/2）・日本語（17/14）・歴史（3/3）・地理（2/2）・算学（4/3）・理化（2/2）・論理学（/1）・法学通論（/2）・理財原論（/2）・体操（3/3）が組まれており，週36時間のうち，日本語が第一学年で17時間（47.22％）第二学年で14時間（38.89

％）を占めていた。そこを担当するため招聘された日本人教習のなかに井上翠や松本亀次郎がいたのである。

　ここで教職員組織に触れておきたい。京師法政学堂では，監督，教務長の下に教員と職員が位置付けられていた。職員には管課官・掌書官・庶務長・文案官・会計官・雑務官等が置かれ，教員の方は学生の多寡に応じて変動がありうるとしている。

　松本亀次郎論文（松本 1939：51-62）により，教授陣，とくに中国側の顔ぶれをみると，監督は学部（日本の文部省にあたる）左丞の喬樹木梅で，教頭の林棨（早稲田の卒業生，のちの満州国最高法院長）が補佐している。教員のほとんどが日本の帝国大学，有力私学の卒業生であった。たとえば，張孝栘は早稲田の出身で，彼を指導したのが宮島大八だといわれている。宮島は少年の頃清に留学して張濂卿に師事し，支那音から鍛え上げた本格派で，井上翠の記録によれば「国士風の人格は，学生の欣慕の的となっていた」（井上 1950：86）という。張濂卿は自分の孫を早稲田に留学させていたのである。中国語に精通し親身になって中国人留学生を世話した宮島のような指導者が居たという史実にわれわれは注目しなければならない。また，汪栄宝の孫が後に松本の弟子となる汪向栄である。中国側教授陣は約10名であった。

　一方，日本側の顔ぶれをみると，総教習に巌谷孫蔵（法政学），副教習に杉栄三郎（公法経済学）― 共に法学博士，を置いて，矢野仁一・小林吉人・井上翠・松本亀次郎（少し遅れて高橋健三・石橋哲爾）らが教習として就任した。矢野が政治史・政治地理，高橋が法学で，残り4名は日本語を担当している。

　講義の相当部分は日本語でなされたと予測されるが，初期の段階では通訳による授業も多かったことだろう。そこで，井上や松本の出番に期待がかけられたと思われる。

2 井上翠の生い立ちと日本語教育

　1875年3月10日，兵庫県・姫路藩の書家井上松香の次男として誕生。5歳で母親を，姫路中学4年生在学中父親を失う。24歳のとき（明治31年）上京，小学校に勤務しながら中等教員免許状（国語漢文科／習字科）を取得，さらに，夜学で英語を勉強している。郷友春山作樹（帝国大学教授・教育学）の励ましもうけたらしい。一旦帰郷したが，再び上京，東京府立一中教諭となる。辰野隆や谷崎潤一郎はそこでの教え子である。同校は全国の模範中学といわれるだけあって，「日支親善」の気運に乗って来日する中国の要人たちもこぞって視察にきた。その際の意見交換がアジアへの，次代への夢を育てたのだと思われる。井上が「支那語」への関心を持ち始めたのは府立一中時代であった。

　もともと井上の背景には，叔母（父の妹）の娘2人が長崎通事（吉島俊明と中山繁松）に嫁いでいて幼い頃から家に出入りしていたという事情がある。吉島には『日台小辞典』『日支商業用尺牘』等の著作があり，台湾国語学校の教師を勤めていたし，中山の場合，彼の先祖が福建省から明末に長崎に来て帰化し，代々大唐通事の家柄であった。

　1902年9月から2年間，井上は在職の傍ら外国語学校清語科別科で勉強した。同校には日本人教師の外に松雲程の如き中国人教師が教鞭をとっていた。井上の回想記によれば「学校の二年間は得るところあまり多くありませんでしたが，しかし，松雲程先生の家庭で教授を受け，一方では留学生の世話をやりましたので大に進境を見ました。そのうちに支那語をやるためにはどうしても清国に渡らねばならないと考えるようになりました」と述べている。

　1906年，宏文学院に就職した頃，井上は生活の一助にと『日華語学辞林』（A5判／約600ページ）を編纂，坪谷水哉を介し博文館より出版した。外国語学校の岡本正文教授の手ほどきをうけたようである。周知の如く，宏文学院は日本語教育のメッカであり，当時，魯迅も在学していたわけで，井上や松本らは，留学生たちから学ぶところも多かったであろう。井上曰く「日語教授の際愈々

難解の点は支那語で説明しましたので、留学生に喜ばれ、自分のクラスには80人ほどの学生が集まってきました。」

中国人留学生のなかには、夫婦で来日した者もあり、女子学生も混じっていた。清国の上流婦人たちによび掛けて日中両国女流同志の親善が提唱されるのも当然の成り行きであった。鍋島侯夫人、小笠原伯夫人らの主唱により成立した東洋婦人会では、1906年に教員養成所を附設、高等女学校卒業程度を入学資格とする1ヵ年の速成教育を開始した。清藤秋子校長の下、松雲程や棚橋絢子、そして井上らが教壇に立つことになる。入学者は10数名だったが、近き将来、清国に渡って教育事業に従事する責任を自覚した学生たちであったから、わずか1ヵ年でも語学の進歩いちじるしいものがあったと推察される。井上は、宏文学院では中国人に日本語を、教員養成所では日本人に中国語を教授した。教学半の言葉どおり、恵まれた条件の下、井上の語学力、つまり「日本語教育能力」は頓に向上していったわけである。30代の井上と40代の松本が、他の同僚と共に、かかる能力の培養に励む姿が想像される。

3　松本亀次郎の生い立ちと日本語教育

慶応2（1866）年2月18日、静岡県小笠郡土方村土方嶺向（現掛川市）に、父市郎平、母みわの長男として誕生した。幼少期はまさに明治維新の渦中にあり、四民平等の理念のもと国民皆学が奨励された時期にある。8歳のとき寺子屋宗源庵に入り住職樋口逸苗師に漢学の手ほどきをうけた。「学制」頒布にともない、寺子屋が廃止命令をうけたので、嶺村ほか15ヵ村連合の小学校が明治6年10月「嶺学校」として発足（同8年8月には嶺向学校と改称）、松本亀次郎はその第1期生になった。ちなみに同校の教員名簿をみると、旧幕臣の今井兼駿、高橋謹一のほか、浅井小一郎、樋口逸苗、佐藤佐平、鈴木信吉、中島巌躬らが任用されている。当時は「各付添人が机をもってきたものです。——松本さんは篤実で熱心な勉強家でした」と同窓の久保田虎吉は語っている。その頃の入学

者は毎年10～20人程度で，男子が大半を占めた。松本は，創立当初の小学校で数年学んだ後，明治10年には「授業生」(欧米でいうpupil-teacherに相当し，のちの代用教員にあたる)として訓導を補佐する補助教員(年俸3円)を勤めた。管内小学校を転勤しながら教鞭をとるわけだが，後年，静岡師範で同期となる林文平とは中村小での，八木喜平とは大坂小での同僚であった。

　松本らを輩出させた時代や環境を紹介することは本題でないが，彼の周囲には多くの先達が切磋琢磨する情景がみられた。漢学の素養を身につけるなかで，中国文化への尊敬や理解を深めることができたと思われる。大坂小時代の校長は松本の義兄にあたる中谷治郎作であることも注目に値する。静岡師範学校は明治10年6月に初めて卒業生を送り出しているが，松本が卒業した明治21年をみると，林・八木を含め僅か16名を数えるだけである。中等程度の学校が静岡県に2校しかない頃であり，入学志願者は10倍以上に上っていた。入学前の勉強ぶりを伝えるエピソードがある。松本は，鶴翁山上の高天神社へ参籠して論語を暗誦したり，横須賀城下の漢学者常盤健のもとへ土方から往復4里の道を通いつめたというのである。「もろ羽張り鶴のそら飛ぶ姿かな　たかま神山又の名鶴翁山」の歌碑が建立されている高天神社は，自らを「鶴峯」と号した松本が，若き日，立志の念を刻んだ場所である。

　約7年間小学校勤務の傍ら受験勉強に励んだ松本は，明治17年，静岡師範学校に入学，同21年卒業後，静岡高等小学校訓導となるが，勉強を続け，翌年東京高等師範学校の試験生に合格した。しかし，過労と病気のため入学後3カ月にして退学，小学校訓導に戻り，26歳で校長となっている。

　31歳のとき，中等教員免許状(国語科)を取得し，明治30年，母校静岡師範を皮切りに三重師範，さらに佐賀師範に転じつつ教壇に立つ。ここで特記すべきことは『佐賀県方言辞典』の編纂・刊行であった。清水平一郎(佐賀県中学校教諭)との共同執筆となっている。1年がかりで脱稿したとあり，「我が邦，方言辞典の著あるは，蓋しこれを以て嚆矢とすべし」と記されている。巻頭には，東京帝国大学文科大学教授の上田萬年が手簡を寄せ，序においてその意義

を讃えている。

　国語学者としての実力を認められて，松本は上京する。曰く「老生の初めて支那留学生に日本語を教授したのは，1903年，即ち老生が38歳の時，嘉納治五郎先生の宏文学院に雇われた時である。」「当時宏文学院には，速成師範科，速成警務科及び普通科の諸班があって，速成科は8〜9箇月修了，普通科は3年卒業で，班名は団結して来た地名の名を冠したのである。」「当初に僕の教授した班は，普通科は浙江班，速成科は四川班と直隷班であった。」師範学校教諭を退いて私立学校に転身させた動機が何であったかについて考えてみると，①宏文学院には国語学の専門家が揃っていたこと，②公立学校での恩給がついたので新しい道に転じたかったこと，③老父母に孝養するため静岡に近い土地への転勤を願っていたこと，「ことによると，彼は公立学校の教員生活に行き詰まりを感じていたのかもしれない」という説もある。これらは互いに関連しあっていると思われる。ちなみに，東京転勤の年8月31日に松本の父市郎平は他界している。

　宏文学院の授業風景を再現してみよう。「普通班は卒業後高等学校或は専門学校に入学して日本の学生と同じく教授の講義を聴かねばならぬから，日本語の学習には熱心であった。学生中には―有名な魯迅即ち周樹人氏や，―国民政府外交部次長から駐独大使として赴任し―た陳介氏や，曾て日華医師聯合会の催された時支那側の団長として来朝された厲家福氏其の他秀才揃ひであった。」「僕（松本）は他の講師が去った後を引継いだので彼等の日本語は既に相当程度に達してをった。最早漢訳して教へなくても大体は日本語で同意語に言ひ換へ説明すれば分る程度に進んで居たが，或日助詞の〔に〕に漢字を充てる必要が生じ〔に〕は漢字の干または於に当ると黒板に書いた処が，厲家福氏が干於と二字書くには及ばぬ。干でも於でも一字書けば同じだから宜しいと言ひ出した。処が僕にして見るとその時分はまだ支那語で干於の二字が同音で有ることは全然知らないし，『操觚字訣』や『助字審詳』などで面倒な使ひ分けを習って居たので，それが無区別だ，一字で用が足りる，と言はれて些か面喰った恰好で

あったが，その時魯迅が言を挿んで干於が何処でもまったく同じだと言ふのではない。〔に〕に当る場合が同音同義だからどちらでも一字書けば宜しいと言うのですと説明した。それを聴いて僕は漢文字の使用法は本場の支那人と共に研究する必要の有る事をつくづく感じさせられた。」（松本 1939：539）

　魯迅の訳文は穏当且つ流暢で「魯訳」とよばれていたらしい。松本にとっても，彼らから学ぶ点が少なくなかったであろう。松本曰く「教授者被教授者双方共彼此の会話に通じない者が文法を教へるのは難儀であったが，短時間に日本語文を最も効果的に教へるにはどうしても文法を教へねばならぬ必要が起ってきた。」そこで，宏文学院の教務長三沢力太郎の支援や学生たちの要望を入れて，松本はひとつの教案を試みる。教授者は，助詞や助動詞，動詞等の語尾変化や，主語客語補足語説明語修飾語等の位置構成について日漢両文の異同を比較対照して品詞論からも文章論からも詳しく教授せねばならぬ。極端にいうと速成科は文法と国字（留学生たちは「奇字」とよんだ）を教授するだけで間に合うわけであるが，先にみた普通科の授業風景から推測されるように，漢訳には色々の困難がともなっていた。そこで，松本は先ず教案づくりに精励する。努力は積み重ねられて，1904年7月刊行の『言文対照漢訳日本文典』にその結実をみるわけである。

　文典刊行は松本を日本語教育の第一人者に押し上げる原動力となった。彼自身「この向の書では僕が先鞭を着けた」と述べている。来日する中国人留学生は必ずといってよい位この本を買い求めてくれるし，中国内地では各所で翻刻や謄写版にしてテキストに使用された。まさに洛陽の紙価を貴からしめたのである。ちなみに，1906年6月段階では改訂12版を閲しており，さらに，1929年11月段階になると，訂正増補35版となり，他の類書も遠く及ばない売行きを示している。

　松本は宏文学院で足掛け6年を過ごすわけだが，当時日本語の教師としては三矢重松・松下大三郎・難波常雄・佐村八郎・柿村重松・峯間信吉・門馬常次・江口辰太郎・臼田寿恵吉・小山左文二・菊池金正・唐木歌吉・芝野六助・

金田仁策,そして井上翠ら20名が在職していた。学院長嘉納治五郎のよび掛けで『日本語教科書(語法用例部)』全3巻の編纂の議がおきた折,松本はその起草委員に推挙され,彼の提案する資料を中心に毎月1～2回の論議を1年あまり重ねて,1906年6月,金港堂から出版された。編纂にあたっては,嘉納院長自ら会議を召集し,議事を進めたという。この他『日本語会話教科書』『師範科講義録・日文篇』も宏文学院の出版である。井上翠の編になる『日華語学辞林』は1906年10月,『東語会話大成』は1907年5月にそれぞれ出版されている。このような編集事業が示すように,宏文学院は,日本語教育・研究の有力な舞台であった。松本はここで中国人相手の教育と日本語文法の研究に専心するわけである。

4 日華辞典の編纂と東亜高等予備学校の創設

　清末の京師法政学堂に4～5年間,日本人教習として在職し,とくに日本語教育を担当するなかで,日中両国の文化教育交流に尽力していた井上翠と松本亀次郎,両人の生い立ちと前半生については以上概観した通りである。
　本章は,日本語教育の草分け時代の一事例として両人に焦点を合わせて論述しているわけだが,中心舞台となるべき京師法政学堂の実際については先述の程度しか把握できていない。しかし,筆者としては,両人が当時の北京で学びとった日中交流の哲学が,その後,成果として実っていくプロセスに注目している。
　以下,両人の努力の跡を辿ってみたい。

　井上は,1911年12月,任期満了で帰国した。宏文学院はすでに閉鎖され,母校東京外国語学校には受け入れられず,彼は,その後,広島中学校,山口高等商業学校,大阪外国語学校と渡り歩く。ここでは,著作活動に注目したい。
『支那時文教本』[1921年]/『最新支那尺牘』[1922年]/『支那現代文教本』

[1924 年]／『標註最新支那尺牘』[1925 年]／『井上支那語辞典』[1928 年]／『井上日華新辞典』[1931 年]／『井上ポケット支那語辞典』[1935 年]／『井上支那語中辞典』[1941 年]―以上は文求堂から出版。『初等支那時文読本・同教授用参考書』[1935 同文社]，『井上ポケット日華辞典』[1944 年 龍文書局→1953 年 江南書院]，『松濤自述』[1950 年 大阪外国語大学中国研究会]，『井上中国語新辞典』[昭和 29 年江南書院]。

著作の大部分は辞典・教科書類で，伝記たる『松濤自述』だけは弟子たちの手により纏められている。

ちなみに，1931 年刊の『日華新辞典』には辞書編纂の由来が詳述されている。「――全部稿成り浄書を完りしは 1911 年 8 月 31 日なりき。総教習巖谷孫蔵氏は大に同情を寄せ，常に予を激励せられたり。適 44 年秋革命の軍起り，予は同年末契約満期と共に帰朝せり。予が稿を斎して帰朝するや，服部宇之吉氏村上直次郎氏杉栄三郎氏松本亀次郎氏の好意を辱うし，東京に留りて辞書の出版に従事せんとせしが，時運未だ到らず。予は東京を去りて広島中学校に赴任せり。予の広島に在るや，万一を慮りて原稿副本の調整に着手し，1915 年 9 月を以て第 2 回浄書の功を竣へたり。此間在京杉氏は此書出版に関し大に尽力せられ，同氏の好意により松岡均平氏を煩したることもあり，1915 年 8 月杉氏は書を予に寄せて，巖谷博士は私財を擲ちて予の為にこの辞書を出版し，以て真価を世に問はんとする意見あることを伝へらる，知己の恩情深く心肝に銘せり――」(二見 1994：215)

松本をはじめ巖谷，杉ら京師法政学堂在職時代の同僚たちが井上の辞典編纂に心からの協力をしていたことがわかる。ここで注目すべきは成稿から出版まで約 20 年の歳月を要したことである。入念な実地検証に加えて，関東大震災の折り紙型が一部焼失した事情による。井上は，後年，つぎのように述べている。「大東亜戦争は華語を軽視せるより始まり遂に悲劇窮まる結末に終りしものなり」(井上 1950：26-27) と。

次に，松本亀次郎の後半生に言及してみよう。大正元 (1912) 年帰国後，東

京府立一中に勤めていた松本のところへ，湖南省から来た留学生曽横海らが日本語学校（中国人留学生予備教育機関）を設立してほしい旨の要請をした。そこで，松本自身が設立者兼校長となり，自費を投じて創設したのが東亜高等予備学校であった。「日華同人共立」を冠した校名のなかに松本の教育精神があらわれている。

　自費といっても浄財によるものである。すなわち，1915年7月，東亜高等予備学校賛助会を設け資金を募集するわけだが，伊集院公使や渋沢子爵らの斡旋で財閥や個人の寄付を集めた。個人のなかに門野重九郎・加藤定吉・高木陸郎・巌谷孫蔵・飯田邦彦・服部宇之吉・三矢重松・杉栄三郎といった宏文学院や京師法政学堂等での知人が多くいることをみても，いかに松本が教育者として信頼されていたかがわかる。

　中国人留学生向けの予備教育機関をつくるために，土地買収・校舎建築，さらに法人化による組織の確立がなされた。当初の学科目は日本語のほか，英語，数学，物理，化学，用器画等である。学年制をとらず，講座式にして，1分科ごとに1日2時間とし2～3カ月で修了するよう配慮している。のち，予科（日本語のみ）と本科に分けられるが，本科の場合も日本語中心であった。

　東亜高等予備学校は大震災後再建されたが，まもなく日華学会との合併問題が生じ，松本自身は校長から教頭となり，最終的には名誉教頭となって第一線から退くこととなるわけだが，彼の名声を慕って多くの留学生が門戸を叩いた。周恩来もその1人である。

　松本の晩年は必ずしも順調ではなかったといえよう。しかし，新しい学校創設という志の偉大さを認め讃えることで本章をしめくくりたい。

　日本語教育に力を尽くした先覚者のなかで，井上と松本は宏文学院〜京師法政学堂というラインで共通項をもつ。井上は辞典編纂，松本は日本語学校の創設という事業に関わって，近代における日中文化交流に本領を発揮した。両人の教育史的位置づけについて，今改めて問われねばならぬ。

注

1) 日中関係を考察するための文献は多いが,本研究においては,さねとう [1973], Reynold [1993] の2点に注目した。
2) 京師法政学堂の英語訳は,他に The Beijing College of Law and Administration (by D. R. Reynold) がある。

引用・参考文献

井上翠『松濤自述』1950年
さねとうけいしゅう『日中非友好の歴史』朝日新聞社,1973年
二見剛史『〈論文集成〉中国人留学生教育と松本亀次郎』斯文堂,1994年
二見剛史『松本亀次郎に関する資料集』斯文堂,1996年
松本亀次郎「隣邦留学生教育の回顧と将来」『教育』岩波書店,1939年
Douglas, R. Reynolds, *CHINA 1898-1912 The Xinzheng Revolution and Japan*, Harvard University, 1993.

木村宗男先生米寿記念論集刊行委員会『日本語教育史論考—木村宗男先生米寿記念論集——』凡人社,2000年9月

第13章

松本亀次郎の日本語教育論
―Kamejiro Matsumoto's Theories on the Japanese Language Education

はじめに

「隣邦」中国人留学生のために日本語教育の分野で貢献した松本亀次郎，筆者はこれまで4半世紀に亘り論考を重ねてきた。研究に際しては，彼の出身地[1]・静岡県に何回も足を運び，北京には2回訪問できた。その集大成がNHK・ETV特集「日中の道，天命なり」（1994年8月）である[2]。留学生教育を通して発揮された松本精神を体して両国が交流するならば，昨今の反日暴動はおこらないであろう。本研究は，日本語教育史の原点に立ち，松本理論を再認識したいという意図のもとに展開する。今回は，彼の論述をできるだけ多く引用しながら，次代への提言を試みたい。

1　宏文学院の日本語教育

佐賀県の師範学校在職時代「方言」研究に努力し，その成果を認められた松本亀次郎は，明治36（1903）年，嘉納治五郎率いる宏文学院に招聘された。38歳の時である。当時「速成師範科，速成警務科及び普通科の諸班があって，速成科は8・9箇月修了，普通科は3年卒業で，班名は団結して来た地名を冠し

たのである。当初に僕の教授した班は普通科は浙江班，速成科は四川班と直隷班であった[3]」という。

普通科の学生は，卒業後高等教育機関に入学し，日本人と同じ講義を聴かねばならないから，日本語の学習には熱心であった。周樹人（のちの文豪魯迅），陳介（東京大に進学），厲家福（金澤医大に進学）らがいたという。

「僕は他の講師が去った後を引き継いだので彼等の日本語は既に相当程度に達してをった。最初漢訳して教へなくても大体は日本語で同意語に言ひ換へて説明すればわかる程度に進んで居たが，………
…或日助詞のにに漢字を充てる必要が生じ，には漢字の于または於に当たると黒板に書いた処が，厲家福氏が于於と二字書くには及ばぬ。于でも於でも一字書けば同じだから宜しいと言ひ出した。処が僕にしてみるとその時分はまだ支那語で于於の二字が同音で有ることは全然知らないし，『操觚字訣』や『助字審詳』などで面倒な使ひ分けを習って居たので，それが無区別だ，一字で用が足りる，と言はれて些か面喰った恰好であったが，…（傍点筆者，以下同断）…その時魯迅が言を挿んで于於が何処でもまったく同じだと言ふのではない。にに当たる場合が同音同義だからどちらでも一字書けば宜しいと言ふのですと説明した[4]。」

宏文学院での授業風景が目にみえるようである。松本は，留学生たちとのこうした対話を介して日本語教育の内容や方法を確立していった。最初の教え子のなかに魯迅がいた点も注目に値する。「漢文字の使用法は本場の支那人と共に研究する必要の有る事をつくづく感じさせられた[5]」と松本は述懐している。

魯迅の言を付しておく。「日本語に適当な華文の訳字を充てるのは頗るむつかしい。自分は『流石に』といふ日本語に適訳を施したくて長い間苦心して居るが，まだ妥当な漢字が思い当たらぬ[6]」という。当時20歳未満の留学生たちだが，漢文の素養は充分備わっていた。魯迅の翻訳は精妙を極めており，原文の意味をそっくり取って訳出するので，留学生同志の間では「魯訳」と称して訳文の模範にしていたらしい。松本は終生魯迅と交流しながら日中友好の哲

学を樹立していく。

　次に，速成科の日本語教育について概観してみよう。ここは，通訳によって諸学科（物理・化学・博物・生理・数学・倫理・心理・教育・教授法等）の授業を行うところである。週3・4時間が日本語の学習にあてられる。日本の書物を目でみて意味がわかるようになれば充分である。日本語の会話を知っておれば便利だが，帰国後は生活上不必要なので覚えなくてもよいのだという。

　さて，日本文をみると，漢字と漢字の間に仮名が交じっている。「漢字の意味はわかるから，仮名で書いた部分の意味を教へて貰えばそれで用が足りると言ふのが彼等の要求[7]」だと松本は説明している。

　例をあげてみよう。

　(イ)　政府ハ留学生ヲ外国ヘ派遣ス

　(ロ)　僕ハ人込デ賊ニ銭ヲ取ラレタ

　速成科の学生たちは，仮名の部分ハ・ヲ・ヘ・ス・デ・ニ・ラレタ等の意義を知りたいという。また，日本で用いても中国では不明の漢字，たとえば「泥坊」（賊のこと），「御足」（銭のこと）については特別に教えて貰いたいという希望を出した。擬漢字の「人込」も特別な説明を必要とした。また，兎角・折角・矢鱈・出鱈目・素的（敵）・滅法・仰山・馬鹿・取締などのように「漢字を充てた変な形の語[8]」は「奇字」と称して研究をすすめる必要が生じた。

　総じて，日本文と漢文との異同を，比較対照しながら，文法的に明らかにしなければならない。助詞や動詞・助動詞の語尾変化，主語・客語・補足語・説明語・修飾語等の位置構成について，品詞論や文章論から説明しなければならないというわけである。

　以上は，松本自身の実践体験に基づく日本語教育の内実であるが，彼の在任

中と目される明治30年代後半の宏文学院教職員のなかで直接日本語教育に従事していたのはどんな人たちだったのだろう。「教職員一覧[9]」のなかから抽出してみた。

　　○三矢　重松（1902　　〜　1903.4）
　　○難波　常雄（1902.9　〜　1903.4）
　　○唐　宝鍔（1902./　〜　1903./）
　　○松本亀次郎（1903.5　〜　1908.3）
　　○臼田寿恵吉（1904.5　〜　／．／）
　　○唐木　歌吉（1904.6　〜　／．／）
　　○佐村　八郎（1905.2　〜　／．／）
　　○松下大三郎（1905.4　〜　／．／）
　　○菊池　金正（1905.9　〜　／．／）
　　○柿村　重松（1905.10　〜　／．／）
　　○鶴田　健次（1906.2　〜　／．／）
　　○井上　翠（1906.5　〜　1907.9）
　　○門馬　常次（　／．／　〜　／．／）

　このうち，唐宝鍔は，宏文学院の前身・亦楽書院（1902年，嘉納治五郎が創設）等で学んだ留学生である。「中国人学生の日本語教育に対する，宏文学院の教育的配慮を示している[10]」と評価された。また，松本のほか臼田寿恵吉や井上翠らは「日本人教習」として清国の諸学堂へ赴任していく。「日本語教育」に関する教職員は，この他にも存在するが，教科書編纂の観点から別に取り上げて紹介したい。

2　『漢訳日本文典』の発行

　宏文学院の教務長（教頭）は三澤力太郎であった。彼は化学を担当し，松本亀次郎とほぼ同時期に就任した。後に湖北省の教習となり渡清する。松本は次

のように述懐している[11]。

　「教授者被教授者双方共彼此の会話に通じない者が文法を教へるのは難儀であったが，短時間に日本語文を最も効果的に教へるにはどうしても文法を教へねばならぬ必要がおこって来た。」

　「宏文学院の教務長は…当時僕に一つ教案を立てて試みに文法を教へてみたらどうだと言はれ，学生の要求と三澤教頭（教務長）の支援とによって一つの教案をつくり，後に一冊の書物として発表したのが『言文対照・漢訳日本文典』であった。」

その後洛陽の紙価を貴からしめることになる『漢訳日本文典』はいかなる特色を有したのであろうか。松本の解説をみてみよう[12]。

　「此の文典は言文対照とは名づけてをるが，文語体が主で口語体が従である。といふのは当時はまだ口語のやっと芽を出した時分で，有名な紅葉の『金色夜叉』や蘆花の『不如帰』でも登場人物の対話こそ口語体だが草紙地は文語体で書いてある。教科書は勿論文語体が多い。随って漢文と相距る甚だ近いのである。文の主成分を為す主語客語補足語は大体名詞であるから漢文で書いてあり，説明語も主として動詞形容詞名詞（ナリ，タリを帯ぶる者）で成り立つからそれも大抵漢字で書いてある。助動詞助詞にしても文語体は口語体より規則が簡明で漢文との比較が容易である。それだからこの文典を読めば大概当時の教科書は理解せられ，又日本文を漢文に訳出する基準になったので，それが為当時は大いに重宝がられた次第である。」

またいう。

　「この向の書物では僕が先鞭を著けたのと，文語と口語とを対照して例も規則も並べ挙げ訳文が比較的穏妥だと云ふのと，嘉納先生の序文も巻頭に掲げてあったのが一段と光彩を添へたのであらうが，其の当時来朝の支那留学生は誰でも彼でも一冊は買ひ求め日本語を学ぶ津梁として呉れた。長崎へ留学生が百人著いた，二百人著いたと言へばそれらの人が東京へ入ると同時に其の人数分の冊数は間違ひなく売れた。支那内地でも各処で翻刻し，或は謄

写版に付して教科書に使用せられ，今日尚且相当な需用者が継続してをるのは奇現象である。」

1903年といえば，教科書事件が発生し，児童生徒の教科書は文部省で編纂することとなり，専門の書店は大打撃をうけ転向を企てた頃である。中国向けの新刊書を企画する動きもみられた。宏文学院にその話が持ち込まれたとき，嘉納学院長が真先に推薦した本に松本の文法教案が出てきた。中外図書局の取締役鈴木充美（法学士・代議士）が中国の実況視察にゆく際，急遽作成した見本は松本の著作だったわけである。ルビ付漢訳付46版406・70頁の見本がわずか四五日で出来上がったという。それに逐次改良を加え，出版社も二転三転したが，著作権は松本の手に残った。

なお，文典の修正には，松本の高弟たちが当たっている。高歩瀛（のちの教育部実業司長，北京大学教授〔漢文科〕），陳宝泉（のちの普通教育司長，北京高等師範学校長），王振堯（参議院議員），崔瑾，王章祜（教育次長），經亭頤（浙江省教育会長）等が従事したと記録されている。

3 日本語教科書の編纂

松本亀次郎の経歴等については他稿に譲り[13]，ここでは日本語教育の体系づくりに尽力した面のみを述べることになるが，仮に松本の生涯を研究歴の面から分類するとすれば，宏文学院在職期の5年間は大学院時代といえるかも知れない。ここでの実りが「海外留学時代」と称すべき京師法政学堂に連動する。日本人教習として渡清の機会を与えられ，日本語教育の内容や方法を実地に学んだわけである。宏文学院時代の松本は留学生教育と日本語教育研究の両面を見事に実践したと解すべきである。その角度から吟味すると，宏文学院においてなされた教科書編纂事業は研究者としての松本を大成させるための大舞台であった。彼の回顧録を再現してみよう[14]。

「（日本語教科書）の特に力を用いた点は従来の国語学者が等閑に付して居

た接頭語接尾語の有らゆる場合に於ける用例の検討である。頭尾語の名は大槻博士の「言海」の巻頭に挙げた語法指南及び広日本文典に始まるが，支那人に日本語を教へる様に成って頭尾語研究の非常に大切な事が分った。」

「従来有り触れた文法書は西洋文典の模様か中古文の規則を示すに留まり偶々口語文法書があっても自国学生相手であるから頭尾語などの使ひ分けは生徒が無意識に知って居るので教授者の説明を要しない。処が外国人になって見ると単語の構成を為す頭尾の要部であるから鵜呑みにする事は出来ない。教師は不用意で教へ去らうとしても外国人はそれが単語の筋か骨，皮の様であって喉に支へて咀嚼に苦しむのである。」

松本は指摘している[15]。「位・程・丈・バカリ・様・相・風・処・者・事・ガル・ル・ブル・ビル・ニクイ・ヅライ・ガチ・手・目・トリ（取）・サシ（差）・ヒキ（引）・アヒ（相）・モテ（持）等々枚挙に遑がない」「其の外，副詞マサカ・ヨモヤ・サスガ・責メテ・兎角・兎テモ・兎も角，助詞ハ・ガ・ニ・ト・ヘなど外国人に分類して教へて見ると，一語の下に用法が幾つも分れてをって，それに一々適例と漢文の対訳を引きあてようとすると中々面倒な研究である」言語学者としての研究意欲が充満していた宏文学院の雰囲気，教室風景が目に浮ぶような述懐である。

当時の一般状況について彼は説明する[16]。

「其の頃は口語の辞典はまだ一冊もない。この頃になって口語を主とした辞典もあるが，外国人に教へた経験者の手に成った者が少ないので用例の分類が精しくない。稍精しいのは支那人に使はせる目的でつくった『華訳日本語辞典』には，或程度注意してこれらの語の用法を分類して挙げてをる者もあるが，到底完全とは言へない。他日，日本語が世界的に抬頭する場合には一段の研究と語彙の輯集に努力を要する者と考へる。」

『日本語教科書（語法用例の部）』は約1年の共同研究の後，3巻の書となり金港堂から出版された。編集のための会合は月々1・2回，嘉納学院長を会長に，松本が起草委員として提案をし論議が重ねられている。当時のメンバーをあげ

てみよう[17]。（ ）は後の経歴を示す。
- ○三矢　重松（高等日本文典の著者）
- ○松下大三郎（国歌大観，標準日本文法，標準漢文法の著者）
- ○井上　　翠（井上日華新辞典，井上支那語辞典の著者，大阪外語教授）
- ○難波　常雄（支那人名辞書の著者）
- ○佐村　八郎（国書解題の著者）
- ○柿村　重松（和漢朗詠集考証の著者）
- ○峯間　信吉（東京商大教授）
- ○門馬　常次（立教高女教頭）
- ○江口辰太郎　　　　　　　○唐木　歌吉
- ○臼田寿恵吉　　　　　　　○芝野　六助
- ○小山左文二　　　　　　　○金田　仁策
- ○菊池　金正

といった教授者がレギュラー・メンバーで，高島平三郎や横山剣堂らも時々出席したという。松本亀次郎が起草委員として終始リードをとった編纂事業であったことは事実だが，メンバーの後歴が物語るように，生涯何らかの形で日本語教育に関連する仕事に従事した学者であることに注目したい。たとえば井上翠のごとき，京師法政学堂で松本と机を並べた研究者の存在は大きかったと思料される。

4　宏文学院から京師法政学堂へ

　中国人留学生の歴年推移をみると，1906（明治39）年頃が頂点に達し，登録者統計では約8,000人を数えている。1907年の「在東京公私立学校在籍者数[18]」でみると，法政大学に続いて宏文学院が2位，早稲田大学が3位となる（1,125人～911人～820人），この3校だけで全体の47.3％を占めている。（学校数は43に及ぶ）。それほどの期待を集めていた宏文学院が，明治42年7月には閉

校してしまった。その頃、松本は北京の京師法政学堂に在職しているが、閉校式兼卒業式には参列した。嘉納学院長の挨拶をみると、「本学院は最初支那から依頼が有った為に設けたが、今は依頼が無くなった為閉鎖するので学院として尽くすべき義務は茲に終わりを告げた訳である[19]」といった趣旨である。「栄枯盛衰は世の常とはいひながら余りの無常に並み居る教職員や自分は無量の感に打たれた[20]」と松本は回顧している。

京師法政学堂の成立経緯並びに教育内容については別稿[21]に委ねるが、松本亀次郎の生涯においては、先述の「海外留学期」にあたり、色々な意味で飛躍の時空であった。また、日中交流史の上でも「清末」の評価は、A Golden Decade[22]（黄金の10年間）と称賛される時期にあたる。かつて、明治維新の折りに日本が欧米から多くの御雇外国人を招聘して近代化（西洋化）を推進したように、中国（清）でも日本人教習の力を借りて近代化を推進したのであった。

その背景に若干言及する[23]ならば、清朝は欽定学堂章程さらに奏定学堂章程に基づく新学制実施期にあり、日本法制を中核とする法政学堂等の設立もその一環といえる。中国人の日本留学は成果を示しており、「五校特約[24]」に象徴されるような「量から質へ」の政策転換が図られたのである。ちなみに、京師法政学堂の教授陣は大半が日本の帝国大学や有力私学の卒業生で占められていた。ただし、講義の相当部分が日本語でなされたため、井上や松本の出番に期待がかけられたものと思われる。

より正確な考察を行うために、松本自身の説明を引用しておきたい[25]。

「法政学堂の前身は進士館と云って官吏養成の学校であった。総教習には…巌谷孫蔵氏、副教習には…杉栄三郎氏…清国側は学部左丞の喬樹楳氏を監督とし…林棨氏を教頭とし、…諸君が我が帝大・早大・慶大・中央大・法政大等を卒業して隆々たる声望を有し官途に就きながら教授あるいは通訳を兼ねて居られた。」

「然るに通訳を用ひずして成るべく日本語で直接に日本教習の講義を聴き得る様にしたいといふので、僕より先に小林・井上両氏が其の教授に当って

居られたが，クラスが殖えたので宏文学院で知合の井上氏が推薦して呉れた。…支那側の先生達で直接間接に僕を知ってをって呉れたので日支両方面の教習諸氏の（合意的紹介に依り）僕は宏文学院を辞して同学堂へ聘せられる事となった。」

京師法政学堂における日本語教育の授業風景や日本語研究・教育方法等の具体的記述は未見のため，松本がこの方面で如何なる努力をしたのか明確ではない。海外留学時代と目すべき彼の関心は，日本語教育の内容改善は当然のこととして，北京での幅広い交友関係に向けられたものと解釈できる。「後に名を成した人びとが…多数に北京に集って居られた事は実に奇縁と謂うべきで碌々僕の如きも北京に居ったればこそ其等の人々の謦咳に接し一面の識を忝うするを得たのは責めてもの思出と言はねばならぬ[26]」という述懐がそのことを如実に物語っている。ちなみに，当時の北京には服部宇之吉・岡田朝太郎・小林丑太郎・川島浪速・北村沢吉・原田武雄といった日本人教習のほか，林権助，松岡洋右，広田弘毅，本庄繁といった政界・軍人が松本の知己として滞在していた。

5 東亜高等予備学校の創設

辛亥革命後，清国招聘の日本人教習たちは帰国を余儀なくされた。逆に，留日中国人学生たちに対しては山本条太郎（三井物産）や白岩龍平（日清汽船）らが発起人となり帰国旅費を貸与して便宜を図っている。松本は契約期限満了の明治45年4月初旬に帰国，服部宇之吉の推薦で東京府立中学に再就職できた。その後の動静を松本の記録で再現しよう[27]。

「大正二年の夏頃，以前宏文学院で教へた湖南省留学生曽横海氏が主催で，同省から来て居る留学生ばかりでも四百人余りもあるからそれを基礎に日本大学の教場を借りて日本語の講習会を開くから講師に頼みたいといふので，第一中学の授業を終って其の講習会に出席した処が，際限なくクラスが

開けるので二足の草鞋は穿けぬ喩へに漏れず，その七月を以て断然一中を辞職し専ら留学生の講習に従事した。」

「クラスが余り多く殖えるので当時の日大には最早借るべき教場もなくなり更に三崎町の東洋商業の教場を四室程借り込んだ。それでも収容し切れないので大正三(1914)年一月に杉栄三郎・吉澤嘉寿之丞両氏の協力と同郷の友人加藤定吉氏（天津加藤洋行主人，代議士）の支助により私財を以て神田神保町二丁目二十番地に『日華同人共立東亜高等予備学校』として創立し，その十二月二十五日を以て各種学校設置規則に拠り東京府の認可を経た。校名に『日華同人共立』の文字を冠したのは経済上には関係がないけれども最初に於ける曽横海氏の精神的協力と学生の希望によって成り立った学校である事を意味するのである。」

日本語教育の専門家として自他共に認められてきた松本亀次郎，北京での諸体験は，単なる教師の枠を越え，人間教育者への自覚に変わっていた。彼の巾広い人脈，高き識見に寄せる関係者の期待に応えるため，帰国後の数年間，彼の精進には目を見張るものがあった。

私学創設については物心両面の苦心が求められる。「日華同人共立」を冠する日本語教育の新教場づくり[28]，その理念を旗印にして，多くの賛同者をえて浄財を集めることができた。郷党の有志はもとより，宏文学院および京師法政学堂での同僚，とくに北京在住時代の交流による親しい同志・知人のひろがりがもとで多くの理解者を獲得できた。都心に校地を買収し3階建の教場を用意して留学生達の期待に応えたのである。上級学校の進学に備え，学科も日本語教育に限定しなかった。学年制をとらず，講座式にして，一分科ごとに1日2時間，2〜3カ月で修了するように配慮した。ちなみに，日本語教育の教員は，三矢重松・植木直一郎・高橋龍雄・山根藤七・吉澤嘉寿之丞に加えて，堀江秀雄・佐藤仁之助・数納兵治・元田修三・平野彦次郎・有田国助・岡部健介らがおり，松本校長自身も校務を処理しながら1日8時間宛の授業を担当する。のちに受講生のなかに若き日の周恩来がいたことも注目される。

関東大震災により東亜高等予備学校は灰燼に帰した。幸い外務省から復興資金をえて再開できたが、文化事業部の勧めもあり日華学会に併合されることとなる。松本は教頭職を引受け日本語教育にも当たっている。昭和6年以降は名誉教頭となり「授業も忙しき時は手伝ひに出る丈で至極閑散の身と成った[29]。」らしい。

『中華五十日游記』と題する著書を出版し各界の反応をみたのも昭和六年である。そのなかで松本は次のように述べた[30]。

「日華両国は唇歯輔車の関係に在り、共存共栄は天命的に相互の国是であらねばならぬ…国民相互が達観的に斯様な理解があれば、両国の親善は永劫に大磐石で、随って留学生の動揺も容易におこらぬはずである」

満州事変勃発前夜にかくも高い国際感覚をもつ教育家が日本に存在したことは、今、日中両国にとって誇りとすべきであろう。

中国天津の周恩来紀念館には、畳3枚分はあろうかと思われる額に松本亀次郎と若き日の弟子・周恩来が油絵で描かれ、東亜高等予備学校の風景と恩師に関する資料等が展示された一室が用意されていた。中国の人たちにとって松本は近代日中両国の架け橋的存在であり、永遠の教師像なのかも知れない。

松本は「興亜教育に就きての希望」と題して次のようにいう。「僕が朝野に対して率直に卑見を述べれば、日本の朝野は単に自国民教育に熱中し隣邦人の教育には余りに無関心であったと言はねばならぬ[31]。」彼の具体的提案内容については紙数の都合で割愛するが、大学、もてる人、教育に任ずる者に対し、また、国家予算の計上について論じていることを付記しておきたい。ここでは、日本語教授に関する提言のみを抽出するにとどめるとしよう[32]。

「彼等の生活が安定し彼等の意欲満足が英米露佛乃至国民政府に依存するよりも日本に信頼する方が事実増しであるならば、何を苦しんで同文同種の日本を離れて目色毛色の違った異人種に就くものですか、興亜教育も其の一部を為す日本語教授も実利実生活に副ふ様にせねば無効である。今日流行の日本語学習の如きも英語其の他の外国語を習ふより生活上有利なる場合に於

てのみ持続性が有る。それが反対になる時は彼等は矢張り日本語を棄てて，より有利なる外国語を習ふであらう。」

「従来に徴しても彼等が日本語を会話第一に学ばないのは日本語の会話が出来ても生活のたづきにならぬ為である。語学が生活本位であることは日本でも維新前迄は外国語と言へば阿蘭陀語を習って居たが，維新以来それが英語に転向した。実利主義でなくて何であるか。医者や学者の独逸語を習ふのも学術本位だといふが，矢張生活も其のなかに含まれぬものであらうか。」

「この見地からして同じ日本語を習はせるにしても学習者の用途によって会話本位で教へる者と，学術研究のたそくにする者とは，別途にせねばならぬのである。此の度文部省でも日本語の大陸普及を企図し日支会話書・教本・文典等を編纂する為…追加予算を計上したとの事である。何卒学者の理論倒れでなく実際に即した模範的良書の出現を祈って已まぬ次第である。」

東亜高等予備学校は，松本亀次郎を創設者とする私立学校だったわけだが，関東大震災後国に買収された。松本自身は校長から教頭へさらに名誉教頭となり経営を離れるが，日本語教育への情熱，教育者としての力量は衰えなかった。周恩来や汪向栄ほか，後に日中友好交流史上の重要人物に対し，日本語教育だけでなく人間教育の面で多大な影響を与えたのである。ちなみに，汪向栄の祖父は京師法政学堂での同僚，孫は戦後来日，千葉大学に留学しながら松本家に出入りしている。「日華同人共立」の精神が時代を超えて発揮されたことに深い感動を覚える。

むすび

日中友好を天命と任じ，人間教育を実践していた松本亀次郎，本研究では「日本語教育」の角度から彼の理論を紹介してきた。この分野ではまさに草分け的存在であり，教授内容や方法における改善に加えて，「グローカル」（地球

性と地域性）の国際感覚は，世界平和の道を模索している現在の視点からも注目に値する先覚性だと評価したい。政治や軍事の世界を超越して，若者の未来につなぐ教育に生き甲斐を求めた松本の思想にはヒューマニズムの精神が充満している。

日本語教育の研究歴を仮に大学院（宏文学院）・海外留学（京師法政学堂）・学校創設者（東亜高等予備学校）と並べる手法を用いて，彼の実践的理論形成の一端を具体的に紹介してきた。彼の朱筆も刻されている原資料を再現するなかで本領発揮の実相をみたいという試論である。今後に期待しつつ御寛恕を乞う。

注
1) 松本亀次郎の出生地は静岡県小笠郡大東町（現掛川市）上土方嶺向で，同地に資料館が置かれている。
2) 拙稿「大学における授業の活性化─ビデオ教材の導入と反応─」姫路獨協大学編『教職課程研究』第5集　1995年2月，pp.151-166所収のなかで全国放送の内容と視聴後の反応について紹介した。
3) 松本亀次郎「隣邦留学生教育の回顧と将来」岩波書店『教育』7-4，1939年4月，p.52。原文は旧字体であるが，引用にあたり当用漢字に改め，句読点を加えた。（以下同断）
4) 同上書，p.53
5) 同上書
6) 同上書
7) 同上書，pp.53-54
8) 同上書，p.54
9) 蔭山雅博「宏文学院における中国人留学生教育─清末期留日教育の一端─」教育史学会紀要『日本の教育史学』第23集，1980年所収，pp.65-68の「宏文学院教職員一覧（1902.5〜1906.11）」による。この表は，弘道館所蔵の『職員異動一覧』，横山健堂『嘉納先生伝』等を利用して作成されたという。なお，松本亀次郎と井上翠については，京師法政学堂に移った年月を付記した。担当教科が「日本語」と明記されている人のみを抽出した。
10) 同上書，p.64
11) 松本前掲書，p.54
12) 同上書，p.55

13) 拙稿「〈論文集成〉中国人留学生教育と松本亀次郎」私家版 1994 には大小17編の論文を収録した。とくに第5論文「教育者松本亀次郎に関する一考察」『鹿児島女子大学研究紀要』第3巻，第1号，1982年，pp.111-128 所蔵において，彼の全生涯を概観している。
14) 松本前掲書，p.56
15) 同上書
16) 同上書
17) 同上書，p.55
18) 二見剛史・佐藤尚子「中国人日本留学史関係統計」『国立教育研究所紀要』第94集 1978年所収，p.104
19) 松本前掲書，p.58
20) 同上書
21) 京師法政学堂については以下の4編（拙稿）を参照されたい。①「京師法政学堂の日本人教習」『国立教育研究所紀要』第115集 1988年，pp.75-89 所収，② "Japanese Educators at Beijing Academy of Political Science" (Research Bulletin of the National Institute for Educational Research No.26 1989年，pp.112-113) ③「京師法政学堂と松本亀次郎」（阿部洋編『日中教育文化交流と摩擦―戦前日本の在華教育事業』第一書房，1983年，pp.76-97 所収）④「京師法政学堂と井上翠」『鹿児島女子大学研究紀要』第9巻，第1号，1988年，pp.197-220 所収
22) D. R. Reynolds "CHINA, 1998-1912 The Xinzheng Revolution and Japan" (Published by the Council on East Asian Studies, Harvard University 1993)
23) 拙稿「20世紀初頭の日中文化交流―日本人教習の動きを中心として―」木村宗男先生米寿記念論集『日本語教育史論考』凡人社 2000 所収，pp.27-37 を参照。
24) 拙稿「戦前日本における中国人留学生予備教育の成立と展開」『国立教育研究所紀要』第94集，1978年，pp.61-80 所収を参照。
25) 松本前掲書，p.56，教員名は一部にとどめている。なお，原文のなかで後に松本が朱を入れている部分は訂正の方を（　）で挿入した。
26) 松本前掲書，p.57
27) 同上書，p.59
28) 拙稿「戦前日本における中国人留学生教育―東亜高等予備学校を中心として―」阿部洋編『日中関係と文化摩擦』巖南堂書店 1982年，pp.160-207 所収および「東亜学校と松本亀次郎―戦時下の動向を中心として―」『国立教育研究所紀要』第121集 1992年，pp.185-197 所収において，概説を試みている。
29) 松本前掲書，p.60
30) 拙稿「松本亀次郎先生の生涯」静岡県大東町広報『だいとう』1995年4～9

月号に「特別寄稿・連載」として収録のなかから「日中の道，天命なり」(9月号 p.6)に期待された箇所より再引。
31)　松本前掲書，pp.60-62
32)　同上書，p.62

『アジア教育史研究(Researches of Educational History in Asia)』
第14号，2005年3月，pp.124-137所収

第14章

大学における授業の活性化
―― ビデオ教材の導入と反応 ――

序　言

　授業改革が叫ばれて久しいが，大学における授業ほどその動きに遅れをとった分野はないといえる。筆者はこれまで，教育学を専攻する立場から，授業の活性化については多大の関心を払ってきた。ほかの学問領域の場合は知る由もないが，教育学全般に注目するとき，改善すべき点のまだまだ多いことに気づかされる昨今である。

　さて，授業の活性化に対する特効薬は一体あるのだろうか。ある教育書には，次のように書かれている。

　　授業はほんとうにこわいものでありおもしろいものである。教育研究歴のながいベテランの教師で，「よい授業」をするといわれる教師のクラスの子どもに意外に学力がついていないで，同学年の新卒で，いつももたもたしていて，「へたな授業」しかできない教師が担当するクラスの子どもたちが，ユニークな考え方をし，活気があって学力がついていたりすることがある。また同じ一人の教師の場合でも「うまくいった」と思えるような授業が意外に子どもに学力がついていなかったり，反対に「失敗した」と思う授業が子どもの側に学力がついていたりすることがある。おごらず，きどらず，かま

えず，てらわず，コツコツと積み上げていくしかないのかもしれない[1]。

上記の説にしたがえば，授業の理論は立てにくいということになる。同時に，多少の失敗は恐れずに，教師自身の個性を発揮すべきであるということにもなる。筆者も，大学の教壇に立っているが，満足すべき授業はなかなかできない。しかし，「よい授業」が成立するよう日々努力の実践を積み重ねていることは事実である。ここでは，その一例を示すことにしたい。

1　ビデオ教材の導入

大学の授業は，1コマ90分というのが普通である。筆者はそのなかに時折り30分・45分・60分といったビデオ教材を用いて，映像による活性化を試みている。テキスト類が十分にゆきわたっていない学期はじめの頃は，「導入」を兼ねてビデオに頼りがちである。もちろん，90分という時間帯のなかで解説を施したり，感想文を書かせたり（出席状況把握を兼ねて）する時間がいるので，せいぜい45分までの番組に限定するが，映像にまさる説得はないのだと実感する場合が多い。しかし，利用者の意図に即したビデオ教材は，全国的にみても開拓不十分のようであり，なかには専門的すぎて逆効果だったりする。所詮「ビデオは映像でしかない」との批判も事実であり，心したいことである。

しかし，なかには，教師の語り以上に説得力ある授業効果をもたらす番組がある。NHK教育テレビ（全国放送）の特集番組「日中の道，天命なり—日本語教師・松本亀次郎—」[2]（45分）を用いたときがそれであった。

2　教材の主人公・松本亀次郎の生涯

松本亀次郎は1866年（慶応2）に生まれ，1945年（昭和20）79歳で他界した。生地静岡県小笠郡大東町（現掛川市）には関係史料が保存（北公民館，約4,000点）

され,「中国人留学生教育に生涯を捧げた人」と刻まれた顕彰碑（揮毫は作家井上靖氏，胸像は彫刻家松田裕康氏）が屋敷跡に建立されている[3]。小学校に勤務しながら中等学校国語科教員免許状を取得，やがて，静岡・三重・佐賀の各師範学校の教壇に立つ。

松本は晩年に至るまで十指に余る著作を公刊しているが，その第1作ともいうべきは『佐賀県方言辞典』であった。この業績に目をつけたのが言語学者・上田萬年 (1867-1937) である[4]。松本は上田らの推挙をうけ，嘉納治五郎 (1860-1939) の経営する私立東京宏文学院[5]に勤務することとなった。ときに1903（明治36）年5月である。1908（明治41）年まで足かけ6年，嘉納校長のもと，三矢重松・松下大三郎・井上翠らとともに中国人留学生の教育にあたる。同時に，文法書・教科書類の編纂・刊行に力量を発揮するのである。

宏文学院には普通科と速成科があった。卒業後高等学校や専門学校に進み，日本の学生と同じく講義をうけられる力をつけるのが普通科であるが，そこに魯迅 (1881-1936) が在学していた。彼の日本語訳は精妙で，同志間では「魯訳」といわれた。松本は魯迅らを教えながら，日本語をいかにわかりやすく，しかも体系的に教えていくか，という問題を解決していく。のちに洛陽の紙価を貴からしめる『言文対照・漢訳日本文典』の刊行は，宏文学院での教案づくりが契機となっているという。「この向の書では僕が先鞭をつけた」と松本は述べている[6]。

当時日本でもっとも大規模だった中国人留学生教育の府・宏文学院で日本語の教育と研究に従事していた頃，清末の中国では諸方面の近代化が進行していた。外国人教習もそのための手段である。先に渡清していた井上翠らの尽力によって，松本が京師法政学堂に招聘されるのは1908（明治41）年で，辛亥革命までの足かけ5年を北京で過ごすことになる。

松本北京時代の意義を教育史的視点からあげるとすれば，次の3点に要約されよう[7]。

第1は，日本語教育の内容・方法を中国本土において実地検証することがで

きた点である。彼にとって，宏文学院は院生時代であり，京師法政学堂は留学時代に匹敵した。皮肉にも，外地滞在中に宏文学院は閉鎖されている。松本がもしそのまま日本にとどまっていたら，彼の日本語教育は一頓挫を来たしたことであろう。

意義の第2は，松本の交際範囲がいちじるしく拡大したことである。服部宇之吉・巌谷孫蔵・杉栄三郎らはもとより，林権助・松岡洋右・伊集院彦吉・広田弘毅・本庄繁など，のちに名をなした人びとが中国に招聘されており，松本の生涯に多くの関わりをもつこととなる。

そして，第3点は，この教習時代を通じて，松本の中国観が形成されたことである。生涯の知己となった杉栄三郎は，松本について次のように記している。

　　君は…本学堂の教習として，実に多大の成績を挙げられた。其の因由は，固より君が兼ねて，系統だてゝ研究せられし国語国文を，熟達せる教方により授業せられしことゝて，当然のことではあるが，原来教育は，学問の深浅，教授法の巧拙のみによって，当然のことを決するものにあらず，人格が大いに関係を有するもので，殊に中国に於て然りである。君は資性温厚篤実の君子人であったので，其の人柄は，真に学生の胸裏に反映し，学生は君を敬信し，忠実に其の教授を習受した[8]。

人格・識見ともに優れた松本亀次郎が帰国後力の限りを尽くして取り組んだ事業が，東亜高等予備学校の創設であった。宏文学院時代の教え子と目される曽横海の尽力に報いる意味もこめて，校名に「日華同人共立」を冠したことから首肯されるように，松本は日中友好を旗印とした良心的な学校をめざしていた。実際同校には爾来当時1,000名に及ぶ留学生が在学している。

東亜高等予備学校の学科目は，日本語のほか英語・数学・物理・化学・用器画などである。学年制をとらず，講座式にして，一分科ごとに1日2時間とし，2～4カ月で修了するよう配慮し，兼修も認めた。500坪に1,000人の留学生たち，

上級学校に入る者の成績も良好で，内外の信用を博するようになった。周恩来もこの時期に入学し，松本の教えをうけている[9]。

同校は，松本らの善意により予想以上の成果を収めていたが，日中関係は急転していく。また，関東大震災（1923）により全校舎烏有に帰したため，日華学会の傘下に入ることとなった。ここにおいて，創設者松本校長は，同校の教頭さらに名誉教頭に位置づけられ，学校予算の大半は国家から支給される。だが，松本の意図に反して，日中関係は次第に悪化していく時代となる。

1930年（昭和5）春，松本は中国視察に出かけた。上海・杭州・蘇州・南京・九江・漢口・大連・天津・北平（北京）・遼寧・ハルピン・京城と50日に及ぶ旅程であったが，予想以上に日中関係が悪化している現状を見聞した松本は，帰国後，『中華五十日游記』にまとめて出版，政財界・軍人をはじめ有職の士に送り届けた。同書は「中華留学生教育小史」「中華教育視察紀要」とを合綴する形で単行本で，総ページ数はB6判550（本文）に及ぶ大著になった[10]。

ビデオのなかでは，返信書簡のなかから，本庄繁・鈴木貫太郎・松岡洋右・与謝野晶子のものを中心に紹介しているが，その現物が松本の実家に保存されていたのだから迫力がある。

晩年の松本亀次郎の前にすい星の如くあらわれたのが汪向栄（1920-）であった。京師法政学堂で汪の曾祖父が亀次郎と同僚であった関係から，汪と松本は戦禍をこえて交流する。汪は自分自身の留学動機を次のように述懐していた。

　　…私は物心ついたときから，日本は帝国主義者であり，東洋小鬼であり，われわれの土地を侵略し，同胞を殺害すると知った。……しかし，家庭では，曾祖父が雑談の中で，日本にも悪人もいるが，良い人もいる。光緒の末，多くの日本の先生が協力してくれた…[11]。

この「よい人」の1人が松本亀次郎であることを，汪は来日後知るのである。教育テレビ特集のなかで，汪向栄はしばしば登場して，この間の証言をした。

また，汪の孫娘汪皓（千葉大学在学中）が亀次郎の養嗣子松本洋一郎氏宅に現在出入りしている様子も伝えた。松本精神は時代をこえ，国境をこえて伝承されているわけで，ここにドラマのクライマックスがある。

3 教育テレビ特集番組作成への協力

　NHKから筆者あてに，日中交流の研究に関する問合せをうけたのは1992（平成4）年である。当時，山口放送局勤務の伊丹新氏から，旧制山口高等商業学校の大陸進出について留学生教育がどのように関わったか，という質問をうけた。「その問題なら，国立教育研究所の渡部宗助氏が詳しいですよ」と伝えておいた。1993（平成5）年春に，今度は佐賀放送局に移られた伊丹氏から，『佐賀県方言辞典』と松本亀次郎の日本語教育との関わりについて問合せがあった。そこで，筆者の研究論文若干を同氏あてに届けた。そして，1994（平成6）年春，鹿児島女子大学まで相談にみえたという次第である。
　NHKとしては，来年1995（平成7）年が敗戦後満50年になるので，日中友好の先覚者・松本亀次郎について，本年中に1本まとめておきたい意向とのことで，筆者も全面的に協力することを約束した。
　早速，史料調査を企画し，4月初，7月に2回，静岡県大東町や東京都方面に出かけてきた。それにあわせて，NHKのロケが始まる。ロケの舞台は，北京―天津約1週間（7月19-24日）である。伊丹新・筒井正樹両氏を中心に，現地での案内役を加え，車をチャーターして取材ロケが続けられた。
　汪向栄氏宅を皮切りに，北京大学や友誼賓館，さらに天津の周恩来紀念館などを走りまわった。伊丹氏が汗びっしょりになって取材される姿が印象に残っている。筆者にとっては2度目の北京で，留学中の蔭山雅博氏（専修大学）にも会い，汪向栄・叙建新氏（世界歴史研究所）らとは6年ぶりの再会であった。
　帰国後，7月29日に鹿児島女子大学の二見研究室で最後のロケが行われた。全国放送予定の8月23日まで，NHKでは番組のまとめに忙しかったことであ

ろう。福岡放送局の渡部英美氏が全面的に協力されたという。

　放送当日，筆者は学会出張先の名古屋でテレビをみた。NHK所蔵の映像を活用しながら，45分間のETV特集「日中の道，天命なり―日本語教師・松本亀次郎―」が見事にまとめられていた。

4　全国放送とその反応

　題名「日中の道，天命なり」の出典は，松本亀次郎著『中華留学生教育小史』(pp. 78-79) の，次に記す一節である。

　　日華両国は唇歯輔車の関係に在り，共存共栄は天命的に相互の国是であらねばならぬことは，両国民の何人も夙に熟知する所である[12]。

上記引用文は，次のような松本理論によって補強することができる。

　　日華親善固より可であるが，予が理想としては，留学生教育は，何等の求める所も無く，為にする事も無く，…大自然的醇化教育を施し，…独り日本のみならず，世界各国に対しても睦誼を篤くし，儼然たる一大文化圏たるの域に達せしめるのが主目的で，日華親善は，求めずして得られる副産物であらねばならぬ[13]。

　テレビ特集番組では，まず，天津の周恩来紀念館の油絵に描かれた松本亀次郎に始まり，彼の生涯の山場をいくつか設けている。佐賀師範学校の教諭だった頃，丹精こめてつくったという方言辞典，宏文学院跡・東亜高等予備学校の跡地に立っての説明，留学生たちの証言，大東町北公民館にある遺品，松本家の墓，松本家を訪問する汪皓（汪向栄の孫）の表情など，時代をこえてつながる日中親善の道筋が紹介されている。筆者も随所で解説を加えた。そして，まと

めのことばが「求めずしてえられる副産物」であった。

　8月末から9月中にかけ，全国から手紙や電話が次々に届けられた。『中華五十日游記』を政治家や軍人に送り，戦争を思いとどまるようにと説得した努力，晩年『日文研究』を発行し，魯迅や郭沫若が投稿していた事実などに関心をもった人が多かったと思われる。

　書簡のなかから事例のいくつかを示してみよう。

○昨夜，テレビをみせて頂きました。実にいい内容で，感動いたしました。…昭和5・6年頃の日中関係を考える上で，逸すべからざる人物を発掘なさったわけで，私もこれまで一方的に侵略の方からだけ見ていたのを反省させられました。また，合点もいきました。松本亀次郎という，ごく普通の人間が考える日中の共存共栄が，国家・国益を背負った本庄繁や松岡洋右には大東亜共栄圏ということになるのでしょうか。そのプロセスやギャップが実に重要で，現代的な問題であるように思えます。(T. U. 氏)

○日本語教師・松本亀次郎先生の生涯を初めて知り感動いたしました。百年も以前に，世界的視野に立って，物事を判断できる方がいらっしゃったのですね。彼は常に相手の人格を尊重し，相手を認めることは即ち相手国を尊重し認めることであると，身を以って実践なさった方だったのですね。それこそ，命をかけて，日本の要人にも訴え続けておられる松本先生の大きさに驚くばかりでございました。日本中の人々が目覚めて，真の平和が訪れて欲しいものです。(T. H. 氏)

○敗戦五十年を目前にしながらも，ある意味では"新しい戦前"にもなりかねない今日の日本の政治状況からいたしまして，松本亀次郎のような人物の存在は，すべての日本人が知らねばならぬことかと思います。(K. K. 氏)

○各方面に大きなインパクトを与える良い企画だと感服いたしました。長年にわたる研究の積み重ねがあればこその特集です。(T. U. 氏)

○私共の研究室には中国からの留学生を多く迎えていますので，今の自分と重ね合わせながら拝見しました。「教師と留学生はお互いに学び合う関係」という貴兄の言葉に感銘しました。(H. I. 氏)

○軍国調のきびしい時代に共存共栄を標榜して我が国と中国との親交を願いながら，教育を通して中国の若人と温かい心と心の交流に尽瘁された彼の生きざまを知ることができました。…信念に生き，頑として節を曲げなかった彼の偉大さに心打たれました。と共に歴史の中に埋没していた偉人を，自信に

○満ち誇りをもってご紹介された先生のお姿が印象的でした。(T. T. 氏)
○松本亀次郎のテレビ，大変興味深く拝見いたしました。資料も随分お集めの御様子，どうでしょう，教育史研究者の目からみた「亀次郎像」をおまとめになりませんか。期待しております。(K. H. 氏)

このほか，たくさんの視聴者から番組に対する反響が寄せられた。朝日新聞のテレビ欄にも投稿があり，「…かつて親せきのように密な交流をもっていた両国。日本に留学しのちに母国で活躍した中国の知識人たちが日本人に与えた影響も大でした。以前にもまして善隣友好を深めるべきと痛感した」(東京都中野区・丸岡礼子　70歳)[14]という感想である。

5　ビデオ視聴後の学生の反応

筆者は，現在，教育史・比較教育学のほか教育学概論(教育原理)を担当している。そのなかで毎年取りあげるテーマのひとつが「国際化の教育」である。教職教養の一環でもあり，全学科から受講できるため大教室での講義になる。例年用いているテキストに加えて，今年は上記 ETV 特集「日中の道，天命なり」をビデオ放映し，あわせて感想を書かせた[15]。以下，学生たちの反応を概観してみたい。

○松本亀次郎という名前は，今日，初めて聞きました。魯迅が彼の教え子だったというのには，とても驚きました。(M. K.)
○松本さんという人のことが分かって良かったと思う。中国の人は戦争中の日本人を見ているかも知れない。しかし，日本人にもこのように日中平和のために活動した人もいたということが大切だ。(H. K.)
○彼(松本亀次郎)は，日本も中国も，どちらも，まるごと愛していたと思う。日本が中国を侵略しようとしていた時，戦争反対を本に書き，それを各界の人物に送ったことは，大変勇気がある。(A. M.)
○松本亀次郎が言っていた「日華同人共立」という言葉は，中国と日本との関係だけでなく，全世界の国々との間にも言えることだと思うし，日本の教育

においても，このような精神を教えていくことは大事だと思います。(A. F.)
○日本と中国の間の交流の原点を築き上げた亀次郎の活躍は，時代・世代をこえても人々に伝えられ，本当の平和や国際交流のあり方を考える上での基本になると思う。(E. S.)
○外国の文化を学ぶということは，すばらしいことだと思うが，まず，日本を愛し，日本の文化を学ぶことが大切だと思った。そして，外国人の方々と共に文化を学び合うことが大切だと思った。(S. K.)
○語学を教えるよりも，お互いの国の友好を望んで，教え教えられるといった精神が国際人にとって必要なことなのではないかと思った。(H. A.)
○国際化とは何か，を考えるのに，今回のビデオは役に立ったと思う。松本亀次郎の生涯は日本と中国との関係ではあったが，私には，日本と世界とのかけはしの第一歩を実践したように思えた。(T. I.)
○松本亀次郎は，中国人留学生教育の先駆けとなった人であるが，…迫り来る戦争の気配に満ちあふれた厳しい時代の情勢に押し流されずに，確固たる信念を持ち，果敢に中国との共存共栄のための教育を唱え続けてきた素晴らしい人である。(Y. K.)
○松本亀次郎のような本当に偉い人が歴史に残らないのはおかしいと思う。もっと歴史の闇に埋もれた人をクローズアップすることが必要だと思った。(A. O.)
○松本亀次郎さんは，本当の意味での国際化を目指した人だったのだと思う。どういう人に教えるにしても，すべて人間は平等であり，もっと大きな視野をもつべきだと思った。(H. I.)
○松本さんのような人があの時代に日本にいたのは，とても貴重なことだったと思う。(H. N.)
○亀次郎の目指した教育こそが本当の国際化を目指す教育であると思う。(H. I.)
○今日，西洋崇拝，アジア・アフリカ蔑視という観念が，私たち日本人にあるというのは否めない事実である。…人間と人間との信頼感を大切にしなければならないとつくづく思った。(K. O.)
○このビデオをみて，教育に国境はないと思いました。…学ぶことが同じであれば，お互いの文化を生かして良い方へ高めていけばいいことだと思いました。(M. Z.)

学生の感想文はまだまだ続く。異口同音に松本亀次郎の業績を讃え，国際化の何たるかを問い求める姿勢がうかがえた。今少し，学生の声に耳を傾けてみ

授業の窓 比較教育概論

感想

1. 日本語教育を勉強しているため、松本亀次郎のことはある程度知ってはいたが、彼が佐賀の方言を研究し、辞書まで作っていたことは知らなかった。言葉に関心を持つということは、外国語も方言も変わらないのかもしれない。偉大な人は本当に奥が深い！

2. 松本亀次郎が言葉をとても大切にしていることが分かりました。人生をかけて日中の交流を言葉を通じて支えている姿勢が素晴らしいと思いました。
教え子のお孫さんも日中史を勉強されている事に強い縁を感じました。

3. 日中で戦争が行われていた時代に、留学生の日本語教育に力を入れたすばらしい人だと思いました。この講義で松本亀次郎さんのことを知りました。留学生予備教育機関として、「日華同人共立」としたことには、松本さんの留学生に対する思いも感じとれました。

4. 松本亀次郎という人物を初めて知って、日中関係のために尽くした人物で、すごい人だと思った。

5. ビデオを見て初めて知ったことは魯迅や周恩来などは松本亀次郎先生のもとで日本語を勉強をしたことです。松本亀次郎という名前はきいたことがあるのですが、日中友好をいきついた人だったのは知りませんでした。そして、強く思ったことは、なぜ日米は対立しければならないのか、いくら資本主義と共産主義が対立だからといって、人間はおなじ感情を持っているので、友好でつきあうことものぞんでいます。それからもっと日中のことを知り日中友好に力になりたいです。

6. あの時代に日本人と中国人を同じ様に扱い、日中友好の架け橋になろうとしたことは改めて松本亀次郎という人物はすごいと思った。もっと多くの人にこの人の事を知ってほしいと思った。

7. 「松本亀次郎」という名前を私は今まで聞いたことがなかった。しかしビデオを見てもっと注目されるべきだと思った。愛国心という言葉にいい印象はなかったが、彼のような精神をもつ教育者がいたことを日本は誇るべきである。

8. この時代の人たちの生き様というのは、とてもかっこいいと思います。激動に揺れる時代に生まれた松本亀次郎は今回初めて知りました。こんなにも平和を望んだ偉い人を今まで知らなかったのが惜しいです。中国で有名なんだなと思いました。亀次郎の思想は、とても素晴らしいとつくづく思いました。

9. 日本と中国のために人生をかけて中国人に日本語を教えていた松本亀次郎さんはスゴイと思いました。
「日華親善は、求めずして得られる副産物であらねばならぬ」という言葉がとても印象的でした。

第14章 大学における授業の活性化

⑩ 松本亀次郎って初めて聞いた名前だった。でも、彼の生き方は、とてもすばらしいと思う。特に自分で学校を作って、直接教えているとか…。3万人に日本語を教えるって簡単なことじゃない。心から日本と中国の仲をよりよいものにしようと思っていたんだと分かったとき、ただすごいとしか思えなかった。スケールが違いすぎる…。本をいろんな人に送りつけてるあたり、行動力ありすぎ。松本さんの思いがこれから先も受けつがれてほしい。

⑪ 松本亀次郎さんは強い志と行動力を持った人だと思った。自分の中に「これ‼」という考えがなければこれだけの働きはできないし、行動力がなければ本当に何もできない。

⑫ 中国との対立意識が高まっている中で、中国との親交を主張しつづけることは大変なことだと思います。松本亀次郎さんはとても強い信念を持っている人だなあと思いました。世間が、中国を下に見るような雰囲気であれば、少なからずその雰囲気に慣れてしまったり、影響されてしまうこともあるはずだと思います。しかし、松本亀次郎さんは少しもそんなところはありませんでした。物事の本質をきちんと見つめている人なんだなあと感じ、そんな人が存在した日本は捨てたものではないなと思いました。

⑬ 日本が中国に対してひどい態度をとっているなかで、自分の信念を決してまげずに生きていた松本さんはすごいと思いました。もし、自分がその時代に生きていて、その当時の日本の環境の中で中国人に対して嫌な感情がわくことがないだろうかと考えると、ないとは言えないです。国際人であり、日本を愛していて平和主義であった松本さんにとって、満州事変などの争いはつらいことだっただろうと思いました。

⑭ 戦時中にこんな活動をする人がいたことに驚きました。日本はアメリカのように様々な様国の人々との交流が多かったとは言えないのに、国際的な考えを持てることは発展的だと思います。

⑮ 松本亀次郎さんは、大きな目標をかかげ、その目標に対してしっかりと努力をして大きな結果を残した。今日の講義で全てを知ったわけではないが、こんな人物がいたのだという話を知れてよかった。こんな素晴らしい人に少しでも近づけたらと思う。

⑯ 松本亀次郎さんの活躍はあまり知られていなかったと聞きましたが、私もビデオや資料を見て、初めて知りました。しかし、彼の頑張りがなかったら、もちろん今の留学生教育は充実していなかっただろうし、もしかしたら日本と中国の仲は悪いままだったと思います。彼こそ教育界でのヒーローだと思います。

⑰ やはり留学生の行き来などの国際交流は、平和につながるのかと思いました。

⑱ ビデオを見るのは2回目だが、改めて松本亀次郎はすごい人だと思った。中国で放送されたドラマを見てみたいと思った。

志學館大学
2009.10.16
担当 二見剛史

よう。

> ○ 国と国には，どちらが優位に立って指揮するというようなことがあってはならないし，お互いに手をとりあって協力しなければならないのだと思いました。あんなに熱心に教えようとした人や，学ぼうとした人がいたのに，日本の政策によって，植民地化のための日本語を教えるということになったのは本当に残念なことだと思いました。(M. O.)
> ○ 日中友好といえば，なんか政治家だけが力を注いだように感じられるが，実はそうではなかったということがよく分かった。(A. E.)
> ○ 教育とは無論学問をすることでもあるが，人種や国を越えて人をつなぐものだと思う。それは平和や国際親善への道にもつながる。先人の行為に恥じないよう，私達も頑張らなければならない。(H. Y.)
> ○ 亀次郎先生は早くに生まれ過ぎました。もう少し遅かったら，もっと日本と中国の架け橋となって下さったことでしょう。しかし，先生の考え方は，戦中にあってこそ，留学生の方達の心の中に残ったのでしょう。(G. S.)
> ○ 大好きな語学を通じて相手の国を理解し，その国民性を，文化を理解し，尊重していこうとすることの大切さ，その重みをずっしりと感じます。ここで私にできることは何だろう。今の私はこんなにのんびりしていてよいのだろうか，そんな思いが，今，心の中をかけめぐっています。(A. E.)
> ○ 彼は留学生の学び方と教師としての立場をよく考えていた人だと思った。偏見や見下した態度では本当の国際交流はできないだろうと実感させられた。(M. H.)

　ビデオ番組を取り入れての授業風景は，今どの大学でもみられる。わが鹿児島女子大学における実際を，学生たちの感想文を並べることで再現しようと試みたわけであるが，筆者自身，ビデオ教材のノウハウについては，目下模索中であり，試行錯誤のなかから確固たる理論もできてくるであろうと期待しているのが実情である。

　以下は，同じ教育テレビ特集番組「日中の道，天命なり」を用いて，K大学で授業した折のレポートである[16]。

　「日本語教育法」の授業で，学生にこのビデオを見せましたところ，非常

に熱心に見ておりました。感想を問いましたところ，「あの時代にあって，自分の意志を貫いた素晴らしい人だ」「あのような状況下で，中国の人のために自分を犠牲にする生き方はすごいが，自分にはとてもマネができない」「戦争の悲惨さを再認識した」「なぜ戦争をしたのか，もう一度考えてみなければならない」といった感想が出され，大変感動したようでした。また，受講生の中には，9人の中国人留学生もおりますが，彼らは魯迅のドラマは知っていても，そのなかに登場する松本亀次郎のことは知らなかったようです。今回のビデオで，認識を新たにしたようです。

6 松本亀次郎研究の深まり

　これまでの研究成果を紹介する形でNHKからの申し入れに協力したわけだが，先方の資料も十分駆使され，さらに，取材ロケに参加したうえで完成したものが教育テレビ特集番組「日中の道，天命なり—日本語教師・松本亀次郎—」であった。全国放送されるまでには，台本の内容構成も二転三転，期待と不安の交錯する日々が続いた。

　この間に筆者の研究は大いに進捗していった。まず，過去20年間の論考や随想類に再度目を通す仕事が始まった。収集した史料類の分類整理作業も同時進行した。次には，特集の趣旨にあわせて，新たな史料収集や参考文献の渉猟が加わった。「松本文庫」を所蔵する静岡県大東町（現掛川市）には数回訪問している。

　かくして，番組に必要な諸場面が収録されるわけだが，45分間にまとめるためには，その10倍・20倍の場面が用意されていた。北京ロケで収録した場面も，その何割かは生かされないままである。

　研究には内発的要素が大きいが，「外圧」的要素も必要であることを知らされた。たとえば，NHK佐賀放送局の伊丹新氏の質問から逆にヒントをえて，史料の見直しをしたところも多い。

取材先での親切な配慮については，感謝の一語に尽きる。主人公・松本亀次郎が活躍していた場所に自ら立ち，彼の心を体しながら解説していく過程そのもののなかから，歴史への感動がよびおこされた。ロケとはそんなものかもしれない。真の国際交流，日中友好，世界平和の精神を伝えるための提言が，そうした雰囲気のなかから出てきたのである。

テレビ放映の反響として，見知らぬ人からの書簡や問合せをいただいたことも特記せねばならない。松本亀次郎の知人だったという89歳の方[17]，日中関係史の研究者，留学生など，感動と激励を綴る内容であった。

ビデオ教材を導入して，大学における授業の活性化を図りたいとする筆者の願望は，自分が関係をもったテレビ番組の出現によって達成され，予期せぬ成果を収めることになった。この数年は，この教材を生かしての授業が可能であろう。

ここに至って思うことは，教育に携わる者は挙って自分の実践や研究成果を映像としてまとめる方向で世に問う姿勢をもつことの大切さである。記憶が提言に発展することも少なくないと思う。

注
1) 野村新編著『子どもの生を支える教育』一莖書房，1990年，pp. 175-176
2) 1994年8月23日ETV特集として，NHKが全国放送した特集番組。
3) 顕彰碑除幕式は1985年3月30日，中国大使館から陳林参事官が出席し，筆者も招待をうけた。
4) 松本亀次郎らの編集した『佐賀県方言辞典』には，上田萬年が入念な序文を書いている。
5) 蔭山雅博「宏文学院における中国人留学生教育―清末期留日教育の一端―」『教育史学会紀要　日本の教育史学』第23集　pp. 58-79を参照。
6) 松本亀次郎「隣邦留学生教育の回顧と将来」(『教育』7-4　岩波書店，1939年，pp. 51-62) を参照。
7) 二見剛史「京師法政学堂と松本亀次郎」阿部洋編『日中教育文化交流と摩擦―戦前日本の在華教育事業―』第一書房，1983年，pp. 77-97を参照。
8) 増田実『松本亀次郎先生伝』郷土教育資料，1951年，pp. 1-2を参照。

9)　NHK教育テレビ特集番組のなかでは，周恩来の留日時代を描いた映画（中国版）の一部を紹介している。
10)　二見剛史「松本亀次郎の日華共存共栄論」『鹿児島女子大学研究紀要』第16巻第1号，1994年，pp.125-148を参照。なお，『中華五十日游記』の一部を二見剛史『〈論文集成〉中国人留学生教育と松本亀次郎』1994年，p.332に転載している。
11)　二見剛史「東亜学校と松本亀次郎―戦時下の動向を中心として―」『国立教育研究所紀要』第121集　1992年，pp.185-197を参照。
12)　前掲書『論文集成』p.320を参照。
13)　同上書，p.332を参照。
14)　『朝日新聞』1994年8月31日。
15)　1989（平成6）年10月20日第1校時に実施した。
16)　久保田優子氏より筆者宛書簡（1994年9月28日付）による。
17)　数納千代氏より筆者宛書簡（1994年9月2日付）による。

姫路獨協大学教職課程研究室編『教職課程研究（第5集）』コレール社，1995年，pp.153-166

参考資料

補論1 松本亀次郎先生の生涯

　大東町（現掛川市）が生んだ偉大な教育家・松本亀次郎先生について，今，中国でも日本でも大変注目されています。生家跡の顕彰碑に刻まれているように，先生は「中国人留学生教育に生涯を捧げた人」でした。

　魯迅（1881-1936）や周恩来（1896-1976）をはじめとするたくさんの留学生から「先生!!　先生!!」と慕われました。その様子は，中国で映画にまとめられましたし，日本でも最近NHKのETV特集番組「日中の道，天命なり—日本語教師・松本亀次郎—」で全国放送されました。

　1995年は，戦後半世紀，昭和20年日本敗戦の年に，郷里の生家で79歳の生涯を閉じられた松本先生にとっても，記念すべき年だと申せましょう。

　これから，数回にわたり，先生の尊い生涯を紹介いたします。

1　～生い立ち～

　松本亀次郎先生は，1866（慶応2年）年2月18日，大東町（現掛川市）上土方嶺向に市郎平（文政9年生）・みわ（天保6年生）の子として誕生，父は極めて朴直な人，母はどこかしっかりした性格の持ち主だったそうです。

　幼少期は明治維新の頃で，四民平等，国民皆学が奨励されていました。8歳で寺子屋・宗源庵に入り漢字の手ほどきをうけました。続いて，新設の小学校に進み，1877年には授業生（のちの代用教員）にあげられています。熱心な勉強家だったので，わずか12歳で教壇に立つことを許されました。当時は，小学校で教えながら師範学校等への受験準備をする人たちが多く，亀次郎先生も

そんな仲間の1人でした。

先生は，鶴翁山上の高天神社に籠って論語を暗誦したり，横須賀城下の漢学者のもとへ往復四里の道を通いつめたりしました。義兄の中谷治郎作からは数学の手ほどきをうけたそうです。

独学に近い努力はみごとに実り，1884年，静岡師範学校に入学できました。生徒は約100名（1学年約25名）でしたが，同期生で卒業できたのは16名にすぎません。入学当初の校長は師範と中学両校を兼務で，校風は比較的自由な雰囲気だったのですが，1886年の学制改革により，師範学校は威重・信愛・服従の三徳を重視した軍隊式の教育になりました。亀次郎青年にも，兵式訓練清水行軍に抗議して同盟休校に加わったというエピソードが残されています。

1888年，師範学校卒業後，静岡高等小学校訓導に就任した松本先生は，「公務ノ余暇アラバ学術ノ研究ヲ怠ルマジト心得」て，英学や漢学をさらに勉強するため塾にも通いました。その甲斐あって，東京高等師範学校の試験生に合格，希望を胸に上京されたのですが，過労と病気のため中途退学の止むなきに至り，小学校現場に戻られます。

しかし，先生の向学心は以前に数倍して勉強に励む毎日となって展開します。「亀勉先生」の綽名よろしく，生徒に慕われた先生は26歳で校長となられました。さらに31歳のとき，「尋常師範学校，尋常中学校，高等女学校国語科教員」の検定試験に合格，中等教員免許状をうけ，専門教育者としての活路が開かれます。かくして，1897年9月，母校・静岡県尋常師範学校に就任されたのでした。

2　〜師範学校在職時代〜

師範学校，それは戦前日本における教育界のシンボルでした。「邑に不学の戸なく，家に不学の人なからしめんことを期す」とされた国民皆学思想を実践に移すため，府県ごとに置かれた教師養成の最高学府だったのです。教育者の

登龍門でもありましたから，多くの秀才が集まってきました。

努力の人・松本亀次郎先生にとって，師範学校の教壇に立たれる心境はどんなだったでしょう。両親や周囲の方々の大きな祝福をうけ，喜び勇んでおられたお姿がみえるようではありませんか。

師範学校の人事は全国交流で進められていました。先生は，母校静岡師範に半年お勤めの後，三重師範に移られました。そこでは舎監（学生部長）も引受けておられます。

続いて，1900年10月，佐賀師範に移られます。校長江尻庸一郎の信任厚く各方面に活躍の場を与えられましたが，なかでも『佐賀県方言辞典』の編集（佐賀中学の清水平一郎との共同執筆）は先生を一教師から有能な国語学者として世に出す契機となります。

1900年は，小学校の教科目が読方・書方等の呼称をやめて国語に統一される年です。やがて，国定教科書が登場するこの時期にあって，日本語の科学的言語学を樹立しようとする動きが生じます。方言研究が競って行われました。先生も佐賀県教育会の委嘱をうけ熱心に研究して日本有数の辞典を完成，上田萬年博士らから高い評価をうけました。

大東町北公民館の「松本文庫」には，方言辞典の下書きや上田博士の序文原稿などがそのまま保存されています。「教授実験ノ結果国語教育完成上将来ノ尋常及高等小学校国語教科書ノ編纂ニ対スル希望」と題する意見書や「佐賀県女学校創立主意書［案］」等もそのひとつです。

1902年4月実施の修学旅行記録に注目してみましょう。参加生徒数37名，引率職員は松本先生ら2名で，佐賀・久留米・太宰府・福岡・唐津・伊万里・武雄と延々65里（260キロ）の行程を8泊9日，地理・歴史・教育・産業など諸分野を観察しながら歩いたのだそうです。まさしく遠足ですね。

増田実著『松本亀次郎先生伝』によりますと「覇気のある学生が大勢お宅へおしかけ食事を共にし，談論風発徹宵したことも屡々であった」そうです。すぐれた教育者であり研究者である松本亀次郎先生，その名声は世に知られるこ

ととなりました。

1903年，38歳のとき，先生は東京に天地を与えられました。嘉納治五郎の宏文学院に国語学者として招かれたのです。郷里の御両親にとっても大きな喜びだったことでしょう。

3 〜宏文学院と京師法政学堂〜

嘉納治五郎といえば，東京高等師範学校長のかたわら，柔道の殿堂・講道館を創設し，国際オリンピック委員をつとめた教育家でした。1896（明治29）年最初の中国人留学生が来日の折には率先して彼等の世話役を引受け，明治35年には宏文学院を創設しています。

佐賀から東京に出て，その宏文学院の教壇に立つこととなった松本亀次郎先生は，師範学校卒業後16年，公立学校教職による恩給も付いており，郷里の父母のことを心配しての決断だったようですが，日本語教育の研究者として招かれたわけですから本望だったことでしょう。回想録を少し引用してみますと，「当時（明治36年頃）宏文学院には……諸班があって，速成科は8〜9ケ月修了，普通科は3年卒業で，普通科は卒業後高等学校或は専門学校に入学して日本の学生と同じく教授の講義を聴かねばならぬから日本語の学習には熱心であった。学生中には…魯迅…他秀才揃ひであった」そうです。

松本先生は授業のなかで彼ら若い留学生から多くの知恵を借りましたが，とりわけ中国文学界の星・魯迅の翻訳は当時同志間で「魯訳」といわれるほど精妙でしたから，彼とはその後終生のつきあいをしてゆかれます。

宏文学院叢書『言文対照・漢訳日本文典』には，「嘉納治五郎先生序・三矢重松先生閲・松本亀次郎先生著」と刻まれています。上段に日本語，下段に漢文を置き「文語と口語とを対照して例も規則も並べあげ，訳文が比較的穏妥だと云ふ」ので「其の当時来朝の留学生は誰でも彼でも一冊は買い求め」た。「この向の書では僕が先鞭を著けた」と亀次郎先生は述懐しておられます。

清末の中国は「中体西用論」を背景に隣国日本の近代化を参考にしました。そのため日本人教習をたくさん招きますが，松本先生も1908（明治41）年，京師法政学堂〈北京大学の前身〉の日本語教育を担当するため北京入りをされます。この方面の力量が中国本土を舞台に急速に培われたことはまちがいありません。

　同僚の杉栄三郎博士の言によりますと，「原来教育は，学問の深浅，教授法の巧拙のみによって成果を決するものにあらず，人格が大いに関係を有するもので，殊に中国に於て然りである。（松本）君は資性温厚篤実の君子人であったので，其の人柄は，真に学生の胸裏に反映し，学生は君を敬信し忠実に其の教授を習受した」と評価されています。

　教育者として，研究者として，日中両民族の友好共存に寄与したい，儒教の生命力も観察してみたい，そうした期待を胸に，先生は国境を越えて勇躍前進されたのでした。

　北京での実地体験は足かけ5年，しかし，辛亥革命により時代は急転，教習たちも日本へ引揚げるわけですが，この間に松本先生は日本語教育の方法，彼地の文化に対する理解を一段と深められたのでした。

4　〜東亜高等予備学校の創設〜

　辛亥革命（1911）の余波は中国人留学生教育の上にも押し寄せました。清国各地に招かれていた日本人教習は帰国のやむなきに至り，松本亀次郎先生も東京に戻られます。

　革命直後，日本在留の中国人留学生のほとんどは一旦帰国しますが，政情が安定してくると，新中国の留学生として再び日本にやってきました。そこで，日本語教育のための新しい学校が求められるのです。

　1913（大正2）年8月，亀次郎先生は湖南省からきた留学生・曽横海らの懇請をうけて日本語教育のための新しい学校を開く決心をされました。

教場は，日本大学および東洋商業学校の教室を借りてスタートしましたが，翌年1月，松本先生自身が設立者兼校長となって自費を投じ，神田区中猿楽町に約190坪の土地を求め2階建約110余坪の校舎を新築されました。そのとき，先生を信頼し物心両面の協力を惜しまなかった人が杉栄三郎・吉沢嘉寿之丞・三矢重松・山根藤七といった宏文学院・京師法政学堂時代の同僚・先輩たちだったのです。

　私立学校の設立認可をうけたのは12月25日，約1年半にわたる入念な準備期間中先生によく協力した留学生が曽横海でした。校名が「日華同人共立東亜高等予備学校」となったのも，彼の精神的功労を記念するためだといわれます。

　1915年7月には，経営安定のため同校に賛助金を設け資金を募集することとなりました。これには渋沢栄一や伊集院公使らの斡旋があり，三井・三菱等の諸会社，厳谷孫蔵・飯田邦彦・服部宇之吉らの名前がみられます。加藤定吉も同郷のよしみで協力しました。寄付総額はおよそ1万6,000円，現在なら1億円を越す金額でしょう。さらに門野重九郎の特別援助が加わり，財団法人に組織を改め，増築工事を進めたのでした。

　学科目は日本語に加えて英語・数学・物理・化学・用器画等がありました。松本先生自身も校務の傍ら1日8時間ずつの授業を担当したそうです。非常勤講師もたくさん頼んで綿密な授業を組立てました。ここでは学年制をとらず講座式にして，1分科ごとに1日2時間とし2～3ヵ月で修了するよう配慮しています。その際，学科（講座）兼修を許し，入学者の増えるごとに組を増やしたようです。

　東京神田という交通の要地にあったことも幸いしました。ちなみに，大正8年現在の「在東京公私立学校在籍者」2,386人中，東亜高等予備学校には約半分の1,128人が登録しています。

　中国人留学生の間にかくも人気があった背景は一体何だったのか，それは，「日華同人共立」に象徴される松本精神への共感・共鳴ではなかったでしょうか。

　先生は著書『中華留学生教育小史』のなかで次のように述べておられます。

「留学生教育は，何等の求める所も無く，為にする事も無くて……大自然的醇化教育を施し，……日華親善は，求めずして得られる副産物であらねばならぬ……」と。

5 日中の道，天命なり

「日華同人共立」の東亜高等予備学校，そこで学んだ中国人留学生は2万人を越すと思われますが，日本語入門書等を購読した中国人はもっと多数に上るわけですから，戦前日本における中国人留学生教育に寄与された松本亀次郎先生のご功績は実に実に大きなものがあります。

「日華両国は唇歯輔車の関係に在り，共存共栄は天命的に相互の国是であらねばならぬ………国民相互が達観的に斯様な理解があれば，両国の親善は永劫に大磐石で，随って留学生の動揺も容易におこらぬはずである。」

これは，著書『中華五十日游記』に刻まれている先生の言葉です。満洲事変勃発前夜にかくも高い国際感覚をもつ教育家が存在したことは，日中両国にとっても，大東町にとっても誇りとすべきことであります。

中国天津の周恩来紀念館には，畳3枚分はあろうかと思われる額に若き日の弟子・周恩来と松本先生が油絵で描かれ，東亜高等予備学校の風景と恩師の顔写真，関係資料等が展示された一室が用意されています。中国の人たちにとって先生は近代日中両国の架け橋的存在であり，永遠の教師像なのかも知れません。

そもそも，アジアの近代は，日本の登場により光と影を映しました。朝鮮併合や日中戦争は影の部分です。世界平和の道を模索している現在の視点から大正〜昭和戦前期をみなおしてみますとき，先生の国際感覚は東天に輝く一条の光であったといえるのではないでしょうか。

亀次郎先生が心血を注いでつくられた東亜高等予備学校ですが，政情不安定に加え，関東大震災の痛手による経営難が加わり，同校は大正末政府の御用機

関・日華学会に経営権を移行しました。先生は，教頭職に甘んじながら日本語の研究と教育に邁進されたのでした。日中両国を視野に入れた興亜教育を実践するための提言もなさっています。政治や軍事の世界を超越して若者の未来につなぐ教育に生き甲斐を求めた先生の思想には，ヒューマニズムの精神が溢れていました。戦時下の日本で「日中戦うべからず」という言葉を誰はばかることなく口にされるので，先生は特高に狙われていたともいわれています。

1941年，長男・操一郎を，翌年妻ひさを先立たせた先生の身辺は大きな悲しみに包まれていました。幸い，隣人に理解者を得，家庭的にも甥にあたる神谷孝平一家が温く見守っていました。名誉教頭就任の名において東亜学校（東亜高等予備学校を改称）の教壇から追われ，自由の身になられた晩年ですが，研究と教育への情熱は少しも衰えませんでした。そんななかに来日したのが後の北京大学教授汪向栄だったわけです。松本文庫には「汪向栄君近頃一書ヲ著シ名ツケテ留日中華学生教育史ト謂ヒ序ヲ予ニ求ム，予欣然トシテ受諾シ……」にはじまるメモが残されています。戦争直下の日本にあっても，中国人留学生の一人ひとりに真の教育愛を注がれていた尊いお姿が想像されます。

1944年8月，亀次郎先生は60年ぶり帰郷されました。疎開後の約1年，生家へ持ち帰った資料をもとに精進されたわけですが，敗戦直後の1945年9月12日，その生家でついに永眠されたのでした。

広報『だいとう』1995年4～9月号に連載

補論 2　中日関係史国際学術討論会に出席して

1

　「一衣帯水」の隣邦である中国を訪問し，この目で直に日中関係の来し方行く末を考察してみたいという願望を抱き続けて 10 年余り，このたび，図らずも，中国側から招請状が舞いこんできたので，大学の認可を頂き約 1 週間の研修旅行をしてきた。1988 年 10 月 23～30 日である。彼地での主目的は，中国中日関係史研究会第 1 回国際学術討論会に出席し，研究発表をすること，あわせて，北京近郊の万里の長城をはじめとする名所旧跡を視察し中国の歴史と文物に触れてくることであった。私にとっては，初の訪中だけに，新鮮な感じ方が出来たのではないかと自負している。まず，研究の経緯からはじめよう。

2

　日中文化交流史という研究分野に関わりをもつようになったのは，昭和 40 年代である。1972 年，すなわち昭和 47 年が「学制」制定百年であることから，文部省の外局というべき国立教育研究所で「日本近代教育百年史」編纂事業が企画され，私もその末席を汚すこととなった。百年史は全 10 巻から成り，教育政策・行財政，学校教育，社会教育，産業教育の各編にわかれて委員会が組織されたが，学校教育編のなかに「高等教育分科会」が設けられ，私は大学予備教育の分野を執筆することになった。旧制高校や大学予科の全国悉皆調査から始めたのである。東京大学教養部，すなわち，旧制第一高等学校の資料が眠

っている駒場教場の倉庫に足を踏み入れたのは昭和43年頃だったであろうか。寮歌祭の世話人として有名な常泉浩一氏を案内役に，恐る恐る手にとった史料のひとつ，中国人留学生のために戦前設置されていた特設予科・特設高等科に関する書類・写真等，……ちょうどその頃，アジア人留学生の研究プロジェクトにも参加を求められ，外務省管轄の外交史料館に埋蔵されている史料を手にすることができた。そうした調査の過程で私の脳裏にやきついた人物が，中国人留学生のために日本語教育を施す私学・東亜高等予備学校（後の東亜学校）の創立者，松本亀次郎（1866-1945）であり，彼の教育観に心をひかれた次第である。

　松本亀次郎の生涯は，日中関係史そのものであるといえる。静岡県出身の彼が佐賀県師範学校に在職していた頃，方言研究に従事したことから，日本語教育の分野で頭角をみわした。その彼を中央学界に引上げたのが嘉納治五郎である。中国人留学生のための日本語教育機関・宏文学院で，松本は力量を発揮する。魯迅や秋瑾ら，後年日中文化交流で歴史的役割を演ずる留学生たちを教えながら，松本は『漢訳日本文典』を編集刊行した。折しも日本留学ブーム，彼の著作は洛陽の紙価を貴からしめた。一方，同僚である井上翠の推挙もあって，当時北京に開設された京師法政学堂の日本語教師として渡清の機会を与えられ，4年間，現地でみっちり日中関係を学び，中国人に日本語を教える技術を磨いたのである。

　今回の国際討論会で私に求められたテーマを「京師法政学堂時代の松本亀次郎」としたのはこうした理由によるもので，彼の中国観を育てた時代背景や風土に興味を覚えていた。

　辛亥革命後，帰国した松本亀次郎は，宏文学館在職時代の教え子・曽横海らの支援をうけて，1914（大正3・民国3）年，東京神田に「日華同人共立東亜高等予備学校」を創設する。同校は，中国人留学生のための予備教育機関で，1925年以降は経営者が日華学会に移ったため，創設者の意図とはかなりかけ離れた存在になってゆくが，ともかくも1945年の敗戦時まで存続し，日中文化交流に一定の役割を果たす。周恩来は，若き日ここで松本の授業をうけてい

る。松本の郷里・静岡県大東町の北公民館に寄贈されている「松本先生と周恩来総理」と題する油絵は，天津歴史博物館の鄧家駒の作だが，当時の模様を伝える逸品である。今回の国際討論会の世話役をされた汪向栄・揚正光氏らも同校の卒業生である。1985年3月30日，松本の生家跡地に顕彰碑が設立されたが，碑文「中国人留学生教育に生涯を捧げた人」の揮毫は静岡県出身の作家・井上靖氏，胸像は彫刻家（日展委嘱）の松田裕康氏の制作である。同地では，今，中国人の訪問が絶えない。私も数回訪れている。

3

　以上のような背景をもって，私は松本の教え子・汪向栄氏から文書をうけ北京に招待されたのである。滞在費・交通費は中国側で負担するとのこと，世代更新の時機であり，日中交流史研究の基礎を固めたいという意思が窺えた。
　ここで，主催者である中国中日関係史研究会の概況にふれてみよう。この会は，1984年8月，「中日両国の悠久な歴史の研究を通じて，両国人民の友好関係をさらに発展させることを目的とし」て創立された民間の学術団体である。1972年9月以来，両国の国交が回復され，日中関係は新たな発展の時機を迎えた。両国人民の長期にわたる往来の歴史を理解し「世世代代の友好」を遂行するため，中日関係史を研究する学者・専門化と有志が中国全土から集まり，お互いの研究成果，経験を交流・討論することによって，水準を高め，その基礎の上に，両国人民の信頼を深め，交流と協力を強めたい，という趣旨である。1987年7月20日現在，中国全土に4つの分会があり，25地区に637人の会員がいて，下記のような事業を行っている。
① 学術報告会の開催（ほぼ2ヵ月に1回）
② 学術シンポジウムの開催（隔年）
③ 学報の発行（年に4～6回）
④ 学術論文集の編集，出版（隔年）

⑤　座談会，展覧会などの開催
⑥　学術交流を目的とした代表団の日本派遣
⑦　日本の学者，専門化との学術交流と史料の交換
⑧　学術交流のため中国を訪問した日本の学者，専門家の接待

なお，経費は，会員の会費，中国社会科学院の補助金と有志からの寄付によってまかなわれている。

4

10月24日，北京空港に到着すると，出迎えの方が数名みえていた。関西大学の大庭脩教授（元学長）とは初対面，民族飯店にて汪向栄，揚正光，徐建新氏らが待機しておられた。午後，瑠璃廠（るりちゃん）を見物，夕食をはさんで今回招待された者同志が挨拶をかわす。田中正俊教授夫妻・水野明教授夫妻・石井明助教授・魏栄吉教授・徳田進教授・徳田武教授のほか，米国のJ. A. Fogel氏，D. R. Reynolds氏，カナダのB. Brooks女史，香港の譚汝謙氏ら，この他にも何人か，初顔合せながら打解けた雰囲気。

25日10時より，人民大会堂にて開幕式，全体合影（記念撮影）には約130人が並んでいる。孫尚清会長（国務院経済技術社会発展研究センター副総幹事，中日友好21世紀委員会中央委員），愛新覚羅溥傑副会長，沙里副会長のほか，湯下博之公使，汪向栄・揚正光両教授が主催者・来賓席に，われわれ招待をうけた外国人を面前に百余名が並んで厳粛に開会の儀式，通訳は中国共産党中央委員会書記官，揚晶女史だった。

午後は中国中医研究院に場所を移して，早速，国際学術討論会，汪向栄「中日関係史的過去和未来」・田中正俊「日本資本主義之下軍隊的武器与中日戦争」・二見剛史「京師法政学堂時代的松本亀次郎」・水野明「日本的『中国論』的検証」の4氏による研究発表が行われた。私の発表については徐建新（社会科学院）氏が通訳の労をとって下さった。前日夜，通訳用の原稿を清書し，発

表までの時間に徐氏に目を通しておいてもらったため，どうやら責めを果たすことができたが，出発前に，もう少し稿を練り，資料を整えておけばよかった，と悔やまれた。松本亀次郎が北京に滞在したのは80年昔のこと，京師法政学堂関係の資料は皆無に等しい由，当方としても日中文化交流の視点をもう少し明確にし論理を再構築した上で研究の深まりを期す必要のあることを痛感させられた。

26日は同会場で午前中に3人の研究発表，D. R. Reynolds「被忘却的"黄金10年"1898-1907」・解学詩「弄清史実，深入探討—関干編纂《日本帝国主義侵華档案資料選編》的一些思考」・石井明「"日台和約"的締結過程之分析—関干日方草案的若干問題」が行われた。午後は天安門城楼参観。

27日は，十三陵・長城遊覧で肩をほぐして28日午前の研究会に続く。同会場で6人の発表，J. A. Fogel「戦前在中国旅行的日本文学家」・B. Brooks「川島芳子的女扮男装」・魏栄吉「東亜交通史研究的幾個問題提要」・孫佩蘭「中日文化交流中的刺綉芸術」・鄭学照「上海在近代中日関係史上地位」・鄭云郷「従廷辺朝鮮族自治州的日語使用状況看中日関係的過去和現在」が行われていた。

中日関係史の政治・軍事・哲学・宗教・文学・文化芸術等の各方面から深く掘り下げての討論も，私の場合，残念ながら，中国語ができないために内容を理解できなかったが，熱心な雰囲気のなかから，この分野の国際学術交流がいかに大事であるかを学ぶことができた。中日平和友好条約締結10周年を記念して企画された国際会議だけに，主催者の熱意が伝わると共に，出席者同志の交流にも誠意が感じられ，大きな励ましを与えられた思いである。

汪向栄氏は，報告のなかで，なぜ日本が弱国から強国に転化したのか，その原因を探る必要があると述べ，日本の教育に注目したいと述べておられた。シンポジウム全体の雰囲気としては，近代百年を通して形成された日本人の中国蔑視，経済大国としての優越感を大いに反省してほしいというものであったが，研究発表の内容は，上記テーマの通り，種々な分野にわたっており，研究の深化と共に，多角度，多段階，全方位の方向に発展し始めていることを予想させ

た。同時に，両国関係の正常化を推進する上で，国際会議の重要性が共通の認識となっていることを自覚した。

5

筆者は，これまで松本亀次郎および京師法政学堂に関して下記の論考をまとめている。

① 「(研究ノート) 中国人日本留学育ての親松本亀次郎」『朝日新聞』1981 年 11 月 18 日
② 「教育者松本亀次郎に関する一考察」『鹿児島女子大学研究紀要』3-1　1982 年
③ 「松本亀次郎研究―佐賀師範在職時代を中心に―」『九州教育学会研究紀要』10，1982 年
④ 「戦前日本における中国人留学生教育―東亜高等予備学校を中心として」阿部洋編『日中関係と文化摩擦』巌南堂書店，1982 年
⑤ 「京師法政学堂と松本亀次郎」阿部洋編『日中教育文化交流と摩擦―戦前日本の在華教育事業―』第一書房，1983 年
⑥ 「日中文化交流に関する一考察―松本亀次郎を中心として」『日本比較教育学会紀要』11，1985 年
⑦ 「松本亀次郎記念碑除幕式に出席して①②」『(掛川市) 郷土新聞』1580，1581，1985 年
⑧ 「京師法政学堂と井上翠」『鹿児島女子大学研究紀要』9，1988 年
⑨ 「京師法政学堂の日本人教習」『国立教育研究所紀要』115，1988 年

　以上のほか，戦前日本における中国人留学生に関する史料収集の成果をまとめた論文も多少あるが，今回の訪中をよき契機として，研究の深化を図りたいと念う次第である。

　中国滞在中，「大会秘書組」の諸氏には大変お世話になった。とくに，汪向栄・揚正光両教授 (常務理事) は，われわれ国外代表のためにきめ細かな配慮

をされ，頭の下がる思いであった。北はチチハル，南は深圳まで，中国全土からの研究者が一堂に会したわけであるから，大会開催の意義はまことに大きい。D. R. Reynolds, B. Brooks 両氏と私の三人で北京大学日本教育センターに，王暁秋・李玉両氏を尋ねたのは28日午後だったが，蔡元培やスノーの銅像や墓碑の前で撮した写真もよき思い出である。頤和園，王府井，故宮博物院，景山，北海公園等の風景，地下鉄やバス，乗合タクシーでの情景等々もしっかり脳裡に刻まれている。いずれ見物記をものしたいところだが，今は割愛させるをえない。

〔解説〕 すでに，下記の報告が大会の様子を伝えているので参照せられたい。
① 申健「中日関係史国際シンポジウムを取材して」『北京週報』No.47 1998年11月22日
② 石井明「北京での日中関係史国際シンポジウム」日中人文社会科学交流協会『交流簡報』第91号，1989年

☆ 1989年5～6月，天安門広場で発生した民主化要求の運動は，流血事件に発展，さらに中国全土にその規模を拡大しようとしている。中国は，大きな歴史改革の途上にさしかかった。中日関係史研究会が今後，どのような方向で歴史研究に取組むのか，昨秋，よきスタートをした国際シンポジウムであっただけに，一日も早く中国政情の安定と同会研究活動の深化を祈念したい。

『社会教育年報』第5号，鹿児島県社会教育学会，1989年6月

補論 3　日中交流余話

1

　「生涯学習と家庭の教育力」と銘打ったパネルディスカッションで，歌手のアグネス・チャンが次のようにいっていた。「教育というのは楽しい遊びだと思っているんです。(中略) 息子は自然にそれなりのレベルで中国語，日本語，英語を話せるようになっています。(中略) 英語の単語は音楽を交えて教えています。日本語は周りが皆しゃべっていますし，中国語は 2 人だけの会話のときや子守歌によく使います。子どもの能力というのはすごいと思います。」

　中国語をほとんど話せない筆者が，日中文化交流の歴史研究家だというだけの理由で，昨秋中国から正式の招待をうけ国際会議に参加し研究発表をしてきた。日本から約 10 名，これに欧米系の学者を含めて世界各地からの参加者の大半は日本語が話せる人たちであったから初対面ながらすぐに仲間に入れてもらえたが，会議の公用語は中国語だったため，討論の流れには充分ついてゆけなかった。

　考えてみると，招待された外国人学者のほとんどはアグネス女史のような国際人だったわけである。

2

　会議の正式名称は「中国中日関係史研究会第 1 回国際学術討論会」である。この会は，1984 年 8 月に創立された民間の学術団体で，中日関係史を研究す

る学者・専門家と有志が中国本土から集まり，お互いの研究成果や経験を交流・討論することによって，水準を高め，その基礎の上に，日中両国人民の信頼を深めつつ「世世代代の友好」を遂行したいという趣旨で成立している。87年7月現在，中国全土に4つの分会があり，25地区に637人の会員が登録している。たまたま88年は国際旅游年，中国にとっても，国際学術シンポジウムの開催は時宜をえた慶事として理解され，大会秘書組の運営ぶりには頭の下がる思いであった。

「北京的10月，秋高気爽，気候宜人……」とあるように，10月24日到着後約1週間北京の秋を楽しませてもらった。1959年に建国十周年を記念して建てられた民族飯店が宿である。翌日人民大会堂での厳粛なる開幕式，中国中医研究院に場所を移しての討論会がはじまるわけだが，私にとっては初の訪中だけに，強烈な印象が残っている。

開幕式（開会式）に先立つ全体合影（記念撮影）には約130人が並んでいた。孫尚清会長の肩書は，国務院経済技術社会発展研究中心副総幹事・中日友好21世紀委員会中央委員となっている。副会長の1人は，旧満州国ゆかりの愛新覚羅・溥杰氏であった。開幕式では，湯下博之公使も来賓として祝辞を述べられた。通訳は，中国共産党中央委員会書記官，流暢な日本語であった。

3

討論会は，中国中医研究院に会場を移し，3回に分けて行われた。発表者と論題を列記してみよう。
- 汪向栄「中日関係史的過去和未来」
- 田中正俊「日本資本主義之下軍隊的武器与中日戦争」
- 二見剛史「京師法政学堂時代的松本亀次郎」
- 水野明「日本的『中国論』的検証」
- D. R. レイノルド「被忘却的『黄金十年』1898-1907」

・解学詩「弄清史実, 深入探討——関干編纂『日本帝国主義侵華档案資料選編』的一些思考」
・石井明「『日台和約』的締結過程之分析——関干日方草案的若干問題」
・J. A. フォーゲル「戦前在中国旅行的日本文学家」
・B. ブルーク「川島芳子的女扮男装」
・魏栄吉「東亜交通史研究的幾個問題提要」
・孫佩蘭「中日文化交流中的刺繡芸術」
・鄭学照「上海在近代中日関係史上的地位」
・鄭云郷「従廷辺朝鮮族自治州的日語使用状況看中日関係的過去和現在」

　日中関係史の哲学・宗教・文化・芸術・文学・政治・軍事等, 各方面からのアプローチであることを, これらの表題から理解できる。今後, 研究の深化と共に, 多角度, 多段階, 全方位の方向に発展することであろう。その詳細にふれることはできないが, 総論というべき汪向栄氏の報告をみると, なぜ日本が弱国から強国に転化したのか, その原因を探る必要がある。その際, 日本の教育に注目したい, といった指摘がなされていた。

　筆者は, 戦前日本における中国人留学生教育に生涯を捧げた松本亀次郎が, 清末の京師法政学堂で日本語教育にかかわった事実に着目し, 松本の中国認識が北京時代を通して確立したことを強調した。日本人の多くが欧米の方向をみているとき, 松本は, 日本文化の基である中国に対し尊敬と信頼を抱き, 中国人を大事に思っていたことのエピソードもいくつかあげて「一衣帯水」の日中両国がそうした関係のなかで文化交流を続けられることの大切さを説いたつもりである。通訳の徐建新氏には, 事前に草稿を渡しておいた。松本が北京に滞在したのは80年昔のこと, 京師法政学堂（北京大学の一源流）関係の資料は皆無に等しい由, 当方としても, 論考をまとめながら, 日中文化交流の視点をもう少し明確にし論理を再構築した上で今後に期す必要のあることを痛感させられた。

　幸い, 発表後, 中国人の何人かから松本研究への関心が寄せられ, 筆者自身

励まされた思いである。

　シンポジウム全体の雰囲気をいうなら，近代百年を通して形成された日本人の中国蔑視，経済大国としての優越感を大いに反省してほしいということになろう。『北京週報』47号（1988.11.22）に掲載の申健「中日関係史国際シンポジウムを取材して」の記事内容もそうした動向を伝えている。

4

　国際会議に研修視察はつきものである。主催者側が用意したのは，① 天安門城楼参観，② 十三陵・長城遊覧の2回で，全中国から参集した会員と行動を共にした。このほか，外国人招待者に対しては会宴の機会もあった。

　天安門といえば，最近の流血事件で報道されたが，道路側から眺めた印象とはいささか異なり，登楼してみると，まさに天をつく雄大な景観がひろがり「世界人民大団結万歳」の雰囲気である。

　十三陵は，明清時代の王侯権力の大きさを直にみせていた。地下47mに再現された石棺は権力の象徴というべきだろう。

　さて，万里の長城遊覧は10月27日の午後。八達嶺の東西にひろがる石とれんがの長城に世界各地から集まってきた群に加わった。春秋戦国時代に端を発し，秦の始皇帝が大増築を行ったという大城壁，山海関から嘉峪関に至る約2,400kmの長城である。何千年の風雪に耐えてきた旧跡，大変な労力と時間を要したことであろう。同様に，どれ程多くの人がこの地を訪問したであろうか。

5

　個人的に出かけた名所旧跡もいくつかある。
　北京大学に日本研究中心（センター）が設立されているというので，ダグラス・R・レイノルズ氏とバーバラ・ブルークス女史と筆者の3人，地下鉄やバス，乗合タク

シー等を乗継ぎながら市内見学に出かけたのは 28 日午後。途中頤和園に遊び，北京大学西門に辿りつく。王暁秋・李玉両副教授が待機しておられた。銀杏や紅葉，柳や松，中国様式の建物に彫刻，公園のように美しいキャンパスだった。10 年前に建立されたという蔡元培の胸像，スノーの墓などがあり写真におさめる。構内の池は冬になればスケート場に変身するそうだ。

　北京大学は「国家教育委員会直属的高等学校之一」で，29 学系にわかれ，学生数は約 20,000 人である。本科生 9,000 人，院生（碩士・博士）2,800 人，留学生 500 人，その他夜間生等 8,000 人の構成に注目したい。教師数は 2,880 人で，55 歳以下の教授が総数の 63％ を占めるという。図書館には時間の都合で入れなかった。日本研究センターはまだ発足したばかりの感じで，今後に期待されるところだといえよう。

　王府井（わんふうちん）を歩き，瑠璃廠（るりちゃん）で買物をするのが観光客おきまりのコースだが，自転車洪水を横目に少しだけ散歩してきた。とにかく品物が安い。だが外国人とくに日本人相手に悪徳商法もみられるようだ。貨幣は人民券と兌換券にわかれ，両者の差益をねらっている若者が路地角に立っていた。

　故宮博物院～景山～北海公園は最終日に独りで歩いた。天安門をくぐりぬけて故宮に至るわけだが，広さ，豪華さに圧倒され「深呼吸」する思いであった。朱色の影，大理石の彫刻，入念な説明板，そして人の群れ。景山から四方を眺むれば，数千年の歴史が偲ばれる。

　北海公園で遊覧船に乗った時，大阪の府会議員，社長らの一行と巡りあった。案内役は北京大学留学中の女子学生，王暁秋先生の講義もうけているという。大阪商人と薩摩隼人のすばらしい出合いは，北京最後の夜の宴会に発展した。翌朝北京空港で合流し，大阪空港で別れたが，異国での親切は WEF（World Education Fellowship）精神に合致し，旅のよき思い出を残したようである。

6

　世界新教育会議東京大会で運営委員の末席を汚していた頃，筆者は，日中文化交流の研究に着手したこともあって，中国の教育者・研究者と一緒にアジアの将来，地球市民の連帯を語りたいという夢を持ち始めていた。爾来15年余，魯迅や周恩来に日本語を教えた松本亀次郎 (1866-1945) の研究がきっかけとなって，松本の教え子汪向栄・揚正光氏らからのよびかけがあり，予期せぬ訪中が実現したわけである。

　「世界はひとつ，教育はひとつ (One and only education for only one world)」をめざしつつ，小さな旅の小さな記録にひとまず幕を降ろすとしよう。

　　　　　　・世界教育日本協会編『教育新世界』第28号，1989年11月

　　　　　　・『地球市民の旅日記』2016年，国分進行堂，pp. 52-55

補論 4 The Establishment and Development of Preparatory Education for Chinese Students in Pre-war Japan

Introduction

The most important fact to be noted concerning preparatory education for Chinese students in pre-war Japan is the "Five School Special Agreement" concluded in 1907 on the request of the Chinese Government. As a result, a special preparatory course system was initiated, giving rise to the possibility of qualitative improvement in education for Chinese students. This report will therefore be divided into three sections, dealing with 1) the "Five School Special Agreement," 2) the expansion of the education system to include a special preparatory course, and 3) the establishment of a special preparatory education division as part of the special secondary level course. In the following discussion, the period up to 1907 will be treated as a "prehistorical" period, and the period after the formation of Manchuria in 1932 will not be given detailed consideration.

1 "Five School Special Agreement" and Systematization of Preparatory Education for Chinese Students (1907-1917)

(1) Early Years of Education for Chinese Students in Japan

Stimulated by the entrance of Japan into international affairs, China became active in sending students to the modernizing Japan after the end of the Japan-China War in 1895. The first students, numbering 13, enrolled in the Tokyo Normal School in 1896 at the invitation of the Principal, Jigorō Kano, who established the Ekiraku Academy for them same later, in 1902, opened the Kōbun Academy for students from China. Around the same time, such schools as the Daidō School, Seika School, Dōbun Academy, Shinbu School, and Tōhin School were established for such students, and in addition such institutions as the Frist Higher School, Tokyo Higher Technical School, Seijō School, Waseda Daigaku (University), Meiji Daigaku, and Rikkyō Daigaku approved the admission of Chinese students. By 1906, a Chinese student boom was under way and the number of students exceeded 7,000, leading to the statement that "there was not a single school which was not accommodating Chinese students."[1]

In regard to legal and other system matters, the "Regulations Concerning Foreign Students at Schools under the Administration of the Ministry of Education" were issued in July, 1900, and in November, 1905, the "Regulations Concerning Public and Private Schools Admitting Chinese Students," i.e., the so-called "Chinese Student Control Regulations," were issued. The Chinese students protested against the latter measures and carried out a mass return to China movement,[2] but it is important to note that these regulations were drawn up by the two governments to cope with revolutionary elements among Chinese students in Japan.

The Chinese modern school system was originally modelled after that in Japan, but the lack of facilities and personnel made it very difficult for the general public to complete even elementary education. Thus dependence on foreign teachers and study in foreign countries, especially Japan, increased and reached boom proportions. The Chinese Government finally enacted

"Emergency Measures to Restrict the Sending of Students to Japan" in February, 1906, according to which graduation from junior high school was required prior to study in Japan, and in August of the same year, graduation examination regulations for students applying for study abroad were put into force. These measures taken in China were the result of an urgent need to change policy from emphasis on quantity to emphasis on quality.

(2) Five School Special Agreement

In 1907, the Chinese Government negotiated with the Japanese Ministry of Education and concluded an agreement to send government-sponsored students to five (11 according to the original plan) schools administered by the Ministry of Education. This agreement was limited to 15 years from 1908 and the number of students to be enrolled each year was 165, with the total in the year in which the maximum was reached being 600-700, after which there was to be a gradual decrease so that all students would graduate by the end of the 15-year period. This agreement was called the "Five School Special Agreement," and it involved the following schools and yearly number of students: First Higher School (65), Tokyo Higher Technical School (40), Tokyo Higher Normal School (25), Yamaguchi Higher Commercial School (25), and Chiba School of Medicine (10). The yearly total of 165 students were to be selected from various Chinese provinces at the rate of nine each from such large provinces as Mukden, Shantung, Honan, Kiangsoo, Kiangsi, Anhwei, Chekiang, Fukien, Hupei, Hunan, Canton, and Szechwan, and six each from such smaller provinces as Jilin, Kansu, Sinkiang, Amur River, Shansi, Shensi, Kansi, and Yunnan, with each province being responsible to provide ¥200-250 of the ¥650 expenses per student.[3] Also, in order to qualify as a government-sponsored student, it was necessary to pass the entrance examination of one of the five schools.

The "Five School Special Agreement" had the following characteristics — (1) it was a contract between the governments of Japan and China, (2) it involved planning that considered all areas of China in a uniform manner, and (3) it was based on the Chinese intention to eventually dismiss the foreign teachers working in each province and to provide for reliance on Chinese teachers alone in carrying out higher technical education.[4] In this connection, it is said that in 1907 more than 2,000 persons desired to attend schools at the higher technical education level. It should also be mentioned here that, prior to this agreement, the "Regulations for the Supervision of Students in Japan" were formulated and the Chinese Student Supervision Office was established in the Chinese Embassy in 1906. This office provided supervision and guidance for Chinese students and also suppressed revolutionary activist students.

(3) Establishment of the Special Preparatory Course

In the case of the First Higher School,[5] the first entrance examination for Chinese students under the Special Agreement was held in April, 1908, and tests in Japanese, English, and Mathematics were administered to 210 applicants, of which 60 passed and were admitted. These students were divided into two groups, i.e., those entering the First Division (Liberal Arts) and those entering the Second and Third Divisions (Science), and 31-38 hours of instruction were provided each week. All students were instructed in Logic, Japanese, Classical Literature, English, German, and Physical Education, while those in the First Division were also instructed in History and those in the Second and Third Divisions also studied Mathematics, Physics, Chemistry, Natural History, and Drawing.

From 1909 on, those completing this preparatory education (one year) and desiring to proceed to Higher School studies were sent to higher schools throughout Japan as far as they could be accommodated at existing facilities. And since such education was one stage in gaining admission to the Imperial University, it can be assumed that such students were subject to excessively severe competition. In this regard, Kuo Mo Juo, who entered the special preparatory course at the First Higher School in 1914, makes the following comments in his memoirs:

"These five schools were all national schools, and they were the target of competition among the [Chinese] students since admission made it possible to receive financial support from the Government, but it was very difficult to obtain admission. There were even students who had taken the examination eight or nine years in succession and still had not been able to pass it."[6]

Next, in the case of the Tokyo Higher Technical School,[7] a prototype of the preparatory course was already in existence prior to Special Agreement system. That is, since 1896 a special course for foreign student applicants had been in operation, from 1901 a special course system had been added, and then in 1905 regulations for special students were created and a one-year preparatory course including basic studies and instruction in Japanese had been established for Chinese students desiring to enter the regular Higher School course. Immediately prior to the Special Agreement, almost 100 Asian students were enrolled in this course, and as a result of the Special Agreement both quantitative and qualitative improvement was achieved.

In regard to the selection of Yamaguchi Higher Commercial School as one of the five schools in the Special Agreement, it is interesting to note that there were involved various matters concerning late Meiji higher education policy.[8] This school was in the limelight as the focal point in the national policy to promote business education for the benefit of commercial activities in Manchuria and Korea after the Russo-Japan War, and from the time of its opening (as a reorganized form of the Yamaguchi Higher School in 1905) it actively accepted foreign students. The number of such students had been increasing, but the problem of excursions to Manchuria and Korea led to mass withdrawal from school by these students, so that foreign student education had been discontinued.

2 Improvement of Preparatory Education for Chinese Students and Addition of the Special Preparatory Course (1918-1927)

(1) Establishment of the Japan-China Society

In regard to measures for accommodating Chinese students, the previously mentioned systemic improvements were begun toward the end of the Meiji Era, but matters were complicated by the change in government as the result of the Chinese Revolution in 1911. Nevertheless, the flow of students to Japan showed no let up, and demands rose for the establishment of a national organ to assist these students. The founding of the Japan-China Society in May, 1918, was a materialization of this movement, and from 1921, when subsidies were obtained from the Ministry of Education, this organization was converted into one with the legal status of a foundation. Two years later, the "Special Account Law Regarding Cultural Work for China"[9] was passed, so that from fiscal 1924 the Japan-China Society also received special subsidies and its financial basis was stabilized. As a result of these developments, the long-awaited institution for preparatory education for Chinese students was established by the Japan-China Society,[10] which was achieved by the Society's absorbing of the Tōa Higher Preparatory School.

(2) Role of the Tōa Higher Preparatory School

Tōa Higher Preparatory School was private school established in Tokyo in 1914. Its founder, Kamejirō Matsumoto (1866-1945), had retired as professor at the Normal Schools and was teaching Japanese at Kōbun Academy when in 1908 he was invited to Peking, where he taught at a School of Political Administration for four years, after which he returned to Japan due to the revolution in China. He then taught at the Tokyo Metropolitan First Middle School (now Hibiya High School), but when Chinese students again began to come to Japan in large numbers, he opened classrooms at Nihon University, Taiseikan, etc. Eventually, at the entreaty of Tséng Héng Hai and other students, he established the Japan-China Friends Cooperative Tōa Higher Preparatory School in Kanda, Tokyo, and became its first Principal. The financial needs of the school were met by philanthropists and various business firms, but in 1920 it was reorganized as a foundation.

The subjects taught were centered around Japanese and also included English, Mathematics, Physics, Chemistry, and Mechanical Drawing, but there was no academic year system and instruction was given entirely in lecture courses. Two hours of instruction were provided each day for each course, which lasted for two to four months. No examination was required for admission, and classes were added to accommodate all new students. The school was completely destroyed by the Great Kanto Earthquake, but instruction was resumed in smaller facilities only 40 days later!

In 1924, negotiations were successfully completed for incorporating the school into the Japan-China Society and in March of the following year the formal protocol and procedures were concluded. The school name was retained and the 126 students at that time continued as before, but new officials were chosen—the Director of the Japan-China Society, Moritatsu Hosokawa, became Principal, Den Matsumura (former Principal of Taipei Higher School) became Dean, and Kamejirō Matsumoto became Head Teacher. Initially, the subjects taught included Preparatory and Intensive Japanese, Note Taking and Writing, and a special course in Grammar, but in March, 1926, at the first meeting of the School Council, regulations were established according to which the preparatory course was to last six months and the regular course one year, with preparatory course subjects to include Japanese and Morals, and regular course subjects to include Morals (1 hr. per week in the first semester and 1 hr. per week in the second semester), Japanese (14, 8), English (8, 8), History and Geography (2, 3), Mathematics (7, 7), Natural History (2, 4), and Drafting (0, 2), for a total of 36 hours of instruction per week each semester. In addition, a one-year special program was created for students who studied more than one of the fixed subjects in the regular course.

There were 11 members of the School Council, including four from the Ministry of Education, three from the Japan-China Society, and one each from the Ministry of Foreign Affairs, Tokyo Higher Normal School, the First Higher School, and Tokyo Higher Industrial School. The school thus aimed at maintaining the same standards as those of the special preparatory courses at schools under the administration of the Ministry of Education, and it functioned as a preparatory school for students advancing to various institutions of higher education. No examination was required for admission, and expenses were held at a relatively low level. Great efforts were also made in the compilation of textbooks and other materials.

(3) Addition of the Special Preparatory Course

In 1915, when Japanese Government issued the so-called "21 Demands" to China and the anti-Japan movement among Chinese students in Japan strengthened, there began to appear indications of change in Japan's policy toward China. An examination of the Imperial Diet proceedings shows that, for example, in the "Proposal Concerning the Education of Students from the Republic of China," which was introduced and passed in the 44th Session of the Diet in 1921, the following points were included.[11]

"3. Junior high School level preparatory education for Chinese students shall be carried out with the purpose of providing instruction mainly in Japanese, and private schools with good records of performance shall be supported so as to improve their facilities and educational effectiveness.

4. In regard to the Special Agreement between the Ministry of Education and the Chinese Department of Education to educate a fixed number of goverment-supported Chinese students at the First Higher School, Tokyo Higher Technical School, Tokyo Higher Normal School, and Chiba School of Medicine, due to expire in 1922, the Government shall carry out frank negotiations with the Chinese officials concerned in order to conclude an agreement to continue such education and as far as possible to increase the number of students, for which a plan shall be made to accommodate them not only at the above-mentioned schools, but also at other schools located throughout the country."

At the following 45th Session of the Diet, Kamejirō Matsumoto and others submitted their "Petition Concerning the Education of Republic of China Students," and in February, 1925, officials of the Ministry of Education and the Ministry of Foreign Affairs carried out deliberations which resulted in the "Plan for Facilities for the Preparatory Education of Chinese Students at Government Administered Schools." In line with this plan, special preparatory courses were newly established at Nagasaki Higher Commercial School, Meiji Technical School, Nara Women's Higher Normal School, etc., and from the following February and annual Government Administered School Special Preparatory Course Meeting was held with these schools and the First Higher School, Tokyo Higher Technical School, and the Tokyo and Hiroshima Higher Normal Schools participating.[12] The Principal or Foreign Student Dean of these schools attended these conferences, along with officials of the Ministry of Education and the Ministry of Foreign Affairs, at which special preparatory course affairs were discussed and regulated. From the 2nd Meeting, a representative from Tōa Higher Preparatory School was further included as an official member.

When students completing the special preparatory course were enrolled in Government administered schools, they were to be directly enrolled in Higher Schools as in the past in the case of First Higher School, but in the case of students from other special preparatory courses, they were to be enrolled without an entrance examination when proceeding to the same school or a school of the same type, but an examination was to be administered and passed when proceeding to a different type of school. In these and other matters, it was necessary to adjust opinions and create regulations at the annual conference until a Vice-ministerial notification was issued on such matters by the Ministry of Education.

(4) Education of Chinese Students at First Higher School

According to the "60 Year History of First Higher School," published in November, 1939, this school provided education for Chinese students with the same treatment as given to regular students in order to create a basis for friendly relations between Japan and China.[13] There were no special fees for Chinese students and all school regulations were applied to them as in the case of ordinary students. Some Chinese students were accommodated in a dormitory, but most of them commuted from private homes. Considering the advantages of dormitory accommodation, however, commuting did not seem to be satisfactory, especially in view of the problems encountered regarding food and other cultural differences. The school thus encouraged the use of dormitory facilities, and for dormitory students tea parties were held as opportunities for frank discussions with the dormitory supervisor. In addition, Chinese students participated with ordinary students in the alumni-sponsored sports competition, field trips, and travel excursions.

3 Development of Preparatory Education for Chinese Students—the Special Preparatory Division of the Special Secondary Course (1928-1932)

(1) Plan for Reorganization of the Special Preparatory Course

In September, 1929, the Republic of China Government issued a Department of Education ordinance limiting students studying abroad to graduates of higher middle school. As a result of two reforms of the school system in 1922 and 1928, China was in the process of converting to an American type 6-3-3 educational system in which elementary school lasted six years (lower elementary, four years: higher elementary, two years), middle school lasted six years (lower, three years; higher, three years), and university lasted five to six years.[14] At the same time, there was negative support of the Cultural Work Agreement with Japan, and in July, 1930, the Government issued a notification that all students studying in Japan should not make use of Cultural Work funds. And shortly afterward, the Manchurian Incident occurred, followed by trouble between Japan and China, so that relations became very poor. In the following, preparatory education for Chinese students during the state of war will be discussed.

Education for Chinese students in Japan can be roughly divided into two types—i.e., that for students proceeding to university or technical school after completing the special preparatory course and that for students entering such institutions directly, without attending the special preparatoty course. In both cases, students having graduated from middle school in China were normally enrolled in such general preparatory education institutions as Tōa Higher Preparatory School and the Chinese Student Division of Seijō School (12-18 months), and then, after becoming able to understand Japanese, they were admitted to ordinary institutions according to entrance examination results. For those advancing to university, therefore, many years of preparation were required in order to pass the examination. For this reason, the 1929 Department of Education ordinance sought to introduce broad revisions to shorten the time required abroad by reducing the educational gap produced by differences in the Chinese and Japanese educational systems.

At the same time, in Japan, the integration of the special preparatory courses began to receive attention, and at the September, 1930, meeting of the Japan-China Society Council, the establishment of "Special Higher Schools" was argued for. This idea was the result of an awareness of the need for preparatory education leading directly to university entrance for Chinese students who had graduated from higher middle school in China. Such thinking was also influenced by that of Kunpei Takahashi, who had been arguing for "creation of a single integrated, unified institution" serving to "reduce transfer difficulties due to differences in the Japanese and Chinese educational systems."[15]

From December, 1930, to February, 1931, an inspection team was sent to China with the clear purpose of working out a new policy for the education of Chinese students in Japan. On the basis of the report submitted by Yoshiaki Tatsuyama (a Ministry of Education Inspector and head of the team), Kantaro Okuda (a professor at Tokyo Institute of Technology), and Rinzo Miwata (Dean of Tōa Higher Preparatory School), a "Special University Preparatory Course" was proposed and served as the general guide for the reform of education for Chinese students.[16] According to the estimates for "Expenses for the Establishment of a Special Preparatory Course" issued in August, 1931, a three-year course for 90 students each in the liberal arts and science fields is given as the basis for calculations, and it is strongly maintained that the preparatory education leading directly to university entrance for Chinese students should be limited to that provided in special preparatory courses at First Higher School and Tokyo Institute of Technology. Various other proposals concerning the reorganization of education for Chinese students were advanced, but in the end, as indicated below, the reform retained the existing form and system of such education.

(2) Introduction of the Special Preparatory Division of the Special Secondary Course

In 1932, officials of the Ministry of Education and the Ministry of Foreign Affairs worked out "Proposed Regulations for the Special Preparatory Course," and on June 1 a three-year special secondary course was inaugurated at First Higher School. Thus began the establishment of a new university preparatory education to accommodate 30 students in each grade in both liberal arts and science, or a total of 180. Up to this time, students had to attend the special preparatory course at this school for one year and then the ordinary higher school course for three years before proceeding to a university, but with this measure the required time was reduced by one year. In 1935, the number of students reached 100, but there were only a few who were able to graduate from this school. Finally, in July, 1937, a one year preparatoy course was added to accommodate 30 students who aimed at enrolling in the special secondary course.

On the other hand, in April, 1928, a three-year special preparatory course was added to Tokyo Higher Technical School, but when this school was raised in status to Tokyo Institute of Technology, this course was converted into a special secondary level preparatory course (science). Then in October, 1931, this course was separated from the Institute and re-established as a special higher school. This school was originally intended to provide preparatory education for students advancing to the Imperial University and universities of commerce, technical arts, and medicine, but this was never realized and in September, 1932, it was reorganized as a special preparatory course in a preparatory education division attached to Tokyo Institute of Technology. This failure doomed the proposed reform to create an integrated special university preparatory course for both government administered and all other universities, so that only Tōa Higher Preparatory School remained as an institute serving students desiring to advance to public and private schools.

The education of Chinese students, however, continued even after the disintegration of Japan-China relations. After the establishment of the country of Manchuria, two Chinas were recognized and approximately the same number of students from each came to Japan.[17] With the intensification of the war, however, education for Chinese students met severe difficulties and eventually came to an end.

NOTES

1) Kamejirō Matsumoto. *Short History of Chinese Students in Japan*, p. 17.
2) Keishû Sanetô. *History of Unfriendly Relations between Japan and China*, p. 65 and following.
3) *60 Year History of First Higher School*, p. 500. The total number of students planned for accommodation here is 171.
4) Atsutsune Aoyagi. "Policy of the Department of Education Concerning the Sending of Students to Japan," in *Diplomatic Review*, No. 123, 1908, pp. 78–82.
5) Takeshi Futami. "Education of Chinese Students in Prewar Japan—Establishment and Reform of the Special Preparatory Course," in *Nihon University Educational System Research Institute Bulletin*, No. 7, 1976, p. 74 and following.
6) Kuo Mo Juo. *Memoirs 2* (translated by Ono and Maruyama), p. 100.
7) *60 Year History of Tokyo Institute of Technology*, 1940, p. 885 and following.
8) Sôsuke Watanabe. "Asian Foreign Students and Japanese Secondary and University Education," in *University Compilation*, Vol. 1, University Education Research Center, Hiroshima University.
9) Hiroshi Abe. "Research on the Cultural Work for China Program—An Aspect of Academic and Cultural Exchange between Modern Japan and China" (Research materials of the Asia Economic Research Center).
10) *20 Year History of the Japan—China Society*, 1939, p. 100 and following.
11) Isoo Abe (ed.). *Index to Proceedings on Education in the Imperial Diet*, Vol. 4, p. 274.
12) *Affairs Concerning Preparatory Education for Foreign Students in Japan: the Special Preparatory Course*, Vol. 4 (Ministry of Foreign Affairs Records).
13) *60 Year History of First Higher School*, 1939, pp. 476–481.
14) Hiroshi Abe. "The Old Chinese Educational Structure—Difficult Beginnings of Modern Education," in Fumio Kobayashi (ed.), *Development of Socialist Education in China*, 1975, p. 5 and following.
15) Kunpei Takahashi. "Personal View of Preparatory Education for Chinese Students in Modern Japan—the Existence and Meaning of the Special Preparatory Course," in *Japan-China Academic Review*, No. 4, June, 1932.
16) The original draft of the "Proposal Concerning a Special University Preparatory Course" is contained in Vol. 4 of the Ministry of Foreign Affairs Document entitled *Affairs Concerning Preparatory Education for Foreign Students in Japan: the Special Preparatory Course*.

17) *10 Year History of Manchurian Students in Japan*, 1942.

補論 5　松本亀次郎に関する短編3題

A　世界教育史への模索

1

　比較教育の視点から何かひと言書くようにという御依頼をうけました。早いもので，私が日中文化交流史に関わりをもつようになって10年を経過しています。方法論・史料収集共に不充分で恥かしい限りですが，拙ない研究歴を綴りながら諸賢の御教導を仰ぐ機会としたく存じます。実は，この原稿，ヨーロッパ紀行の飛行機のなかで書きはじめました。8月中旬にオランダのユトレヒトでWEF（世界教育連盟）第32回大会が開催され，日本から20余名が出席したのですが，会議後の観光ルートにフレーベルやコメニウスの遺跡めぐりを加え，東ドイツやチェコスロヴキアも訪問しました。いくつかの国を視察することにより東西関係を直に感知できたようです。西洋教育史については不勉強の私ですが，日中関係史の研究を深める上でも何か大切なことを学んだ気がします。そうした思いをこめて筆をとることにいたしましょう。

2

　私が日中文化交流史に入った契機は国立教育研究所の日本近代教育百年史編さん事業でした。学校教育編と産業教育編の委員兼幹事を務めさせていただきましたが，学校教育の高等教育部門では大学予備教育と銘うって旧制高校や大

学予科等の調査研究という大任を与えられましたし，産業教育では運輸通信教育部門を担当，岩倉鉄道学校・航空大学校・航海訓練所・中央電気通信学園等にも足を運びました。

　戦前日本における留学生教育を共同研究のテーマとして国研内の阿部洋研究室に出入りするようになったのは百年史執筆のさなかでした。ご存知のように，国立教育研究所では例年多彩な研究プロジェクトを組んで諸般の専門家を招聘し報告書等をまとめてゆきます。当時の私も乞われるままに何本かのプロジェクトに顔を出していました。若輩の非力を顧みず，ご迷惑をかけたことのみで反省しています。片や学校教育―高等教育史，産業教育―運輸通信教育史，片や中国人留学生教育と異質のテーマを対象に専門大家の先生方と共同研究体制のなかで勉強できました。加えて，寺崎昌男氏のよびかけによる大学史研究会への参加が昭和40年代の私を支えた研究条件でした。

3

　院生時代九州の片隅で細々と研究を始めていた頃から一転し，東京に居を置いての日本教育史研究を開始した私は，極端な表現をすれば，見るもの聞くものすべてが新鮮で，毎日毎日が充実した研究生活だったように記憶しています。忙しい日々が続きました。百年史編集の仕事だけでも週2～3回の会合を重ねている時期に，日中文化交流や大学史をめぐる古今東西の情報交換は研究を進める上で幅広い学習を要求されます。たとえば，第一高等学校特設予科を調べてゆくうちに，東亜高等予備学校が視野に入ってきますし，同校の創設者松本亀次郎にも興味を覚えるという次第でした。

　百年史執筆段階では，しかし，紙数の制限や史料上の制約等もあって，中国人留学生予備教育に関する記述はごく簡単にしか触れていません。今にして思えば，もう少し体系的に調べ上げて紹介すればよかったろうに，と悔やまれます。

1974年，国研を去り日大に移りました。幸い，物的な研究条件は備わってきましたし，野間教育研究所やアジア経済研究所，そして国立教育研究所のプロジェクト等にも参加する機会が与えられ，多くの有益な刺激をうけることができました。

　日中文化交流史に関しては東京大学の衛藤瀋吉氏を代表とする特定研究「文化摩擦」があり，そのメンバーに加えていただき，アジアのなかの日本を歴史的に見直すことができました。そこでの研究結果等を含めて，中国人日本留学史に関する小論をまとめる機会が巡ってきましたので，目下，これまでの研究成果を整理しているところです。

4

　教育史研究にとって新史料の発見は重要な意味をもつものと思われます。国立教育百年史編集事業での重要な柱のひとつは，全国各地に埋もれているであろう近代教育に関する新史料を集積することでした。行政文書類の体系的整理に加えて，民間においてなされた教育者の生きざまにもふれていくといった社会的責務を基本方針とした事業でした。

　自慢話ではありませんが，数年前，静岡大学で教育史学会が開催された折，私は学会の前々日静岡県の大東町を訪問し，東亜高等予備学校の創設者松本亀次郎の生家に眠っていた資料を発見しました。1945年9月12日，疎開先の御里で80歳の生涯を閉じた彼は，死の直前に至るまで学究的態度を貫いたといわれます。爾来30余年，彼の手許に集められていた資料は，幼少年時代の遺品を含めて約4,000点，幸い，静岡県立図書館の力でその後見事に整理され，大東町立北公民館に松本コーナーが誕生しています。私もおかげで，生家に保存されていた資料をもとに学会発表をし数編小論をまとめることができましたし，松本亀次郎の縁故者の方々とも親交を戴いています。整理に当られた平野日出雄氏の談話によれば，教育史のみならず諸方面から問合せや訪問者が絶え

ないそうで、周恩来や魯迅を教えた日本語教師として、現在中国から高い評価を与えられたこともあり、松本亀次郎は日中文化交流史研究の上で、今や欠くことのできない人物となったようです。残念ながら、彼の本領とさるべき東亜高等予備学校関係の資料が関東大震災の折全焼しているのですが、近代日本の形成期を生きぬいた民間教育者のなまの史料が陽の目をみたことを私は心から喜んでいます。

5

8月20日、私たちは東独オーベルバイスバッハにあるフレーベルの生家を訪問しました。2,000人そこそこの小村でしたが、村長さん自ら出迎えて下さいました。幼稚園創設の先駆者として世界中に影響を与えたフレーベル、その彼が住んでいた家はそっくり記念館として保存されていますし、200年祭を記念して立派な幼稚園も設立されていました。フレーベルとまではいかなくとも、日本の村々でなされた教育的営為に、私たちはもっと温い眼を注がなくてはならないのではないかと思います。松本亀次郎関係資料の保存整理の次に来るものは、彼の生きた時代的背景を分析しながら、史料を見直していく仕事ですが、静岡県における明治時代の教育実態にはじまり、彼の活躍舞台となった師範学校（静岡・三重・佐賀）、宏文学院、京師法政学堂、そして東亜高等予備学校、これらを結んでゆくと、日中文化交流の足跡がひとつ明確になってくると確信しています。

『日本教育史往来』No. 25、日本教育史研究会、1984年9月

B　松本亀次郎のこと

　静岡県小笠郡大東町の高天神社境内に，
　　もろ羽振り鶴のそら飛ぶ姿かなたかま神山またの名鶴翁山
の歌碑が建っている。

　作者は松本亀次郎（1866-1945）自らを「鶴峯」と号した文人，与謝野晶子とも交遊があり，和歌にも秀れた才能を発揮した。

　彼は元来教育者であった。大東町の生家跡には，「中国人留学生教育に生涯を捧げた人」の文字が胸像と共に刻まれている。揮毫は作家の故井上靖氏である。顕彰碑除幕式は1985年3月30日，松本の没後40年の歳月が経過していた。

　山村に木挽の子として生をうけた亀次郎，江戸時代であったなら郷里を離れることも無く，平凡な一生を送ったことだろう。しかし彼の向学心は，近代日本の歩みそのものを象徴するように，進取の精神と真摯な勢力を積み重ね，もてる力を最大限に発揮して，後世に名を成す人物に自らを育てたのである。晩年の松本は，後の信念である日中友好が無惨にも打砕かれて，郷里に疎開し，敗戦の翌月ひっそりと往生するわけだが，彼の中国認識が高く評価され，今，日中双方から注目されはじめている。

　ここで，松本の略歴を述べる。8歳で寺子屋に入り漢字の手ほどきをうけ，小学校第1期生として授業生にあげられ，助手，代用教員を勤めながら静岡県師範学校をめざした。高天神社に参籠して論語を暗誦したり，漢学者，常盤健のもとへ往復4里の道を通いつめたというエピソードがある。

　師範卒業後，小学校訓導，さらに校長を経て1897年には中等学校教諭の免許を取得，静岡・三重・佐賀の各師範学校で教壇に立った。『佐賀県方言辞典』をまとめた力量が認められ，嘉納治五郎の率いる宏文学院に招聘されたのが1903年5月，そこで国語学や文法学に関する専門性を磨く。魯迅も教え子の1

人だった。

　続いて北京に渡り，京師法政学堂で清末の4年間，日本語教育の現地検証をした。同時に，内外有力者の知遇をえたのである。帰国後，留学生曽横海らに勧められ，日華同人共立東亜高等予備学校を創立した。時に1914年。来日留学生の大半が同校の門をくぐったといわれている。周恩来も若き日ここで日本語を学んでいる。

　関東大震災後，さすがの松本も資金難に陥り，同校は日華学会に合併された。彼が経営上の中心であることに変わりはないが，日中関係悪化のなかで，「原来熱心な親善論者」を自認する松本にも，だんだん居心地が悪くなったとみえる。1941年には一人息子操一郎が死去，翌17年には愛妻ひさにも先立たれた。「こういうなかで，亀次郎は般若心経をよみ，写経をし，短歌や漢詩をよんで，平静を保つ努力を続けていました。国家の安泰と東洋の平和を祈る毎日でした。……」とは養嗣子洋一郎氏の言である。

　昭和19年夏，亀次郎は静岡の生家に独り帰った。60年ぶりの帰郷であった。東京圏が空襲・食料不足で，老人の安全を慮っての疎開は止むをえぬ措置であった。

　郷里の敬老会に招かれた松本亀次郎は，九拝して一詩を賦している。

　　疎開還到故山辺　　偶爾得陪敬老筵
　　方識我郷風教渥　　蒙招翁嫗楽延年

　七十九翁の心境はどんなであったろう。限りない人間愛に裏づけられた思想家の一面をそこにみたいと思う。

（『華——短歌とエッセイー』第7号）

C　平和の哲学

　天変地異はさて置き，日本の周辺では一応平和が続いている。戦後半世紀，愚行の最たる戦争を放棄した見識を，今，高く評価しなければならぬ。平和への哲学を構築する仕事こそは21世紀を生きる吾々の使命であろう。

　世の中には生きているうちに名声を博する人もおれば，努力を重ね意味のある仕事をされたのに正しく評価されず埋没する人も多い。しかし，真に勇気のある行動をした人ならば，歴史上に必ず見出されるもののようである。

　松本亀次郎 (1866-1945) は，まさしくそのような人物であった。私は4半世紀に亘り彼の生涯を追っかけているが，中国人留学生に日本語を懇切に教えた功績を日中両国で見直されつつある現実に，この上ない喜びを感じている。

　彼の出発点は小学校教師，孜々汲々の勉強家そして学究の道を志す，その精進は実り程なく師範学校の教壇に立った。佐賀では本邦嚆矢と目される『佐賀県方言辞典』を編さん，国語学者上田万年らにその才能を認められた。

　1903年，嘉納治五郎経営の東京宏文学院に招かれ井上翠・松下大三郎・三矢重松らと語らいながら，日本語教科書の編集に精出した。後の文豪・魯迅が教え子として協力したことも注目される。

　清末の北京に日本人教習として招聘され京師法政学堂で教鞭を執ったことは，アジアへの認識を確かなものにした。中国文化を尊敬し生粋の教育者魂が充満していた松本は，辛亥革命後帰国し東京神田に「日華同人共立・東亜高等予備学校」を創立，留学生たちに日本語教育を通して人間としての在り方を教える。

　時代を超え国境を越えて通じる教室風景が見事に実現していたのである。後の宰相・周恩来も教え子の1人，汪向栄（元北京大学教授）は京師法政学堂での同僚の孫だった。

　1930年春訪中した松本は視察先で要人や教え子と語らい熱心に日華共存共

栄論を説いた。そして翌年『中華五十日游記』と題する大著をまとめ，両国の要人に送り付けた。

　歌人与謝野晶子からの返書には「学問芸術に由りて両国の知識人が心と心とをお繋ぎ候ことが第１」とあり，民国青年の教育に尽瘁している松本を絶讃した。

　政治家の鈴木貫太郎や松岡洋右，本庄繁司令官からも返書が届いた。だが，その年に満州事変は勃発してしまう。

　松本のねらいは戦争回避であった。脱亜入欧の延長線で隣邦中国の人たちを蔑視していた世相に真っ向から反対する。

　「日華親善は求めずしてえられる副産物であらねばならぬ」という信念，これは留学生教育を通して彼が体得した実践的理論であり国際的感覚であったといえよう。

　私は，鹿児島女子大学に御縁を戴いて２年目の夏，生地静岡県大東町に飛び込んでみた。そこで見出したものは，崩壊寸前の生家に眠るボロボロの文書類約4,000点だった。学会発表では，用意してきた原稿は横に置いたまま，前日訪問した生家での感動を伝える言葉に終始した。その後「松本文庫」と称する史料をもとに論考を重ねている。

　この感動は，やがて中国の研究者たちにも伝わったらしい。1988年秋には「中日関係史国際学術討論会」に招かれ，私にも発表の機会が与えられた。

　そして，NHKからはETV特集「日中の道，天命なり――日本語教師松本亀次郎――」（全国放送）の取材・解説に協力を求められ，北京再訪が叶い，天津の周恩来紀念館にも行くことができた。

　松本精神は21世紀への平和哲学，「こんな人物に肖る人生もいいなぁー」と私は今，ひそかに考えている。

　　　　　　　　　　　　　　　　　『実践学園新聞』第71号，1995年3月

隣邦留學生教育の囘顧と將來

松　本　龜次郎

　岩波書店發行の雜誌『教育』4月號特輯に「興亞教育の問題」に關し老生にも「日本語教授の體驗談」を主とし曾て「東亞學校を創設した動機」並に「今日以後の興亞教育に對する意見」等に就き何か書けとの御手紙と昭和十四年一月發行の「特輯新東亞教育」一部を寄せられた。披いて拜見すると當代御歷々の方々が各方面の角度から眺めた切々の至言を滿載されてある。最早老措大などの出べき幕ではないが，隣邦の留學生教育には明治三十六年以後今日迄三十七年間の歳月を打込み，日本語の教授と著述には全精力を注ぎ，老生が直接間接に教育した學生諸氏は滿支兩國に充滿して居られるので，さうした立場からも聊かなりと卑見を述ぶべき因縁がある様に考へ，老人の繰りごとながら斷片的に過去の體驗やら將來に關する希望を織込んで大方の敎へを乞ふ次第である。

（一）　目標を實生活に置け

　敢て支那と言はず凡そ洋の東西時の古今に論無く實生活に即せぬ議論は空論である。唯支那に於てはその傾向が著しい丈である。管子は「衣食足つて民禮節を知る」といひ，孔子は「食を足し兵を足し民は之を信ぜしむ」と言ひ，孟子は「明君は民の産を制し仰いでは以て父母に事ふるに足り俯しては以て妻子を畜ふに足り樂歳には身を終ふるまで飽き凶年には死亡を免かれしめ然る後驅つて善に之かしむ故に民の之に從ふや輕し」また「生を養ひ死を喪して憾み無からしむるは王道の始めなり」と喝破して居る。以上三子の説く所を總合して見ても如何に支那の古聖賢が生活即ち衣食民産に重きを置いて居るかが明瞭であらう。今期の議會に於て板垣陸相は今後の長期抗争は民衆の獲得戰に移つた

と言ひ，民心の把握に在ると强調された。孔子の「民は之を信ぜしむ」孟子の「民の之に從ふや輕し」と言はれたのと吻合したものではあるまいか。「興亞教育」も乃至其の補助を爲す「日本語敎授」も目標は實生活に即せねばならぬといふことを第一に揭げる所以である。

（二） 事變中に日本語學習熱はどうして熾んになつたのか

　それが（一）に於て述べたが如く，彼等の生活即ち衣食に直接關係を持つて來たのが最大原因を爲して居るのである。試みに想へ，今支那では車夫も苦力も女給も藝者も簡單な日本語は操つるといふ。そして十錢二十錢の日本語の小册子を買ひ求めるといふ。新民學院では新政府の官吏志望者の爲再敎育班なるものを設け主として日本語を授けてをる。唐山には省立の日本語敎員養成所が設けられてある。其他公立私立で日本語の學校やら講習所が北京丈でも一時に四五十箇處も開かれたといふ。それが學問研究と云つた悠長な要求ではない。皆生活上就職上のたづきにしようとして居るのである。それであるから日本語を敎授するにも，しつくり彼等の要求に適應するやうでなくては駄目である。實際の敎授にたづさはらない者が机上で書いた日本語の書物が何の役にも立たぬのは其の爲である。

（三） 殖民地に課する日本語と留學生に課する日本語との差異

　臺灣や朝鮮で課する日本語は日本内地の子供に敎へるのと大差は無い。なぜなら小學校から課するのであるから自然語學の敎授法で理屈拔きに容易く口から耳に移すことが出來るが，留學生は專門學校卒業以上の者であるからどうしても組織的に規則を立てて一を以て十を推す方法でなければ承知せぬ。そこで同じ會話を敎へるのでも日用會話よりも語法應用の會話，讀本よりも文法が歡迎される傾きをもつ所以である。臺灣や朝鮮で多年日本語敎授に携はつた老練

な先生が其の經驗を其の儘に留學生教育に試みようとして勝手違ひを喰つた教師は其の例に乏しくない。唯婦人や子供は民國人でも自然語學の教授法が適する。效果から言ふと會話は婦人子供が上手で，文法や作文飜譯は相當年齡の留學生が達者である。但し流暢な日本語を日本人同樣に使ひこなすにはどうしても二十歲前後に學ばねば例外者の外見込薄である。

（四）　過去に溯つて老生の日本語教授に對する體驗を述べてみよう

老生の初めて支那留學生に日本語を教授したのは明治三十六年即ち老生が三十八歲の時，嘉納治五郎先生の宏文學院に雇はれた時である。當時宏文學院には，速成師範科，速成警務科及び普通科の諸班があつて，速成科は八九箇月修了，普通科は三年卒業で，班名は團結して來た地名の名を冠したのである。當初に僕の教授した班は普通科は浙江班，速成科は四川班と直隸班であつた。

（五）　普通科の日本語

普通班は卒業後高等學校或は專門學校に入學して日本の學生と同じく教授の講義を聽かねばならぬから日本語の學習には熱心であつた。學生中には先年死んだ有名な魯迅すなわち周樹人氏や，昨秋國民政府外交部次長から駐獨大使として赴任し信任狀問題で一時行き惱んだ陳介氏（東大法學士）や，曾て日華醫師聯合會の催された時支那側の團長として來朝された厲家福氏（金澤醫大卒）其の他秀才揃ひであつた。僕は他の講師が去つた後を引繼いだので彼等の日本語は既に相當程度に達してをつた。最早漢譯して教へなくても大體は日本語で同意語に言ひ換へて說明すれば分る程度に進んで居たが或日助詞のにに漢字を充てる必要が生じには漢字の于又は於に當ると黑板に書いた處が，厲家福氏が于於と二字書くには及ばぬ。于でも於でも一字書けば同じだから宜しいと言ひ出し

た。處が僕にして見るとその時分はまだ支那語で于於の二字が同音で有ることは全然知らないし、「操觚字訣」や「助字審詳」などで面倒な使ひ分けを習つて居たので、それが無區別だ、一字で用が足りる、と言はれて些か面喰つた恰好であつたが、その時魯迅が言を挿んで于於が何處でも全く同じだと言ふのではない。にに當る場合が同音同義だからどちらでも一字書けば宜しいと言ふのですと説明した。それを聽いて僕は漢文字の使用法は本場の支那人と共に研究する必要の有る事をつくづく感じさせられた。魯迅はその折更に下の樣な話を附け加へた。日本語に適當な華文の譯字を充てるのは頗るむつかしい。自分は「流石に」といふ日本語に適譯を施したくて長い間苦心して居るがまだ妥當な漢字が思ひ當らぬと言つた。周樹人氏も陳介、厲家福兩氏も當時二十歳未滿であるが、當時の學生は漢文の素養も相應にあつた。その周樹人氏が惡くんぞ知らん後年支那文學界の第一人者と呼ばれる魯迅になつたのである。魯迅は少年時代から凝り性であつたので日本文の飜譯は尤も精妙を極め原文の意味をそつくり取つて譯出しながら其の譯文が穩當で且つ流暢であるから同志間では「魯譯」と云つて譯文の模範として推重したといふ事である。それが惜しいかな、一兩年前五十歳前後で永眠したのである。最近北京大學に新設される文學院の院長に就任し日華文化協議會の委員として重きを置かれて居る周作人氏は實に魯迅氏の弟である。東文の教授で親日家だといふのでこの頃反對分子から狙撃されたが幸に微傷だも負はれなかつた事は幸慶の次第である。

（六）　速成師範科の日本語

　速成師範科は八九箇月の間に物理化學博物生理數學倫理心理教育教授法等の教育者たるに必要な諸學科を通譯によつて教授する傍ら、一週三四時間を日本語の教授に向けたのであるから兎ても會話など習つて居る時間がない。東京に留學中こそ會話を知つてをれば便利だが卒業して歸國すれば生活上使ひ途がないから會話を覺える必要は無い。日本語を習ふのは日本の書物を目で見て意味

が分る様になればよろしい。然るに日本文を見ると漢字の間に假名が交つて居る。漢字の意味は分るから假名で書いた部分の意味を敎へて貰へばそれで用は足りると言ふのが彼等の要求である。何と實利（即ち實生活）主義ではあるまいか。一例を擧げれば

　(イ)　政府ハ留學生ヲ外國ヘ派遣ス
　(ロ)　僕ハ人込デ賊（泥坊）ニ錢（御足）ヲ取ラレタ

右の様な文に於て漢字で書いた部分は悉く意味が分るけれども假名で書いたハヲヘデニレタスラなどの意義を敎へて呉れればそれで宜しい。同じ漢字でも泥坊，御足人込（擬漢字即倭字）などは支那の用例にないからそんなのは特別に敎へて貰ひたいといふ様な希望である。其處で敎授者はハヲヘデニの助詞やレタの助動詞及び取ラ，派遣スの語尾變化と主語客語補足語説明語並に修飾語の位置構成等に就いて日本文と漢文との異同を比較對照して文法的に品詞論からも文章論からも明細に敎授せねばならぬ。又漢字でも支那の用法と違つた泥坊や御足，擬漢字の人込などは特別に抽出して敎へる必要が生じて來た。この漢字を充てた變な形の語，例へば兎角折角矢鱈出鱈目素的滅法仰山馬鹿取締などの様な語は奇字としてその研究が大いに流行した時代もあつた。

(七)　「言文對照　漢譯日本文典」發行の因縁

　敎授者被敎授者雙方共彼此の會話に通じない者が文法を敎へるのは難儀であつたが，短時間に日本語文を最も效果的に敎へるにはどうしても文法を敎へねばならぬ必要が起つて來た。當時の宏文學院の敎務長は三澤力太郎氏で後に湖北省の敎習として聘せられたが，當時僕に一つ敎案を立てて試みに文法を敎へて見たらどうだと言はれ，學生の要求と三澤敎頭の支援とによつて一つの敎案をつくり後に一册の書物として發表したのが「言文對照漢譯日本文典」であつた。これに就いても一つの挿話がある。當時敎科書事件と云つて敎育界に汚點を印したいやな事件があつて敎科書は文部省で編纂する事になつた。其處で敎科書

專門の書店は大打擊を受けそれぞれ轉向を企てた。有名な金港堂が上海の商務印書館に投資したのもこの時分である。普及社が中外圖書局に讓り渡したのも同じ頃である。中外圖書局は，代議士法學士鈴木充美氏を取締役とし輔佐役には後に代議士に成つた北井波自目氏が當つて居つた。中外圖書局と名づける位であるから其の事業擴張の目標は當然支那に置いた。そこで鈴木氏が取敢へず支那の實況視察に出懸けたが，その出立前に何か支那向の新刊書を見本に持つて行きたいといふので親友關係に在る嘉納宏文學院長に相談されると，僕の文法の敎案がよからうと言ふので，泥繩的に僅か四五日でルビ付漢譯付四六版四百六，七十頁の書物の印刷製本を了し唯一の見本として船に積み込み最初上海へ向つて行かれたのである。天津北京へも廻られる豫定であつたが上海から引つ返して來られた。其の後中外圖書局は成功を見なくて右の文典も發行權を他に讓り渡し常陸の國文堂から轉々として上海の日本堂が震災後發行して居るが著作權は依然僕の所有に屬して居る。この向の書物では僕が先鞭を著けたのと，文語と口語とを對照して例も規則も並べ擧げ譯文が比較的穩妥だと云ふのと，嘉納先生の序文も卷頭に揭げてあつたのが一段と光彩を添へたのであらうが，其の當時來朝の支那留學生は誰でも彼でも一冊は買ひ求め日本語文を學ぶ津梁として吳れた。長崎へ留學生が百人着いた，二百人着いたと言へばそれらの人が東京へ入ると同時に其の人數丈の册數は間違ひなく賣れた。支那內地でも各處で飜刻し或は謄寫版に付して敎科書に使用せられ，今日尙且相當な需用者が繼續してをるのは奇現象であるが，それには相當な理由がある。此の文典は言文對照とは名づけてをるが文語體が主で口語體が從である。といふのは當時はまだ口語のやつと芽を出した時分で有名な紅葉の「金色夜叉」や蘆花の「不如歸」でも登場人物の對話こそ口語體だが草紙地は文語體で書いてある。敎科書は勿論文語體が多い。隨つて漢文と相距る甚だ近いのである。文の主成分を爲す主語客語補足語は大體名詞であるから漢文で書いてあり，說明語も主として動詞形容詞名詞（ナリ，タリを帶ぶる者）で成り立つからそれも大抵漢字で書いてある。助動詞助詞にしても文語體は口語體より規則が簡明で漢文との比較が

容易である。それだからこの文典を讀めば大概當時の教科書は理解せられ又日本文を漢文に譯出する規準になつたので，それが爲當時は大いに重寶がられた次第である。尚この文典の譯文を修正して呉れた人は，直隷速成師範科の高歩瀛氏（後に教育部實業司長，北京大學漢文科教授と成る）陳寶泉氏（後に普通教育司長，北京高等師範學校長）王振堯氏（參議院議員）崔瑾氏などで何れも純文科であつた。又四川速成科には王章祐氏（教育次長）經亨頤氏（浙江省教育會長）などがをつた。

（八）　日本語教科書（語法用例の部）の編纂

　宏文學院に於て教科書編纂の必要を認められ僕が其の起草委員に擧げられた。當時日本語の教授者は三矢重松（高等日本文典の著者，文學博士）松下大三郎（國歌大觀，標準日本文法，標準漢文法の著者，文學博士）井上翠（井上日華新辭典，井上支那語辭典の著者，大阪外語教授）難波常雄（支那人名辭書著者）佐村八郎（國書解題著者）柿村重松（和漢朗詠集考證著者）峯間信吉（東京商大教授）門馬常次（立教高女教頭）江口辰太郎，臼田壽惠吉，小山左文二，菊池金正，唐木歌吉，芝野六助，金田仁策諸氏（以上諸氏皆相當の著述あり）其の他の日本語の教授者のみでも相應な人が總計二十名餘り居られ，高島平三郎横山劍堂氏なども時々に列席し，嘉納學院長が會長で月々一二囘位會を開き僕の提案に就いて論議せられ一年餘りの後日本語教科書（語法用例部）として三卷の書を金港堂から出版した。この書の特に力を用ひた點は從來の國語學者が等閑に附して居た接頭語接尾語の有らゆる場合に於ける用例の檢討である。頭尾語の名は大槻博士の「言海」の卷頭に擧げた語法指南及び廣日本文典に始まるが，支那人に日本語を敎へる樣に成つて頭尾語研究の非常に大切な事が分つた。從來有り觸れた文法書は西洋文典の模擬か中古文の規則を示すに留り偶々口語文法書があつても自國學生相手であるから頭尾語などの使ひ分けは生徒が無意識に知つて居るので教授者の説明を要しない。處が外國人になつて見ると單語の構成を爲す頭尾の要

部であるから鵜呑みにする事は出來ない。教師は不用意で教へ去らうとしても外國人はそれが單語の筋か骨，皮の樣であつて喉に支へて咀嚼に苦しむのである。位程丈バカリ樣相風處者事ガルルブルビルニクイヅライガチ手目トリ（取）サシ（差）ヒキ（引）アヒ（相）モテ（持）等擧ぐるに遑が無い。其の外副詞マサカヨモヤサスガ責メテ兔角兔テモ兔モ角，助詞ハガニトヘなど外國人に分類して敎へてみると，一語の下に用法が幾つも分れてをつてそれに，一一適例と漢文の對譯を引きあてようとすると中々面倒な研究である。其の頃は口語の辭典はまだ一冊もない。この頃になつて口語を主にした辭典もあるが外國人に敎へた經驗者の手に成つた者が少いので用例の分類が精しくない。稍精しいのは支那人に使はせる目的でつくつた「華譯日本語辭典」には或程度注意してこれらの語の用法を分類して擧げてをる者もあるが，到底完全とは言へない。他日日本語が世界的に擡頭する場合には一段の研究と語彙の輯集に努力を要する者と考へる。

（九）　僕が北京の京師法政學堂に招聘せられた動機

　京師法政學堂に僕の招聘せられたのは明治四十一年の四月である。法政學堂の前身は進士館と云つて官吏養成の學校であつた。總敎習には法學博士巖谷孫藏氏，副敎習には現博物館總長法學博士杉榮三郞氏，其の他矢野仁一氏（京大敎授文博）小林吉人氏（元福岡中學校長）井上翠氏（後の大阪外語敎授）などが居られ，淸國側は學部左丞の喬樹枏氏を監督とし早大卒業の林棨氏（滿洲國最高法院長）を敎頭とし曹汝霖・章宗祥・陸宗輿・汪榮寶・范源廉・江庸・張孝栘・姚震・汪犧芝・曾彝進・黃德章・夏燏時・朱紹濂等の諸君が我が帝大・早大・慶大・中央大・法政大等を卒業して隆々たる聲望を有し官途に就きながら敎授或は通譯を兼ねて居られた。然るに通譯を用ひずして成るべく日本語で直接に日本敎習の講義を聽き得る樣にしたいといふので，僕より先に小林・井上兩氏が其の敎授に當つて居られたが，クラスが殖えたので宏文學院で知合の井上氏

が推薦して呉れた。前に述べた支那側の先生達で直接間接に僕を知つてをつて呉れたので日支兩方面の敎習諸氏の合意的紹介に依り僕は宏文學院を辭して同學堂へ聘せられる事となつた。

（十）　北京に於ける日本敎習

其の頃北京大學には服部宇之吉博士，法律學堂には岡田朝太郞・小河滋次郞・志田鉀太郞・松岡義正諸博士，財政學堂には小林丑太郞博士，巡警學堂には川島浪速氏，町野武馬氏（少將）北京尋常師範學堂には北村澤吉博士，藝徒學堂には原田武雄・岩瀧多磨諸氏が居られた。又公使館には公使として初め林權助男，後に伊集院彥吉男，書記官に本田熊太郞氏（當時參事官）松岡洋右氏（當時一等書記官）廣田弘毅氏（當時三等書記官）公使館付武官に靑木宣純中將（當時少將）本庄繁大將（當時大尉）などが居られ，坂西利八中將（當時少佐袁世凱顧問）松井石根大將（當時大尉）なども時々見えられた。後に名を成した人々が斯くの如く多數に北京に集つて居られた事は實に奇緣と謂ふべきで碌々僕の如きも北京に居つたればこそ其等の人々の謦咳に接し一面の識を忝うするを得たのは責めてもの思出と言はねばならぬ。

（十一）　革命の勃發

然るに明治四十四年の十月十日革命軍が突如として武昌に勃發した。僕等日本人はその夜林ホテルに日本人會の秋季總會を開いてをつたが，そこへ後ればせに靑木宣純少將が出席せられて「今電報が入つたが武昌に軍隊の暴動が突發して總督瑞澂が外國船に逃げたといふ事であるが多分日本の船に逃げ込んだらしい」と云ふ話をされた。後で眞相が分つて見ると軍艦楚豫に乘じ漢口の日本總領事館に投じたのであつたが，この騷動は燎原の火の如く支那全土に燃え擴がり，それが第一革命となつて十二月六日には革命軍の中央政府を南京に置き

黄興を大元帥に黎元洪を副元帥とした。さうして四十五年の二月十二日には宣統皇帝退位の上諭を公布し後事を袁世凱に托し三百年の清朝は一朝にして遂に滅ぶるに至つた。

（十二） 同情會の發起

日本人が北京で驚いた以上に留日中華學生の恐惶は一入で、學費の杜絶は勿論歸國の旅費にも差支を生じ途方に暮れた事は想像以上である。これに同情を寄せ救濟に乗り出したのが當時三井物産の重役で後に滿鐵總裁となつた山本條太郎氏及び日清汽船の重役白岩龍平氏などで、發起者となつて中華關係の大會社に謀り歸國旅費十數萬圓を集め清國公使館の手を經て留學生に貸與した。然るに是は後に至り公使館から返濟されたので其れを基金の一部とし外に篤志家の尠からぬ寄附も加へて財團法人日華學會を設置した。さうした淨財が基金であるから日華學會は日華親善を目的とし留學生或は觀光團の便宜を圖るに全力を用ひて居るのである。

（十三） 清國招聘の日本教習歸還

留學生の全部歸國は前述の如くであるが、それ迄清國の招聘を受け各地に働いて居つた日本教習も倉皇として歸國せざるを得なくなつた。北京に居つた教習も契約滿期と共に相前後して歸朝した。僕も四十五年三月二十八日を以て四年の期限が滿了したので四月初旬に歸朝し五月から服部宇之吉博士の推薦で東京府立中學に奉職し十年ぶりで再び内地の學生に教授することとなつた。

（十四） 東亞學校創設の動機

支那留學生教育の機關として建てられた學校は嘉納治五郎先生の宏文學院、

近衞篤麿公の東京同文書院，犬養毅氏の清華學校，川上操六將軍創設の成城學校，明治大學附設の經緯學堂，寺尾亨博士の東斌學堂，立敎大學關係の志成學校及び福島安正將軍が專ら陸軍留學生敎養の目的を以て特設された振武學校等を主とし，其の外別に學校は建てぬが法政大學内に梅謙次郎博士主宰の下に開設された法政速成科や警視廳及び東洋大學等でも警監速成科を設けられ，又湖北總督張之洞氏の如きは學生監督をして自ら湖北鐵路學堂を東京に開かしめた。そんな狀態で明治三十三，四年團匪事變以後三十七，八年日露戰役の前後迄は留學生の渡來が非常に盛大を極めてをつた。然るに物盛んなれば必ず衰ふの原理は留學生敎育にも表れ，御史中に日本に留學するのは同文の關係上速成の便は有るが膚淺である，科學の本家は歐米であるから日本留學生を減少し歐米留學生を增加する方が國家の進運上有利である旨を上奏する者があり，又獨立國家の體面上普通敎育の少年迄官費を以て外國に留學させるのは經濟上は勿論國家の體面上廢止すべきであるといふ樣な議論が嵩まり明治四十一年に淸朝の學部と我が文部省との間に特約十一校（後には五校また七校と成る）協約が成立し其等の學校に十五箇年を期し一定の官費留學生を送る外少年の官費留學生派遣は全部廢止した。それが爲多數の留學生敎育の學校は相前後して悉く閉鎖しさしも隆盛を極めた宏文學院も四十二年の七月を最終とし閉校式兼卒業式を舉行した。丁度僕は北京から夏季休暇で歸京してをつたから式に與かつたが，其の時嘉納學院長の挨拶に「本學院は最初支那から依賴が有つた爲に設けたが今は依賴が無くなつた爲閉鎖するので學院として盡すべき義務は茲に終りを吿げた譯である」といふ樣な趣旨を述べられた。榮枯盛衰は世の常とはいひながら餘りの無常に並み居る敎職員や自分は無量の感に打たれたのである。斯樣な次第で留學生敎育は衰微の極に達し其の上大革命に遭つたのだから再起の望みはないものと思つて居たが，凡そ支那の事程豫想の外に出るものはない。革命勃發の第二年卽ち我が明治四十五年二月十日に袁世凱が大總統に當選し同月二十日に革命の發頭人黎元洪が副總統に擧げられ茲に初めて南北一致の共和國が成立し，この年を以て民國元年と改めたので，多年革命に奔走した元勳の孫中山・

黃興の部下將士の子弟は論功賞與式に官費を以て日本に派送された。其處で大正二年の夏頃以前宏文學院で敎へた湖南省留學生曾橫海氏が主催で，同省から來て居る留學生ばかりでも四百人餘りもあるからそれを基礎に日本大學の敎場を借りて日本語の講習會を開くから講師に賴みたいといふので，第一中學の授業を終つてから其の講習會に出席した處が際限なくクラスが開けるので二足の草鞋は穿けぬ喩へに漏れず，その七月を以て斷然一中を辭職し專ら留學生の講習に從事した。クラスが餘り多く殖えるので當時の日大には最早借るべき敎場もなくなり更に三崎町の東洋商業の敎場を四室程借り込んだ。それでも收容し切れないので大正三年一月に杉榮三郎・吉澤嘉壽之丞兩氏の協力と同鄕の友人加藤定吉氏（天津加藤洋行主人，代議士）の支助により私財を以て神田神保町二丁目二十番地に「日華同人共立東亞高等豫備學校」として創立し，その十二月二十五日を以て各種學校設置規則に據り東京府の認可を經た。校名に「日華同人共立」の文字を冠したのは經濟上には關係がないけれども最初に於ける曾橫海氏の精神的協力と學生の希望によつて成り立つた學校である事を意味するのである。そして大正九年三月二十五日付を以て文部大臣より財團法人設置の許可を得，「財團法人東亞高等豫備學校」と改稱した。其の茲に至るには相當の苦心と各方面の尠からぬ同情を得て居る。其の主なる者は大正四年に伊集院大使及び澁澤子爵の斡旋に依り三井・三菱・正金・滿鐵・臺銀・郵船・古河・東亞興業等の諸會社及び門野重九郎，加藤定吉，高木陸郎，巖谷孫藏，服部宇之吉，飯田邦彦，三矢重松，杉榮三郎諸氏の寄附を仰ぎ，大正八年には門野重九郎氏の特別援助により學校に隣接した二百坪餘りの校地を買收し三階建總延坪五百三十餘坪の校舍を增築して輪奐の美を誇る事を得た。是皆日華問題に特別の關心を有つ人びとの援助に因る結果であるが殊に門野氏の物心兩方面に於ける絕大の援助に對しては常に感激して已まぬ次第である。

（十五）　我が東亞學校を日華學會に併合した理由

　前述の如く東亞學校は財團法人にはなるし，校舍校地は持つて居るし，時の外務大臣も前々より非常な御同情を賜はつて居る伊集院男であつたから，多年の懸案になつて居た文化事業部の補助問題も成功の見込みが有り相だつたので大正十二年の八月案を具して申請書を提出し八月末に展墓の爲老妻と共に靜岡縣小笠郡（土方村）の郷里に歸省し九月一日掛川驛にて上りの發車を待つ折りしも例の大震災に遭遇し靜岡驛迄来ると東行の列車は前進不能と成つた。幾日待つても汽車は通ぜぬので已むをえず海路を取つて上京してみると東亞學校は神田の眞中であるから校舍は勿論僕も其の一室に起臥して居つた爲年來蒐集の書籍古文書畫衣類家具等全部丸燒になつて居た。それでも幸に土地が買つてあつたので外務省に申請し十三年度に於て復興資金三萬圓の下附を受け木造スレート葺總延坪三百三十餘坪の校舍を建てた。然るに日華學會と東亞學校とはどちらも日華親善を目的とし共にその復興資金を文化事業部より受けて居る關係上，雙方協議の上合同した方が事業の鞏固と發展を期する爲便盆だらうとの意見を文化事業部の委員中に唱へる者が續出し，而も其等の委員は從來より兩方に同情と關係を持つて居られる方々であつたから，外務文部兩大臣の承認を得遂に二者は併合し財團法人東亞高等豫備學校は冒頭の「財團法人」の四字を削り校名は其の儘とし，校長は日華學會々長細川護立侯爵が兼ねる事となり其の下に學監と敎頭とを置き，僕は敎頭として昭和六年の八月迄繼續し其の以後は名譽敎頭として今日に至り授業も忙しき時は手傳ひに出る丈で至極閑散の身と成つた。さうして敎頭には松村傳氏（元臺灣高等學校長）三輪田輪三氏（元山形高等學校長）を經，一時杉榮三郎博士が日華學會理事より兼務してをられたが昭和十二年の一月からは元文部省專門學務局長赤間信義氏が就任し日華學會理事兼學監として獻身的に努力して居られるので，かゝる時局に際しても學生こそ減少したが外務文部の支援の下に其の基礎は微動だもせず益々鞏固になつて来た。

（十六）　東亞學校の現狀

　滿洲事變當時は一時學生も減少したが漸次增加して事變前迄は二千人以上にも達し非常に隆盛を極めたが，支那事變勃發以來現在は百六，七十名を收容して居るに過ぎない（昭和十六年一月現在は六，七百名に增加した）。由來留學生敎育は國力の消長と大關係を有し，我が國力が對內的にも對外的にも伸長して居る時が留學生の激增する時である。今囘も事變中は已むを得ぬが遠からず秩序が恢復すれば恐らく以前と同樣に激增を見るものと確信する。唯今囘は從來曾て無き大事變で支那は極度に疲弊して居るから留學生を送る力がないかも知れぬが，と言つて今の狀態から推すと支那自身完全な學校の復活を見るのは相當な時日を要することであり，しかも廣い支那の事である，持てる者も少くないから日本で留學生を招致する限りは相當な留學生は當然來朝するものと考へる。日本人の考へからするとたとひ和平が成立しても敵國だ，臥薪嘗膽だ，行く者か，なぞと言つて容易に來まいと思つて居るものもあらうが，其處は民國人と日本人との差で向ふの人は諦めがよい。事變は事變，敎育は敎育だ。敎育は受くべき年齡を超過すれば再びうけられぬから日本でさへ留學生を世話して呉れるなら敎育時期を過さぬ樣に渡日しようと言つて案外輕い氣分でやつて來るだらうと僕は考へて居る。寧ろ日本の方が開放的氣分に成り得るかどうか，その方が問題では無いかとも考へられるのである。

（十七）　興亞敎育に就きての希望

　僕が朝野に對して率直に卑見を述べれば，日本の朝野は單に自國民敎育に熱中し隣邦人の敎育には餘りに無關心であつたと言はねばならぬ。
　第一は大學である。自國の學生すら收容し切らぬものをどうして外國の學生など容れる餘地があるものか，といふ。近い噺が數年前から第一高等學校と東京高等工業學校內に滿支留學生の特設豫科が設けられて其處を卒業した者は帝

大及び官立大學に無試驗で入れて呉れる約束で文部省も同意して毎年一定數の留學生を養成して居る。工大の方は大部分を其の大學に收容するから問題は少いが，一高の方では帝大なり官大なりで取つて呉れなければ折角養成した卒業留學生の遣り場がない。或大學の如きは一人も引受けて呉れぬので一高では學生に對して不信を言つた樣で主任者が非常に當惑されたのは實際の例である。日本で豫備して日本の大學で入れて呉れないから歐米の大學へつつ走つたものはいくらもある。歐米依存の種はこんな處でも蒔いて居るのではあるまいか。大學の内地學生を主とするのも一應は尤もだが其處が國際關係である。是迄は兎に角として興亞の指導者を以て任ずる以上將來は留學生の爲何とか門戸を開いて貰ひたいものである。此度日華文化協議會でも「兩國互に留學生を派遣すること」を決議して居る。又その協議會委員に「帝大官大私大の各總長或は學長を擧げる事になつた樣である」から理解を求めるに便宜がある。將來は是非相當の留學生を各大學に收容し彼等をして日本依存に轉向させて戴きたい。

第二は持てる人に對して。富豪が日本の學校に對して百萬二百萬乃至一千萬圓以上の寄附をされ或は其の學校名に寄附者の姓を冠したものが少くない。甚だ美擧であるがそれを推し廣めて將來は興亞教育にも及ぼして戴きたいものである。留學生教育の爲には□岡氏が明治專門學校(※)を建設し望月軍四郎氏が，成城學校に五十萬圓を寄附された外（同氏は此の外支那研究費として慶大其の他にも相當な寄附をされて居る），寡聞にして其の他の篤志者が留學生教育の爲巨額の寄附をされた事を耳にしない。支那へ行つて見るとロックヘラーやカーネギー其の他の人の寄附によつて建てられた校舍や講堂がいくらもある。教會で建てた學校や病院は無數である。内地に來る隣邦留學生の爲にでもあるが將來は支那内地にも興亞教育の爲の學校が要處々々に建てられなければならぬ事と考へるので，今から富豪のこれに對して心を寄せられんことを祈る次第である。

第三は是等の教育に任ずる者の保證を確立する事である。前にも述べたが清國政府に招聘された者は契約期限滿了と共に全部引揚げてしまつた。僕も其の一人であるが情無い有樣であつた。陸軍の應聘者は其の期間でも進級し歸れば

適當な職に就かれる樣であつたが，學者の方の人は大概の者が一時失職者にならねばならなかつた。大學教授などで招聘された人でも契約期限中は原大學に籍丈有つたが滿期で歸つて來ると同時に其の籍さへ削られたのである。將來若し興亞敎育といふ樣なものが具體化した場合は退職給與規則或は恩給制度位は何等かの形で定めて置く必要が有ると考へる。然らざれば前年の淸朝應聘敎習の轍を履むことは必然であらう。

第四は國家として相當な豫算を興亞敎育に計上する事。僕は數年前甞て或席上に於て「文武は車の兩輪だ。對外的に軍に對する豫算と同一額を對外的文化施設に用ひるのが當然である」と主張した。餘り大袈裟な樣であるが原則的にはさうも言へるものと思ふ。今日の狀勢はそれを言つた時代とは違つて居るから必ずしも文武半々とは主張しない。最早今日では武裝の援護下でなければ政治的協調も經濟的聯結も其の他文化的或は敎育的提携でも出來ない形勢であるが，兎に角興亞敎育と言ふ事を唱へるならば政府が相當な豫算を計上せねば空論に終ると考へるものである。

第五民心を把握するには恩威並び行はれねば駄目である。威は嚴然たる武力を以て彼等の蠢動を未然に防止し，恩は溫乎たる同情を以て煦々たる春光の下に彼等の生活を助成し彼等の安全を保護し彼等の祖先以來最も好きな學問敎育をさせる樣に導くのである。彼等の生活が安定し彼等の意欲滿足が英米露佛乃至國民政府に依存するよりも日本に信賴する方が事實增しであるならば何を苦しんで同文同種の日本を離れて目色毛色の違つた異人種に就くものですか，興亞敎育も其の一部を爲す日本語敎授も實利實生活に副ふ樣にせねば無效である。今日流行の日本語學習の如きも英語其の他の外國語を習ふより生活上有利なる場合に於てのみ持續性が有る。それが反對になる時は彼等は矢張り日本語を棄てて，より有利なる外國語を習ふであらう。從來に徵しても彼等が日本語を會話第一に學ばないのは日本語の會話が出來ても生活のたづきにならぬ爲である。語學が生活本位であることは日本でも維新前迄は外國語と言へば阿蘭陀語を習つて居たが維新以來それが英語に轉向した。實利主義でなくて何であるか。醫

者や學者の獨逸語を習ふのも學術本位だといふが矢張生活も其の中に含まれぬものであらうか。この見地からして同じ日本語を習はせるにしても學習者の用途によつて會話本位で教へる者と，學術研究のたそくにする者とは，別途にせねばならぬのである。此の度文部省でも日本語の大陸普及を企圖し日支會話書・敎本・文典等を編纂する爲十四年度に追加豫算を計上したとの事である。何卒學者の理論倒れでなく實際に即した模範的良書の出現を祈つて已まぬ次第である。

　この外述べたい事は多々あるが與へられた紙數を超過したからこゝで筆を擱く。體驗談に自畫自贊的語調のあるのは愚直な老人の不遠慮な繰り言として寬恕を祈る。

[解説]『教育』(岩波書店) 7-4　昭和14 (1939) 年4月に掲載されている松本論文は同誌 pp.51-62 にタテ書き2段組となっています。松本亀次郎の実家書庫の遺品の中から発見し，その後北公民館に収められています。北公民館に収められている同誌には若干松本亀次郎の書き込みがありましたので，それらの修正文を加えました。貴重な遺品 (作) といえましょう。

※文中，明治専門学校の建設について「□岡氏」の存在が注目されていますが正確な氏名を調べることはまだできていません。なお，『九州工業大学百年史』通史編 (平成21年3月31日発行) の pp.797-823 に同校に関する記述があります (野間教育研究所蔵)。

研究活動（留学生教育関係）記録

論文・随想（○印は本書収録論文）―発表順

1 「世界平和の使者を育てよう」（世界教育日本協会編『教育新時代』第21号 pp. 21-23　1969.8.1）
2 「戦前日本におけるアジア人留学生――予備教育を中心に――」（国立教育研究所アジア人留学生研究会編『アジア人留学生に関する総合研究中間報告』pp. 52-54　1974.2）
3 国立教育研究所編『日本近代教育百年史』学校教育編（高等教育―大学予備教育）第4巻　pp. 1253-1259　第5巻　p. 372, pp. 396-401　1974.3
○4 「アジアへの理解」（世界教育日本協会編『教育新時代』第82号　pp. 11-16　1974.9.1）　→**本書第2章**
5 「戦前日本における中国人留学生の教育――特設予科制度の成立と改編――」（『日本大学教育制度研究所紀要』第7集　pp. 69-123　1976.3.30）
6 「戦前日本における中国人留学生予備教育の成立と展開」（『国立教育研究所紀要』第94集・アジアにおける教育交流――アジア人日本留学の歴史と現状―― pp. 61-80　1978.3.30）
7 「中国人日本留学史関係統計」《佐藤尚子との共同作成》（同上　pp. 99-118）
8 「第一高等学校における中国人留学生教育」（『国立教育研究所紀要』第95集　pp. 193-207　1978.3.30）
9 「中国人日本留学育ての親・松本亀次郎〈研究ノート〉」（『朝日新聞』文化欄 1981.11.18）
○10 「戦前日本における中国人留学生教育――東亜高等予備学校を中心として――」（阿部洋編『日中関係と文化摩擦』《山本達郎・衛藤瀋吉監修　叢書・アジアにおける文化摩擦》pp. 159-207　1982.1.20　巌南堂書店）　→**本書第11章**
○11 「教育者松本亀次郎に関する一考察」（『鹿児島女子大学研究紀要』第3巻第1号　pp. 111-128　1982.3.31）　→**本書第3章**
12 「戦前『満州』における日本人の教育活動――三宅俊成氏インタヴュー記録――」《阿部洋・槻木瑞生・二見剛史》（『国立教育研究所研究集録』第5号 1982.9.30）
○13 「京師法政学堂と松本亀次郎」（『戦前日本の中国における教育事業に関する史料検討――その活動の諸相と中国側の対応について――《研究成果報告書》』pp. 4-6　1983.3）　→**本書第9章を参照**

○14 「松本亀次郎研究──佐賀師範在職時代を中心に──」(『九州教育学会研究紀要』第10巻 pp. 63-70 1983.6.15) →本書第7章

15 「地域の教育と国際教育」〈1983.8.24 鹿児島女子大学で講義〉(→『昭和58年度鹿児島県隼人町成人大学講義録』pp. 1-9 1984)

○16 「京師法政学堂と松本亀次郎」(阿部洋編『日中教育文化交流と摩擦──戦前日本の在華教育事業──』pp. 76-97 1983.11.10 第一書房) →本書第9章

○17 「The Establishment and Development of Preparatory Education for Chinese Student in Pre-War Japan」(『Research Bulletin of the National Institute for Educational Research』No. 22 pp. 27-35 1983) →本書補論4

○18 「世界教育史への模索」(日本教育史研究会編『日本教育史往来』No. 25 pp. 3-4 1984.9.15) →本書補論5

○19 「日中文化交流に関する一考察──松本亀次郎を中心として──」(『日本比較教育学会紀要』第11号 pp. 72-77 1985.3.31) →本書第3章

20 「養之如春──井上靖先生の謦咳に接して──」(鹿児島県溝辺町文化協会文芸部編『海紅豆』第5号 pp. 2-7 1985.5.1)

21 「松本亀次郎記念碑除幕式に出席して──井上靖先生の謦咳に接し──」(静岡県掛川市『郷土新聞』No. 1580 1985.6.8 No. 1581 85.6.15)

22 「京師法政学堂と井上翠」(『鹿児島女子大学研究紀要』第9巻第1号 pp. 197-220 1988.3.1)

○23 「京師法政学堂の日本人教習」(『国立教育研究所紀要』第115集・お雇い日本人教習の研究──アジアの教育近代化と日本人── pp. 75-89 1988.3.30) →本書第8章

○24 「Japanese Educators at Beijing Academy of Political Science」(『Research Bulletin of the National Institute for Educational Research No. 26 pp. 30-31 1989.3) →本書第8章

25 「中日関係史国際学術討論会〈北京〉に出席して」(鹿児島県社会教育学会編『社会教育研究年報』第5号 pp. 77-81 1989.6.17)

○26 「日中交流余話」(世界教育日本協会編『教育新世界』第28号 pp. 76-79 1989.11.20) →本書補論3

○27 「松本亀次郎のこと」(『華〈短歌とエッセー〉』第7号 pp. 72-73 1992.1.22) →本書補論5

○28 「松本亀次郎の中国認識」(『鹿児島女子大学研究紀要』第13巻第1号 pp. 243-265 1992.3.19) →本書第5章

○29 「東亜学校と松本亀次郎──戦時下の動向を中心として──」(『国立教育研究所紀要』第121集・戦前日本のアジアへの教育関与 pp. 185-197 1992.3.30)

→本書第 10 章
○30 「松本亀次郎の日華共存共栄論」(『鹿児島女子大学研究紀要』第 16 巻第 1 号 pp. 125-148　1994.7.30)　→本書第 6 章
○31 「日中の道　天命なり」(『華 (短歌とエッセー)』第 18 号　pp. 72-73　1994.11.1)
○32 「大学における授業の活性化——ビデオ教材の導入と反応」(姫路獨協大学教職課程研究会編『教職課程研究』第 5 集　pp. 153-166　1995.2.28)　→本書第 14 章
○33 「平和の哲学」(『実践学園新聞』71 号　1995.3)　→本書補論 5
○34 「松本亀次郎先生の生涯」(『広報だいとう』1995 年 4〜9 月号に連載)　→本書補論 1
○35 「20 世紀初頭の日中文化交流——日本人教師の動きを中心として——」『日本語教育史論考——木村宗男先生米寿記念論集——』2000 年 9 月　→本書第 12 章
○36 「松本亀次郎の日本語教育論」『アジア教育史研究』第 14 号　pp. 124-137　2005.3.20)　→本書第 13 章

学会発表の記録 (1974〜'94　20 年間)

1　1974.9.2　戦前アジア人留学生の研究　その 1　特設高等科の成立過程　日本教育学会　於　広島大学
2　1974.10.5　同　その 2　東京工業大学附属予備部の成立過程　教育史学会　於　専修大学
3　1974.11.16　同　その 3　日華学会の創立と東亜高等予備学校　関東教育学会　於　茨城大学
4　1976.10.10　同　その 4　東亜高等予備学校について　教育史学会　於　青山学院大学
5　1978.5.19　戦前日本における中国人留学生予備教育制度　日本大学教育制度研究所定例研究会　於　日本大学
6　1981.10.1　清末民初における日本人教習の活動——松本亀次郎を中心として——　教育史学会　於　静岡大学
7　1982.9.27　松本亀次郎に関する一考察——嘉納治五郎との出会いを中心に——　教育史学会　於　東京女子大学
8　1982.11.20　松本亀次郎研究——佐賀師範在職時代を中心に——　九州教育学会　於　長崎大学
9　1983.8.24　地域の教育と国際教育　鹿児島県隼人町成人大学講座　於　鹿児島

　　　　女子大学
10　1984.5.29　日中文化交流に関する一考察——松本亀次郎を中心として——　　日本比較教育学会　於　筑波大学
11　1987.10.2　京師法政学堂と井上翠　　教育史学会　於　北海道大学
12　1987.11.29　清末中国の近代化と日本人教習——京師法政学堂を中心として——　九州教育学会　於　宮崎大学
13　1988.10.3　日中交流と松本亀次郎　　静岡県大東町公民館講座　於　大東町
14　1988.10.25　京師法政学堂時代的松本亀次郎《通訳　徐建新》　中国中日関係史研究会国際学術討論会　於　北京市
15　1989.7.25　日中交流余話　　鹿児島県隼人町生涯学習大学講座　於　隼人町
16　1991.12.1　日中文化交流史研究——松本亀次郎の中国観を中心として——　九州教育学会　於　琉球大学
17　1994.8.23　日中の道・天命なり——日本語教師・松本亀次郎——　NHK・ETV特集として全国放送（1994.9.17再放送）
18　1994.11.12　戦前日本における中国人留学生教育——松本亀次郎と谷山初七郎——　九州教育学会　於　宮崎大学

研究助成の記録（1974～'94　20年間）

A　文部省科学研究費助成による共同研究《代表者　阿部　洋》
1　1972～74　アジア人留学生に関する総合研究——留学を媒介とするアジア諸国と日本との人的交流の歴史と現状について——
2　1975～77　東アジアの教育交流——中国人・朝鮮人の日本留学とその効果について——
3　1977～79　中国近代における外国のインパクトにともなう文化摩擦（特定研究「東アジア及び東南アジアにおける文化摩擦の研究」の近代中国班）
4　1980～82　戦前日本の中国における教育事業に関する史的検討——その活動の諸相と中国側の対応について——
5　1985～87　お雇い日本人教習の研究
6　1990～91　戦前日本のアジアへの教育関与
7　1994～95　近代日本のアジア教育認識——その形成と展開——

B　アジア経済研究所の課題研究
1　1974～79　日中関係の思想史的研究《主査　小林文男》

C　実践学園特別研究費により実施する個人研究

1　1994　中国人留学生教育に関する研究——松本亀次郎・谷山初七郎を中心として——

松本亀次郎に関する関連出版物の記録

1　1995　広報『だいとう』(4月～9月号に連載) **→本書補論1**
2　1994　『〈論文集成〉中国人留学生教育と松本亀次郎』(斯文堂)
3　1996　『松本亀次郎に関する資料集』(斯文堂)
4　2007　『中国人留学生教育の父　松本亀次郎』(廣池学園モラロジー研究所編『至誠に生きた日本人』) **→本書第1章**
5　2016　『地球市民の旅日記』(国分進行堂)

あ と が き

　中国と日本は古来密接な文化交流を重ねてきた間柄，21世紀に入りさらに未来へと永遠に続く絆が期待されています。日中両国から尊敬されている教育家松本亀次郎の功績につきましては，私の場合，1994年に論文集成，1996年に資料集を出版しましたが，その後，幾編かの論考執筆を重ねています。奇しくも今年2016年11月20日に松本翁生誕150年の顕彰の集いが出生地静岡県掛川市で企画されます由，先般，鷲山恭彦顕彰会長が来鹿され，式典の詳細を承りました。

　松本亀次郎研究をライフワークとする決意をして早や40年，学会等で30余回発表しましたのに未だ研究のまとめを果たしていない自分を恥ずかしく思いました。先生の高い識見，勇気ある実践行動，広く深い教養，人間力，その大きさは一介の研究者が言及できるようなものではありません。地元の方々はもとより，日中友好の哲学を求めている世界中の仲間に，先生の偉大さ，そして静岡の文教的風土のすばらしさを紹介する仕事は私たちの社会的義務だと自覚しております。

　5年ほど前から松本亀次郎研究をまとめたいと研究仲間には伝えておりましたが，私も喜寿，翁生誕150年という節目に，第2段階の資料集成をしたいと決意を新たにいたしました。編集にあたり，拙い私の原稿を入念に校正して下さった学文社スタッフの皆様に厚く御礼申し上げます。

　第Ⅰ部は総論的考察，第Ⅱ部は各論的考察，巻末に参考資料を並べ，30余編の中から約20点を選び，字句修正を施しました。原則として写真類は省略し，利用しやすい一冊となりそうです。エッセー風のものは「です・ます調」のままです。重複部分が相当残っておりますがご寛恕の程，今後の研究課題といたします。

2016年9月12日　　　　　　　　　　　　　　　　　　著者識

〔著者略歴〕

二見剛史（ふたみ　たけし）

1939　鹿児島県生まれ。
1958　加治木高等学校卒業後九州大学へ。
1966　九州大学大学院博士課程を経て助手（1年間）。
1967　国立教育研究所教官史料センター研究員。
1974　日本大学専任講師。
1980　鹿児島女子大学助教授～志學館大学（校名変更）教授・
　　　生涯学習センター（初代所長），学生部長等。
2005　志學館大学名誉教授。

〔現住所〕
〒899-6405　鹿児島県霧島市溝辺町崎森2731-5

日中の道，天命なり―松本亀次郎研究―

2016年11月1日　第1版第1刷発行

著者　二　見　剛　史

発行者　田中千津子
発行所　株式会社　学文社

〒153-0064　東京都目黒区下目黒3-6-1
電話　03(3715)1501(代)
FAX　03(3715)2012
http://www.gakubunsha.com

印刷　新灯印刷

©2016 FUTAMI Takeshi Printed in Japan
乱丁・落丁の場合は本社でお取替えします。
定価は売上カード，カバーに表示。

ISBN978-4-7620-2677-5